中華文化促進會主持編纂

國家“十一五”～“十四五”重點圖書出版規劃項目

中國社會科學院哲學社會科學創新工程學術出版資助項目

出品人 王石 段先念

今注本二十四史

後漢書

八

傳〔四〕

南朝宋 范曄 撰　唐 李賢等 注

卜憲群 周天游 主持校注

中國社會科學出版社

後漢書　卷二六

列傳第十六

伏湛 子隆　侯霸　宋弘　蔡茂 郭賀附　馮勤　趙憙
牟融　韋彪 族子義

伏湛字惠公，琅邪東武人也。[1]九世祖勝，字子賤，所謂濟南伏生者也。[2]湛高祖父孺，武帝時，[3]客授東武，因家焉。父理，爲當世名儒，以《詩》授成帝，爲高密太傅，别自名學。[4]

[1]【今注】琅邪：郡國名。秦置郡，治琅邪縣（今山東青島市黄島區）。西漢時移治東武縣（今山東諸城市）。東漢時改爲國，移治開陽縣（今山東臨沂市北）。　東武：縣名。治所在今山東諸城市。

[2]【今注】伏生：濟南（今山東濟南市章丘區西）人。西漢經學家。秦博士，秦焚書，藏《尚書》於壁中。秦漢之際兵亂，數十篇散亡，留二十九篇，遂用以教授於齊魯之間。西漢時治《尚書》者，多出其門下。現存今文《尚書》，即由其傳授而存。案，伏生乃宓子賤的後人，伏生之字必不與遠祖同（參見曹金華《後漢

書稽疑》，中華書局2014年版，第373頁）。

［3］【今注】武帝：西漢武帝劉徹，公元前141年至前87年在位。紀見《史記》卷一二、《漢書》卷六。

［4］【李賢注】爲高密王寬傅也。寬，武帝玄孫，廣陵王胥後也。《前書·儒林傳》曰，伏理字君游，受《詩》於匡衡，由是《齊詩》有匡、伏之學。故言"别自名學"也（本注底本多漫漶不清，據紹興本、大德本、殿本補）。【今注】成帝：西漢成帝劉驁，公元前33年至前7年在位。紀見《漢書》卷一〇。　高密：郡國名。西漢宣帝本始元年（前73）改膠西郡爲高密國。治高密縣（今山東高密市西南）。

湛性孝友，少傳父業，教授數百人。成帝時，以父任爲博士弟子。[1]五遷，至王莽時爲繡衣執法，[2]使督大姦，遷後隊屬正。[3]

［1］【今注】博士弟子：漢代對太學生的特稱，也稱諸生。漢武帝時始置。西漢初，有博士官，但不置弟子。西漢武帝元朔五年（前124）采納公孫弘等大臣建議，建立太學，爲博士官置弟子五十人。以後博士弟子員不斷增加，到東漢桓帝時，在太學的學生人數，達到三萬餘人。

［2］【李賢注】武帝置繡衣御史，王莽改御史曰執法，故曰"繡衣執法"也（本注底本多漫漶不清，據紹興本、大德本、殿本補）。【今注】王莽：字巨君，西漢元帝皇后王政君之侄，新朝建立者，公元8年至23年在位。在位期間依託儒家經典推出諸多改制措施，激化了社會矛盾。在緑林、赤眉軍打擊下，公元23年，王莽被殺，新朝滅亡。傳見《漢書》卷九九。　繡衣執法：又稱"繡衣直指""繡衣使者""繡衣御史"。漢代皇帝特使的一種。西漢武帝後期派遣侍御史、光禄大夫等近臣分巡郡國，監督地方逐捕

盜賊，有權誅殺二千石以下官吏。特賜穿著繡有龍虎圖案、色彩醒目的繡衣，持斧出行，以加重其權威，故稱。不常置。案，湖南長沙東牌樓出土東漢靈帝建寧年間（168—172）"繡衣史"簡牘，"繡衣史"即"繡衣御史"的省稱，可證此職一直延續到東漢末（參見黄今言《〈長沙東牌樓東漢簡牘〉釋讀的幾個問題》，《中國社會經濟史研究》2008年第2期）。

[3]【李賢注】王莽改河内爲後隊。【今注】後隊：郡名。西漢高祖二年（前205）置河内郡，治懷縣（今河南武陟縣西南）。王莽時改稱後隊。東漢時復爲河内郡。　屬正：官名。新莽時置，職如都尉。

更始立，[1]以爲平原太守。[2]時倉卒兵起，天下驚擾，而湛獨晏然，教授不廢。謂妻子曰："夫一穀不登，國君徹膳；[3]今民皆飢，奈何獨飽？"乃共食麤糲，[4]悉分奉禄以賑鄉里，來客者百餘家。時門下督素有氣力，[5]謀欲爲湛起兵，湛惡其惑衆，即收斬之，徇首城郭，以示百姓，於是吏人信向，郡内以安。平原一境，湛所全也。

[1]【今注】更始：劉玄稱帝時的年號（23—25）。這裏代指劉玄政權。

[2]【今注】平原：郡名。治平原縣（今山東平原縣南）。

[3]【李賢注】《禮記》曰："年穀不登，君膳不祭肺。"

[4]【李賢注】糲，麤米也。《九章筭術》曰："粟五十，糲率三十。一斛粟得六斗米爲糲也。"

[5]【今注】門下督：官名。漢制，諸郡各有門下督，主兵衛。

光武即位，[1]知湛名儒舊臣，欲令幹任内職，[2]徵拜尚書，[3]使典定舊制。時大司徒鄧禹西征關中，[4]帝以湛才任宰相，拜爲司直，行大司徒事。車駕每出征伐，常留鎮守，總攝群司。建武三年，[5]遂代鄧禹爲大司徒，封陽都侯。[6]

[1]【今注】光武：東漢光武帝劉秀，公元25年至57年在位。紀見本書卷一。

[2]【李賢注】幹，主也。

[3]【今注】尚書：官名。秦少府屬官，掌殿内文書，地位很低。西漢中期以後尚書職權漸重。成帝建始四年（前29）置尚書五人，一人爲僕射，四人分曹治事，組成宫廷内政治機構，地位不高但已有相當權力。東漢"雖置三公，事歸臺閣"，尚書臺正式成爲總理國家政務的中樞。有令一、僕射一、尚書六、丞二、郎三十四及令史等官。

[4]【今注】大司徒：官名。金印紫綬。西漢哀帝元壽二年（前1）改丞相爲大司徒，與大司馬、大司空（由御史大夫改）並稱爲"三公"。東漢時改稱司徒，與太尉、司空並稱爲"三公"。詳見本書《百官志一》。　鄧禹：字仲華，南陽新野（今河南新野縣）人。傳見本書卷一六。

[5]【今注】建武：東漢光武帝劉秀年號（25—56）。

[6]【李賢注】陽都，縣名，屬城陽國，故城在今沂州沂水縣東。【今注】陽都：縣名。治所在今山東沂南縣南。

時彭寵反於漁陽，[1]帝欲自征之，湛上疏諫曰："臣聞文王受命而征伐五國，[2]必先詢之同姓，然後謀於群臣，加占蓍龜，以定行事，[3]故謀則成，卜則吉，戰則勝。其《詩》曰：‘帝謂文王，詢爾仇方，同爾弟兄，以爾鉤援，與爾臨衝，以伐崇庸。’[4]崇國城守，先退後伐，[5]所以重人命，俟時而動，故參分天下而有其二。陛下承大亂之極，受命而帝，興明祖宗，出入四年，而滅檀鄉，[6]制五校，[7]降銅馬，[8]破赤眉，[9]誅鄧奉之屬，[10]不爲無功。今京師空匱，資用不足，未能服近而先事邊外；且漁陽之地，逼接北狄，[11]黠虜困迫，必求其助。又今所過縣邑，尤爲困乏。種麥之家，多在城郭，聞官兵將至，當已收之矣。大軍遠涉二千餘里，士馬罷勞，轉糧艱阻。今兗、豫、青、冀，[12]中國之都，而寇賊從横，未及從化。漁陽以東，本備邊塞，地接外虜，貢税微薄。安平之時，尚資内郡，況今荒耗，豈足先圖？而陛下捨近務遠，棄易求難，四方疑怪，百姓恐懼，[13]誠臣之所惑也。復願遠覽文王重兵博謀，近思征伐前後之宜，顧問有司，使極愚誠，采其所長，擇之聖慮，以中土爲憂念。”帝覽其奏，竟不親征。

[1]【今注】彭寵：字伯通，南陽宛（今河南南陽市卧龍區）人。傳見本書卷一二。　漁陽：郡名。治漁陽縣（今北京市懷柔區北房鎮梨園莊東）。

[2]【李賢注】五國謂西伯受命伐犬夷，伐密須，伐耆，伐邘，伐崇。見《史記》（本注底本多漫漶不清，據紹興本、大德本、殿本補）。

[3]【李賢注】《書》曰：“謀及卿士，謀及卜筮。”又曰：“文王唯卜用，克綏受茲命（綏受茲命，底本漫漶不清，據紹興

本、大德本、殿本補)。”《詩·大雅》曰:“爰始爰謀,爰契我龜(爰契我龜,底本漫漶不清,據紹興本、大德本、殿本補)。”

[4]【李賢注】《詩·大雅》也。仇,匹也。鉤援,梯所引上城也。臨,臨車也。衝,衝車也。庸,城也。崇侯倡紂爲無道,故伐焉。

[5]【李賢注】《左氏傳》曰:“文王聞崇德亂而伐之,軍三旬而不降,退修政而復伐之,因壘而降。”

[6]【今注】檀鄉:新莽末年,在河北檀鄉(今山東濟寧市兖州區)的農民軍,號“檀鄉軍”。不久渡河,成爲河北農民軍中的一支。東漢光武帝建武二年(26),吴漢率軍在鄴東漳水上鎮壓了檀鄉軍。

[7]【今注】五校:西漢末農民軍的一支。

[8]【今注】銅馬:新莽末年河北農民軍中勢力最强大的一支。後被劉秀陸續擊破,部衆多被收編。

[9]【今注】赤眉:新莽末年農民軍主力之一,作戰時士卒都將眉毛塗成紅色,以與敵方相區别,故名。事見本書卷一一《劉盆子傳》。

[10]【今注】鄧奉:東漢初將領。任破虜將軍。光武帝建武二年,據淯陽(今河南新野縣東北)反。三年,光武帝親自率兵破斬之。事迹見本書卷一上《光武帝紀上》、卷二二《朱祐堅鐔傳》、本卷《伏湛趙憙傳》等。

[11]【今注】北狄:中國古代北方少數民族的總稱。古以夷、蠻、戎、狄代指中原以外各少數民族。北狄也泛指北方狄族,有時也指北方狄族中的某一支。

[12]【今注】兖:州名。西漢武帝時所置十三刺史部之一。東漢時治昌邑縣(今山東金鄉縣西北)。　豫:州名。西漢武帝時所置十三刺史部之一。東漢時治譙縣(今安徽亳州市譙城區)。　青:州名。西漢武帝時所置十三刺史部之一。東漢時治臨淄縣(今

山東淄博市臨淄區北)。　冀：州名。西漢武帝時所置十三刺史部之一。東漢時治高邑縣（今河北柏鄉縣北)。

[13]【今注】案，恐，殿本作“怨”。

時賊徐異卿等[1]萬餘人據富平，連攻之不下，[2]唯云“願降司徒伏公”。帝知湛爲青、徐所信向，遣到平原，[3]異卿等即日歸降，護送洛陽。

[1]【李賢注】異卿即獲索賊帥徐少也。

[2]【李賢注】富平，縣名，屬平原郡，故城今棣州厭次縣也。【今注】富平：縣名。治所在今山東惠民縣東北。

[3]【今注】平原：郡名。治平原縣（今山東平原縣南)。

湛雖在倉卒造次，必於文德，[1]以爲禮樂政化之首，顛沛猶不可違。[2]是歲奏行鄉飲酒禮，遂施行之。

[1]【今注】造次：倉猝，匆忙。

[2]【李賢注】顛沛猶僵仆也。

其冬，車駕征張步，[1]留湛居守。時蒸祭高廟，[2]而河南尹、司隸校尉於廟中爭論，[3]湛不舉奏，坐策免。六年，徙封不其侯，邑三千六百户，遣就國。[4]後南陽太守杜詩上疏薦湛曰：[5]“臣聞唐、虞以股肱康，文王以多士寧，是故《詩》稱‘濟濟’，《書》曰‘良哉’。[6]臣詩竊見故大司徒陽都侯伏湛，自行束脩，訖無毁玷，[7]篤信好學，守死善道，經爲人師，行爲儀表。前在河内朝歌及居平原，[8]吏人畏愛，則而象之。遭時反覆，不離兵凶，秉節持重，有不可奪之志。陛下深知其能，顯以宰相之重，衆賢百姓，仰望德義。微過斥退，久不復用，有識所惜，儒士痛心，臣竊傷之。湛容貌堂堂，國之光暉；[9]智略謀慮，朝之淵藪。髫髮厲志，白首不衰。[10]實足以先後王室，名足以光示遠人。[11]古者選擢諸侯以爲公卿，是故四方回首，仰望京師。[12]柱石之臣，宜居輔弼，[13]出入禁門，補缺拾遺。臣詩愚戇，不足以知宰相之才，竊懷區區，敢不自竭。臣前爲侍御史，[14]上封事，言湛公廉愛下，好惡分明，累世儒學，素持名信，經明行修，通達國政，尤宜近侍，納言左右，舊制九州五尚書，令一郡二人，[15]可以湛代。頗爲執事所非。但臣詩蒙恩深渥，所言誠有益於國，雖死無恨，故復越職觸冒以聞。"

[1]【今注】張步：字文公，琅邪不其（今山東青島市即墨區）人。傳見卷本書一二。

[2]【李賢注】冬祭曰蒸也。【今注】高廟：漢高祖廟。

[3]【今注】司隸校尉：官名。西漢武帝征和四年（前89）置司隸校尉，領兵一千二百人，捕巫蠱，督察大奸猾。後罷其兵，使糾察京師百官及所轄畿輔地區。哀帝時改稱司隸。東漢復稱司隸校尉，秩比二千石，糾察百官，上至諸侯、外戚、三公，下至地方郡守，並領一州，職權顯赫，與御史中丞、尚書令並稱"三獨坐"。詳見本書《百官志四》。

[4]【李賢注】不其，縣名，屬琅邪郡。其音基。【今注】不其：縣名。因山而名地。治所在今山東青島市即墨區。

[5]【今注】南陽：郡名。治宛縣（今河南南陽市卧龍區）。

杜詩：字公君，河内汲（今河南衛輝市西南）人。傳見本書卷三一。

［6］【李賢注】《大雅詩》曰："濟濟多士。"《尚書》曰："股肱良哉。"【今注】案，語出《詩·大雅·文王》："濟濟多士，文王以寧。"《尚書·益稷》："元首明哉！股肱良哉！庶事康哉！"

［7］【李賢注】訖，竟也。玷，缺也。自行束脩，謂年十五以上。

［8］【李賢注】朝歌，河内縣名也，故城在今衛州衛縣西。王莽改河内爲後隊，謂湛爲後隊屬正也（後，據王先謙《後漢書集解》及文意補）。【今注】朝歌：縣名。治所在今河南淇縣。

［9］【李賢注】堂堂，盛威儀也。

［10］【李賢注】《埤蒼》曰："髫，髦也。"髫髮謂童子垂髮（大德本、殿本句末有"也"字）。【今注】髫：音 tiáo。

［11］【李賢注】先後，相導也。《詩·大雅》曰："予則有先後（則，當據大德本、殿本及今本《詩·大雅·緜》改作'曰'）。"先音先見反。後音胡豆反（豆，大德本作"口"）。

［12］【李賢注】《左傳》曰："鄭武公、莊公爲平王卿士。"《東觀記》曰："詩上書：'武公、莊公所以砥礪蕃屏，勸進忠信，令四方諸侯咸樂回首，仰望京師。'"

［13］【李賢注】柱石，承棟梁也。《前書》田延年曰："將軍爲國柱石。"《尚書大傳》曰："古者天子必有四鄰，前曰疑，後曰承，左曰輔，右曰弼。天子有問無以對，責之疑；可志而不志，責之承；可正而不正，責之輔；可揚而不揚，責之弼。"

［14］【今注】侍御史：官名。掌察舉非法，受公卿群吏奏事，有違失舉劾之。西漢時爲御史大夫屬官，東漢時名義上隸屬少府。詳見本書《百官志三》。

［15］【李賢注】蓋舊制九州共選五人以任尚書，令則一郡乃有二人（令，殿本作"今"，劉攽《東漢書刊誤》云當作"今"。

二人，紹興本作“一人”），故欲以湛代一人之處。

十三年夏，徵，勑尚書擇拜吏日，及就位，[1]因讌見中暑，[2]病卒。賜祕器，[3]帝親弔祠，遣使者送喪脩家。

[1]【今注】案，及，大德本、殿本作“未及”，據文意，當有“未”字。

[2]【今注】讌見：皇帝於内廷召見臣下。

[3]【今注】祕器：即棺材。漢制，大臣死，帝賜東園祕器，以示優待。

二子：隆，翕。

翕嗣爵，卒，子光嗣。光卒，子晨嗣。[1]晨謙敬博愛，好學尤篤，以女孫爲順帝貴人，奉朝請，[2]位特進。[3]卒，子無忌嗣，亦傳家學，博物多識，順帝時，[4]爲侍中屯騎校尉。[5]永和元年，[6]詔無忌與議郎黄景校定中書五經、諸子百家、蓺術。[7]元嘉中，[8]桓帝復詔無忌與黄景、崔寔等共撰《漢記》。[9]又自采集古今，删著事要，號曰《伏侯注》。[10]無忌卒，子質嗣，官至大司農。[11]質卒，子完嗣，尚桓帝女陽安長公主。[12]女爲孝獻皇后。[13]曹操殺后，[14]誅伏氏，國除。

[1]【李賢注】《東觀記》曰：“晨尚高平公主。”

[2]【今注】奉朝請：漢制，諸侯朝見皇帝，春曰朝，秋曰

請。因稱定期參加朝會爲奉朝請，無定員，亦非官位。漢代退職大臣、將軍和皇室、外戚多以奉朝請名義參加朝會。

[3]【今注】特進：官名。漢制，凡大臣中功德高重爲朝廷所敬異者，賜位特進，以示恩寵，其朝位在三公下、二千石上。

[4]【今注】順帝：東漢順帝劉保，公元125年至144年在位。紀見本書卷六。

[5]【今注】侍中：官名。皇帝近侍官。侍從皇帝，出入宫廷，顧問應對。西漢非正式職官，也無定額，祇作爲官員本官外新加稱號。東漢地位日尊，由加官發展成秩比二千石的實職，爲皇帝心腹，多以外戚、功臣子弟及師儒重臣擔任。　屯騎校尉：西漢武帝時八校尉之一。掌騎士。東漢時屬北軍中候。

[6]【今注】永和：東漢順帝劉保年號（136—141）。

[7]【李賢注】中書，内中之書也。《蓺文志》曰“諸子凡一百八十九家”，言百家，舉其成數也。蓺謂書、數、射、御，術謂醫、方、卜、筮。

[8]【今注】元嘉：東漢桓帝劉志年號（151—153）。

[9]【今注】桓帝：東漢桓帝劉志，公元146年至167年在位。紀見本書卷七。　崔寔：字子真。傳見本書卷五二。　漢記：即《東觀漢記》。

[10]【李賢注】其書上自黄帝，下盡漢質帝，爲八卷，見行於今。

[11]【今注】大司農：官名。秦名治粟内史，西漢景帝更名爲大農令，武帝時又更名爲大司農，東漢亦置。秩中二千石，掌管錢穀金帛等國家財政。詳見本書《百官志三》。

[12]【今注】陽安長公主：名華。東漢桓帝延熹元年（158）封。見本書卷一〇下《皇后紀下》。

[13]【今注】孝獻皇后：即東漢獻帝伏皇后。紀見本書卷一〇下。

［14］【今注】曹操：字孟德，沛國譙（今安徽亳州市）人。東漢末政治家、軍事家、文學家。紀見《三國志》卷一。

初，自伏生已後，世傳經學，清静無競，故東州號爲“伏不鬬”。[1]

［1］【今注】案，大德本、殿本句末有“云”字。

隆字伯文，少以節操立名，[1]仕郡督郵。[2]建武二年，詣懷宫，光武甚親接之。

［1］【李賢注】《東觀記》“隆”作“盛”，字伯明。

［2］【今注】督郵：官名。漢置，爲郡之屬官，主督察所轄縣長吏政績、社會治安、法紀行政、催租點兵等，爲太守之耳目。每郡分若干部，每部設督郵一人領其職。

時張步兄弟各擁彊兵，據有齊地，拜隆爲太中大夫，[1]持節使青徐二州，[2]招降郡國。隆移檄告曰："乃者，猾臣王莽，殺帝盗位。宗室興兵，除亂誅莽，故群下推立聖公，[3]以主宗廟。而任用賊臣，殺戮賢良，三王作亂，盗賊從横，忤逆天心，[4]卒爲赤眉所害。皇天祐漢，聖哲應期，陛下神武奮發，以少制衆。故尋、邑以百萬之軍，[5]潰散於昆陽，[6]王郎以全趙之師，土崩於邯鄲，[7]大肜、高胡望旗消靡，[8]鐵脛、五校莫不摧破。[9]梁王劉永，[10]幸以宗室屬籍，爵爲侯王，不知厭足，自求禍棄，遂封爵牧守，造爲詐逆。今虎牙大將軍屯營十萬，[11]已拔睢陽，[12]劉永奔迸，家已族矣。此諸君所聞也。不先自圖，後悔何及？”青、徐群盜得此惶怖，獲索賊右師郎等六校即時皆降。[13]張步遣使隨降，[14]詣闕上書，獻鰒魚。[15]

［1］【今注】太中大夫：官名。西漢秩比千石，東漢秩比二千石。侍從皇帝，掌議論，顧問應對。爲光禄勳屬官。詳見本書《百官志二》。

［2］【今注】徐：州名。西漢武帝時所置十三刺史部之一。治郯縣（今山東郯城縣）。

［3］【今注】聖公：劉玄，字聖公，新莽地皇四年（23）二月，在淯水即帝位，建元更始元年。傳見本書卷一一。

［4］【李賢注】三王見《聖公傳》。【今注】三王作亂：指更始政權淮陽王張卬、穰王廖湛、隨王胡殷叛變，勒兵攻掠月餘。事迹見本書卷一一《劉玄傳》。

［5］【今注】尋邑：新莽政權大司徒王尋、大司空王邑。更始元年（23）五月，二人率郡兵百萬，平定山東。六月，光武帝劉秀在昆陽大敗王尋、王邑率領的莽軍主力。王尋被殺，王邑率殘部逃走，後在長安城中戰死。事迹見本書卷一上《光武帝紀上》、卷一四《宗室四王三侯傳》、卷一五《李王鄧來傳》、卷二〇《銚期王霸祭遵傳》等。

［6］【今注】昆陽：縣名。治所在今河南葉縣。更始元年六月，光武帝劉秀在昆陽大敗王尋、王邑率領的莽軍主力。

［7］【李賢注】全趙謂舉趙之地。【今注】王郎：一名昌，趙國邯鄲（今河北邯鄲市）人。傳見本書卷一二。　邯鄲：縣名。治所在今河北邯鄲市。

［8］【今注】大肜：兩漢之際河北農民軍之一，以樊重爲渠帥，在射犬（今河南修武縣西南）爲劉秀所滅。肜，紹興本、大德

本、殿本作“肜”。　高胡：兩漢之際河北農民軍之一，在射犬爲劉秀所滅。

［9］【今注】鐵脛：兩漢之際河北農民軍之一。後爲馮異擊破於北平（今河北保定市滿城區）。

［10］【今注】劉永：梁郡睢陽（今河南商丘市南）人。傳見本書卷一二。

［11］【今注】虎牙大將軍：即蓋延，光武帝建武元年（25）秋七月，封虎牙大將軍。傳見本書卷一八。

［12］【今注】睢陽：縣名。因位於睢水之北得名。治所在今河南商丘市南。

［13］【李賢注】“右”或爲“古”。

［14］【李賢注】《東觀記》步遣其掾孫昱隨之。

［15］【李賢注】郭璞注《三蒼》云：“鰒似蛤，偏著石。”《廣志》曰：“鰒無鱗有殼，一面附石，細孔雜雜，或七或九。”《本草》云：“石決明，一名鰒魚。”音步角反。【今注】鰒（fù）魚：又名鮑魚。徐珂《清稗類鈔·動物·鰒》：“鰒，亦稱鮑魚。殼爲橢圓狀，長二寸許，小於石決明，有吸水孔八九個，殼薄，外爲淡褐色，内帶真珠色，附着海底巖石間。”

其冬，拜隆光禄大夫，[1]復使於步，并與新除青州牧守及都尉俱東，[2]詔隆輒拜令長以下。隆招懷綏緝，多來降附。帝嘉其功，比之酈生。[3]即拜步爲東萊太守，[4]而劉永亦復遣使立步爲齊王。步貪受王爵，尤豫未決。[5]隆曉譬曰：“高祖與天下約，非劉氏不王，今可得爲十萬户侯耳。”步欲留隆與共守二州，隆不聽，[6]求得反命，步遂執隆而受永封。隆遣閒使上書曰：“臣隆奉使無狀，[7]受執凶逆，雖在困戹，授命不顧。又吏人知步反畔，心不附之，願以時進兵，無以臣隆爲念。臣隆得生到闕廷，受誅有司，此其大願；若令没身寇手，以父母昆弟長累陛下。[8]陛下與皇后、太子永享萬國，與天無極。”帝得隆奏，召父湛，流涕以示之曰：“隆可謂有蘇武之節。[9]恨不且許而遽求還也！”其後步遂殺之，時人莫不憐哀焉。

［1］【今注】光禄大夫：官名。光禄勳屬官，秩比二千石。掌顧問應對，無常職，隨時聽詔令所使。詳見本書《百官志二》。

［2］【今注】牧守：州牧和太守。州牧，官名。西漢武帝元封五年（前106）設州部刺史，督察郡國，官階低於郡守。成帝綏和元年（前8）改爲州牧。東漢光武帝建武十八年（42）復爲刺史。靈帝時，罷刺史，置州牧，居郡守之上，由原單純的監察官發展爲總攬地方軍政大權的地方長官。太守，戰國時各諸侯國於邊地置郡，其長官稱守。秦稱郡守。漢因之。景帝中元二年（前148）更名太守，爲郡最高行政長官，掌治其郡，秩二千石，故亦稱爲二千石。　都尉：官名。秦漢時期，以都尉官稱呼者很多，大都爲主武事者，也有部分任其他專職，也稱都尉，如水衡都尉、奉事都尉等。領兵之都尉，位在將軍、校尉下。地方郡國都尉，亦主兵事。

［3］【李賢注】酈生，酈食其也。説齊王廣，下齊七十餘城。食其音異基。

［4］【今注】東萊：郡名。治掖縣（今山東萊州市），東漢時徙治黄縣（今山東龍口市東）。

［5］【李賢注】冘音以今反。【今注】冘（yóu）豫：猶豫不決。

［6］【李賢注】二州，青州、徐州也。

［7］【李賢注】言罪大也。

［8］【李賢注】累，託也，音力僞反。

［9］【李賢注】武帝時，蘇武使匈奴，會衞律所將降者陰相與謀，劫單于母閼氏歸漢，事發，單于使衞律考其事，召武受辭。武不屈節，引佩刀自刺。單于欲降武，武不降，杖節牧羊海上，卧起操持節（持，紹興本誤作“侍”），節髦盡落。在匈奴中十九年，乃得歸漢。見《前書》也。【今注】蘇武：字子卿。蘇建中子。蘇武以父任爲郎。後出使匈奴，爲匈奴扣留，蘇武堅决不降，持節牧羊。西漢昭帝時，蘇武至京師，拜爲典屬國。傳見《漢書》卷五四。

五年，張步平，車駕幸北海，[1]詔隆中弟咸收隆喪，賜給棺斂，太中大夫護送喪事，詔告琅邪作冢，以子瑗爲郎中。[2]

［1］【今注】北海：郡名。西漢景帝中元二年（前148）置。治營陵縣（今山東昌樂縣東南）。東漢建武時改郡爲國，移治劇縣（今山東昌樂縣西）。

［2］【今注】案，瑗，殿本作“援”。

侯霸字君房，河南密人也。[1]族父淵，以宦者有才辯，任職元帝時，[2]佐石顯等領中書，[3]號曰大常侍。成帝時，任霸爲太子舍人。[4]霸矜嚴有威容，家累千金，不事産業。篤志好學，師事九江太守房元，[5]治《穀梁春秋》，爲元都講。[6]王莽初，五威司命陳崇舉霸德行，遷隨宰。[7]縣界曠遠，濱帶江湖，而亡命者多爲寇盜。霸到，即案誅豪猾，分捕山賊，縣中清静。再遷爲執法刺姦，[8]糾案執位者，無所疑憚。後爲淮平大尹，政理有能名。[9]及王莽之敗，霸保固自守，卒全一郡。

[1]【今注】河南：郡名。西漢高祖二年（前205）置河南郡，治洛陽縣（今河南洛陽市東北）。東漢光武帝建武十五年（39），因地屬京畿，改名河南尹。其長官亦稱河南尹，秩中二千石。 密：縣名。治所在今河南新密市東南。

[2]【今注】元帝：西漢元帝劉奭，公元前49年至前33年在位。紀見《漢書》卷九。

[3]【今注】石顯：字君房，濟南（今山東濟南市章丘區）人。西漢宣帝時任中書官。元帝時爲中書令，委以政。成帝即位，遷長信中太僕。後免官徙故郡，死。傳見《漢書》卷九三。 中書：西漢武帝時置，掌收納尚書奏事，草擬傳達皇帝詔命，屬少府。成帝以後，職專掌宮廷事務。

[4]【李賢注】《漢官儀》曰："太子舍人，選良家子孫，秩二百石。"【今注】太子舍人：官名。秦置。兩漢沿置。職如三署郎中，更直宿衛。東漢時隸太子少傅，由率更令主管。秩二百石。詳見本書《百官志四》。

[5]【今注】九江：郡名。治壽春縣（今安徽壽縣）。東漢時移治陰陵縣（今安徽定遠縣）。 房元：字子元。西漢官吏。初舉方正。後大司馬驃騎將軍王根除長史，以明經通達，任光禄大夫。後爲九江太守、青州牧。

[6]【李賢注】《東觀記》曰"從鐘寧君受律"也。【今注】穀梁春秋：儒家經典，《春秋》"三傳"之一。初爲十一卷。舊題穀梁赤撰，漢宣帝時立於學官，設博士。 元都講：首席主講者。

[7]【李賢注】王莽置五威司命將軍，又改縣令長曰宰。隨，縣名，屬南陽郡，今隨州縣也。【今注】五威司命：官名。即五威司命將軍。西漢末王莽置。 隨：縣名。治所在今湖北隨州市。

[8]【李賢注】《王莽傳》曰："置執法左右刺姦，選能吏侯

霸等分督六尉、六隊，如漢刺史。"【今注】執法刺姦：官名。王莽時所置，有執法左右刺奸，如漢之刺史，分督六尉六隊。

［9］【李賢注】王莽改臨淮郡爲淮平。【今注】淮平：郡名。西漢武帝時置臨淮郡。治徐縣（今江蘇泗洪縣南）。王莽時改稱淮平。東漢時復名臨淮。　大尹：官名。王莽時改郡守爲大尹。

更始元年，遣使徵霸，[1]百姓老弱相攜號哭，遮使者車，或當道而卧。皆曰："願乞侯君復留朞年。"民至乃戒乳婦勿得舉子，侯君當去，必不能全。使者慮霸就徵，臨淮必亂，不敢授璽書，具以狀聞。會更始敗，[2]道路不通。

［1］【李賢注】《東觀記》曰："遣謁者侯盛、荆州刺史費遂，齎璽書徵霸。"

［2］【今注】更始：這裏指更始政權。

建武四年，光武徵霸與車駕會壽春，[1]拜尚書令。[2]時無故典，朝廷又少舊臣，霸明習故事，收録遺文，條奏前世善政法度有益於時者，皆施行之。每春下寬大之詔，奉四時之令，皆霸所建也。[3]明年，代伏湛爲大司徒，封關内侯。[4]在位明察守正，奉公不回。

［1］【今注】壽春：縣名。治所在今安徽壽縣。

［2］【今注】尚書令：官名。秦置，漢因之，秩六百石，屬少府。西漢武帝始用宦者任之，成帝時則專用士人。東漢時爲尚書臺長，總典綱紀，無所不統，職權極重。本秩千石，若以皇帝極爲賞識之臣任此職則增秩至二千石。如漢和帝時，黄香任此職，增秩二

千石。

[3]【李賢注】《月令》春布德行慶，施惠下人，故曰寬大。奉四時謂依月令也。

[4]【今注】關内侯：秦漢實行的二十等爵制的第十九級，僅次於列侯。無封國，僅食其租税。

十三年，霸薨，帝深傷惜之，親自臨弔。下詔曰："惟霸積善清絜。視事九年。漢家舊制，丞相拜日，封爲列侯。[1]朕以軍師暴露，功臣未封，緣忠臣之義，不欲相踰，未及爵命，奄然而終。嗚呼哀哉！"於是追封謚霸則鄉哀侯，食邑二千六百户。子昱嗣。臨淮吏人共爲立祠，四時祭焉。以沛郡太守韓歆代霸爲大司徒。[2]

[1]【李賢注】漢自高祖以列侯爲丞相，武帝以元勳佐命皆盡，拜公孫弘爲丞相，封平津侯，因以爲故事。

[2]【今注】沛郡：秦置泗水郡。西漢高祖改爲沛郡，治相縣(今安徽濉溪縣西北)。東漢改置爲沛國。

歆字翁君，南陽人，以從攻伐有功，封扶陽侯。[1]好直言，無隱諱，帝每不能容。嘗因朝會，聞帝讀隗囂、公孫述相與書，[2]歆曰："亡國之君皆有才，桀紂亦有才。"帝大怒，以爲激發。[3]歆又證歲將飢凶，指天畫地，言甚剛切，坐免歸田里。帝猶不釋，復遣使宣詔責之。司隸校尉鮑永固請不能得，[4]歆及子嬰竟自殺。歆素有重名，死非其罪，衆多不厭，[5]帝乃追賜錢穀，以成禮葬之。[6]

[1]【今注】扶陽：縣名。治所在今安徽蕭縣西南。

[2]【今注】隗囂公孫述：二人傳見本書卷一三。

[3]【今注】激發：譏刺。

[4]【今注】鮑永：字君長，上黨屯留（今山西長治市屯留區）人。傳見本書卷二九。

[5]【李賢注】厭音一葉反。

[6]【李賢注】成禮，具禮也。言不以非命而降其葬禮。

後千乘歐陽歙、清河戴涉相代爲大司徒，[1]坐事下獄死，自是大臣難居相任。其後河内蔡茂，[2]京兆玉況，[3]魏郡馮勤，[4]皆得薨位。況字文伯，性聰敏，爲陳留太守，[5]以德行化人，遷司徒，四年薨。

[1]【今注】千乘：郡國名。西漢時置郡，治千乘縣（今山東高青縣東北高苑鎮北），東漢時改爲樂安國。　歐陽歙：字正思，樂安千乘人。傳見本書卷七九上。　清河：郡國名。西漢高祖置郡。後屢改爲國。元帝永光後又爲郡。治清陽縣（今河北清河縣東南）。　戴涉：字叔平，冀州清河（今河北清河縣東南）人。東漢官吏。光武帝建武初年，任上黨太守，以功封關内侯。建武十五年（39），遷大司徒。二十年，坐所薦舉之人盜金，下獄死。事迹見本書卷一下《光武帝紀下》、卷二三《竇融傳》、卷二七《張湛傳》、卷二九《鮑昱傳》、卷四五《袁安傳》等。

[2]【今注】案，内，紹興本、大德本作“南”。據本《傳》當作“内”。　蔡茂：本卷後有傳。

[3]【李賢注】玉音肅。【今注】京兆：政區名。即京兆尹，

相當於郡級，因地屬西漢長安京畿地區，故不稱郡。景帝時分秦内史爲左、右内史，武帝太初元年（前104）更右内史名京兆尹，治長安縣（今陝西西安市西北）。　案，玊，殿本作“王”。據李賢注讀音，當從殿本。王音 sù。

［4］【今注】魏郡：治鄴縣（今河北臨漳縣西南）。　馮勤：本卷後文有傳。

［5］【今注】陳留：郡名。治陳留縣（今河南開封市東南）。

昱後徙封於陵侯，[1]永平中兼太僕。[2]昱卒，子建嗣。建卒，子昌嗣。

［1］【李賢注】於陵，縣名，屬濟南郡（濟，大德本誤作“齊”），故城在今淄州長山縣南。【今注】於陵：縣名。治所在今山東鄒平縣東南。

［2］【今注】永平：東漢明帝劉莊年號（58—75）。　太僕：官名。九卿之一，秩中二千石。掌皇帝車馬。皇帝每出，奏駕上鹵簿用，大駕則執馭。詳見本書《百官志二》。

宋弘字仲子，京兆長安人也。父尚，成帝時至少府；[1]哀帝立，[2]以不附董賢，[3]違忤抵罪。弘少而温順，哀平閒作侍中，[4]王莽時爲共工。[5]赤眉入長安，[6]遣使徵弘，逼迫不得已，行至渭橋，[7]自投於水，家人救得出，因佯死獲免。

［1］【今注】少府：官名。九卿之一，秩中二千石。西漢時主管皇室財政，東漢時掌管宫中服御諸物、衣服、寶貨、珍膳等。詳見本書《百官志三》。曹金華《後漢書稽疑》謂宋尚爲少府之事，

《漢書》無載（第375頁）。

［2］【今注】哀帝：西漢哀帝劉欣，公元前7年至前1年在位。紀見《漢書》卷一一。

［3］【今注】董賢：字聖卿，雲陽（今陝西淳化縣西北）人。任太子舍人，西漢哀帝時初爲郎，後爲駙馬都尉侍中，得哀帝寵愛，賞賜甚厚，後任大司馬衛將軍，領尚書事。哀帝死後，董賢自殺。傳見《漢書》卷九三。

［4］【今注】哀平：即西漢哀帝劉欣與平帝劉衎。平帝劉衎，公元前1年至5年在位。紀見《漢書》卷一二。　侍中：官名。皇帝近侍官。侍從皇帝，出入宫廷，顧問應對。西漢非正式職官，也無定額，衹作爲官員本官外新加稱號。東漢時地位日尊，由加官發展成秩比二千石的實職，爲皇帝心腹，多以外戚、功臣子弟及師儒重臣擔任。詳見本書《百官志三》。

［5］【李賢注】王莽改少府曰共工。

［6］【今注】赤眉：新莽末年農民軍主力之一，作戰時士卒都將眉毛塗成紅色，以與敵方相區别，故名。事見本書卷一一《劉盆子傳》。

［7］【今注】渭橋：橋名。漢代建築在長安附近渭水上的橋梁。共有三座。

光武即位，徵拜太中大夫。建武二年，代王梁爲大司空，[1]封栒邑侯。[2]所得租奉分贍九族，家無資産，以清行致稱。徙封宣平侯。

［1］【今注】王梁：字君嚴，漁陽要陽（今河北豐寧滿族自治縣東南）人。傳見本書卷二二。　大司空：官名。金印紫綬。掌水土及營建工程。西漢成帝綏和元年（前8）改御史大夫爲大司空，與大司馬、大司徒並爲“三公”。東漢時改稱司空，與太尉、司徒

並爲“三公”。詳見本書《百官志一》。

[2]【李賢注】栒音恂（恂，大德本作“洵”，殿本作“洵”）。【今注】栒邑：縣名。治所在今陝西旬邑縣東北。

帝嘗問弘通博之士，弘乃薦沛國桓譚才學洽聞，幾能及楊雄、劉向父子。[1]於是召譚拜議郎、給事中。[2]帝每讌，[3]輒令鼓琴，好其繁聲。弘聞之不悦，悔於薦舉，伺譚内出，正朝服坐府上，遣吏召之。譚至，不與席而讓之曰：“吾所以薦子者，欲令輔國家以道德也，而今數進鄭聲以亂雅頌，非忠正者也。[4]能自改邪？將令相舉以法乎？”譚頓首辭謝，良久乃遣之。後大會群臣，帝使譚鼓琴，譚見弘，失其常度。帝怪而問之。弘乃離席免冠謝曰：“臣所以薦桓譚者，望能以忠正導主，而令朝廷耽悦鄭聲，臣之罪也。”帝改容謝，使反服，[5]其後遂不復令譚給事中。弘推進賢士馮翊、桓梁三十餘人，[6]或相及爲公卿者。[7]

[1]【李賢注】幾音祈。洽，浹洽也。幾，近也。《前書》班固曰，谷永經書，汎爲疏達，不能浹洽如劉向父子及楊雄也（楊，殿本作“揚”）。故弘引焉。【今注】桓譚：字君山，沛國相（今安徽濉溪縣西北）人。傳見本書卷二八上。　楊雄：也作“揚雄”。蜀郡成都（今四川成都市）人。西漢文學家。擅長辭賦。傳見《漢書》卷八七。案，楊，殿本作“揚”。　劉向：字子政，本名更生，沛（今江蘇沛縣）人。初任輦郎，後擢爲諫大夫。學《穀梁春秋》。歷任郎中、給事黄門、散騎、諫大夫、給事中。西漢元帝時，擢爲散騎宗正給事中，拾遺左右，多次上疏譏刺時政。前後居官三十餘年。傳見《漢書》卷三六。

［2］【今注】議郎：官名。郎中令（漢武帝後改稱光禄勳）的屬官，郎官中地位較高者。秦置，漢因之，秩六百石，掌顧問應對。詳見本書《百官志二》。　給事中：官名。秦置。兩漢時爲博士、議郎的加官，掌顧問應對。詳見《漢書·百官公卿表上》。

［3］【今注】讌：安閑，安樂。

［4］【李賢注】《論語》孔子曰："惡鄭聲之亂雅樂也。"《史記》曰"鄭音好濫淫志"也。

［5］【今注】反服：脱去演奏時所穿服裝，换回平時服裝。

［6］【今注】案，推，大德本作"雅"。

［7］【李賢注】及猶繼也。

弘當讌見，御坐新屏風，圖畫列女，帝數顧視之。弘正容言曰"未見好德如好色者。"[1]帝即爲徹之。笑謂弘曰："聞義則服，可乎？"對曰："陛下進德，臣不勝其喜。"

［1］【今注】案，語出《論語·子罕》："子曰：'已矣乎！吾未見好德如好色者也。'"

時帝姊湖陽公主新寡，[1]帝與共論朝臣，微觀其意。主曰："宋公威容德器，群臣莫及。"帝曰："方且圖之。"後弘被引見，帝令主坐屏風後，因謂弘曰："諺言貴易交，富易妻，人情乎？"弘曰："臣聞貧賤之知不可忘，[2]糟糠之妻不下堂。"帝顧謂主曰："事不諧矣。"[3]

［1］【今注】湖陽公主：東漢光武帝姊。

[2]【今注】案，知，大德本作“交”。

[3]【今注】不諧：不成。

弘在位五年，坐考上黨太守無所據，免歸第。[1]數年卒，無子，國除。

[1]【李賢注】言無罪狀可據。【今注】上黨：郡名。秦、西漢、東漢前期治長子縣（今山西長子縣西南），東漢後期移治壺關縣（今山西長治市北）。

弘弟嵩，以剛彊孝烈著名，官至河南尹。嵩子由，章和閒爲太尉，[1]坐阿黨竇憲，[2]策免歸本郡，自殺。由二子：漢，登。登在《儒林傳》。[3]

[1]【今注】案，中華本校勘記謂“章和”當作“元和”。曹金華《後漢書稽疑》：“宋由於章帝元和三年爲太尉，和帝永元四年策免……謂‘章和閒’係指章帝、和帝閒。”（第376頁） 太尉：官名。金印紫綬，掌軍事。東漢時與司徒、司空並爲三公，地位最尊。詳見本書《百官志一》。

[2]【今注】竇憲：字伯度，扶風平陵（今陝西咸陽市西北）人。傳見本書卷二三。

[3]【今注】登：即宋登。傳見本書卷七九上。

漢字仲和，以經行著名，舉茂才，[1]四遷西河太守。[2]永建元年，爲東平相、度遼將軍，[3]立名節，以威恩著稱。遷太僕，上病自乞，拜太中大夫，卒。策曰：“太中大夫宋漢，清修雪白，正直無邪。前在方外，仍統軍實，[4]懷柔異類，莫匪嘉績，戎車載戢，邊人用寧。予録乃勳，引登九列。因病退讓，守約彌堅，將授三事，[5]未剋而終。朝廷愍悼，怛其愴然。詩不云乎：'肇敏戎功，用錫爾祉。'[6]其令將相大夫會葬，加賜錢十萬，及其在殯，以全素絲羔羊之絜焉。"[7]

[1]【今注】茂才：漢代選舉科目之一。西漢時稱爲秀才，東漢爲避光武帝劉秀之諱，改稱茂才。

[2]【今注】西河：郡名。治平定縣（今内蒙古鄂爾多斯市東勝區），東漢時又移治離石縣（今山西吕梁市離石區）。

[3]【李賢注】爲東平王蒼曾孫端相也。【今注】案，永建時宋漢當爲東平王劉蒼之孫劉敞之相，而非劉蒼曾孫劉端之相。李賢注誤。又，宋漢遷度遼將軍在永建四年，遷太僕在陽嘉二年，本傳所載不確。（參見曹金華《後漢書稽疑》，第377頁）永建，東漢順帝劉保年號（126—132）。東平，郡國名。西漢宣帝時改大河郡爲東平國。治無鹽縣（今山東東平縣東）。度遼將軍，官名。雜號將軍之一。西漢已有，不常設。東漢明帝復置，最初用以防備南匈奴新降有二心者，後成爲常設官職。銀印青綬，秩二千石。詳見本書《百官志一》。

[4]【李賢注】仍，頻也。統，領也。軍實謂軍之所資也，《左傳》曰"隳軍實"。

[5]【今注】三事：三公。

[6]【李賢注】《大雅·江漢》之詩也。吉甫美宣王能興衰撥亂，命召公平淮夷。毛萇注云："肇，謀也。敏，疾也。戎，大也。功，事也。祉謂福慶。"（本注底本多漫漶不清，據紹興本、大德本、殿本補）【今注】案，功，今本《詩·大雅·江漢》作"公"。

[7]【李賢注】《詩·國風》曰："羔羊之皮，素絲五紽，退

食自公，委委蛇蛇（委委蛇蛇，當據殿本及今本《詩·召南·羔羊》改爲‘委蛇委蛇’）。”退食，減膳也。言卿大夫已下（大德本、殿本無“已下”二字），皆衣羔羊之裘，縫以素絲，自減膳食，從於公事，行步委蛇自得。【今注】案，絲，大德本作“系”。絜，大德本、殿本作“潔”。

子則，字元矩，爲鄢陵令，[1]亦有名迹。拔同郡韋著、扶風法真，[2]稱爲知人。則子年十歲，與蒼頭共弩射，[3]蒼頭弦斷矢激，誤中之，即死。奴叩頭就誅，則察而恕之。潁川荀爽深以爲美，[4]時人亦服焉。

[1]【今注】鄢陵：縣名。治所在今河南鄢陵縣西北。

[2]【今注】韋著：字休明，京兆杜陵（今陝西西安市）人。東漢桓帝時人，隱居不仕。　法真：字高卿，扶風郿（今陝西眉縣）人。傳見本書卷八三。

[3]【今注】蒼頭：漢代對奴僕的稱呼。

[4]【今注】潁川：郡名。因潁水而得名。治陽翟縣（今河南禹州市）。　荀爽：字慈明，潁川潁陰（今河南許昌市）人。傳見本書卷六二。

論曰：中興以後，居台相總權衡多矣，其能以任職取名者，豈非先遠業後小數哉？[1]故惠公造次，急於鄉射之禮；君房入朝，先奏寬大之令。夫器博者無近用，道長者其功遠，蓋志士仁人所爲根心者也。[2]君子以之得，固貴矣；以之失，亦得矣。[3]宋弘止繁聲，戒淫色，其有《關雎》之風乎！[4]

［1］【李賢注】遠業謂德禮，小數謂名法也。

［2］【李賢注】根猶本也。

［3］【李賢注】以之得，謂行道義而得，固可貴矣。以之失，謂行道義而失，亦爲得也（也，殿本作“矣”）。

［4］【李賢注】《詩序》曰：“《關雎》樂得淑女以配君子，憂在進賢，不淫其色也。”

蔡茂字子禮，河内懷人也。[1]哀平閒以儒學顯，徵試博士，[2]對策陳災異，以高等擢拜議郎，遷侍中。遇王莽居攝，[3]以病自免，不仕莽朝。

［1］【今注】河内：郡名。治懷縣（今河南武陟縣西南）。

［2］【今注】博士：官名。秦置博士官，掌通古今，備顧問。漢初承秦制。武帝時，設五經博士，掌教授經學，國有疑事，掌承問對。東漢因置。

［3］【今注】居攝：西漢孺子劉嬰年號（6—8）。因王莽效仿周公居攝踐祚而改元。

會天下擾亂，茂素與竇融善，[1]因避難歸之。融欲以爲張掖太守，[2]固辭不就；每所餉給，計口取足而已。後與融俱徵，復拜議郎，再遷廣漢太守，[3]有政績稱。時陰氏賓客在郡界多犯吏禁，茂輒糾案，無所回避。會洛陽令董宣舉糾湖陽公主，[4]帝始怒收宣，既而赦之。茂喜宣剛正，欲令朝廷禁制貴戚，乃上書曰：“臣聞興化致教，必由進善；康國寧人，莫大理惡。陛下聖德係興，[5]再隆大命，即位以來，四海晏然。誠宜夙興夜寐，雖休勿休。然頃者貴戚椒房之家，[6]數因恩執，干犯吏禁，殺人不死，傷人不論。臣恐繩墨棄而不用，[7]斧斤廢而不舉。[8]近湖陽公主奴殺人西市，[9]而與主共輿，出入宮省，逋罪積日，冤魂不報。洛陽令董宣，直道不顧，干主討姦。陛下不先澄審，召欲加箠。當宣受怒之初，京師側耳；及其蒙宥，天下拭目。今者，外戚憍逸，賓客放濫，宜勑有司案理姦罪，使執平之吏永申其用，以厭遠近不緝之情。"光武納之。[10]

[1]【今注】竇融：字周公，扶風平陵（今陝西咸陽市西北）人。傳見本書卷二三。

[2]【今注】張掖：郡名。治觻得縣（今甘肅張掖市西北）。

[3]【今注】廣漢：郡名。治乘鄉縣（今四川金堂縣東），東漢時移治雒縣（今四川廣漢市北）。

[4]【今注】董宣：字少平，陳留圉（今河南杞縣）人。傳見本書卷七七。　案，公主，底本無"公"字，據大德本、殿本補。

[5]【今注】案，係，殿本作"重"。

[6]【今注】椒房：西漢未央宮皇后居住的殿名，以椒和泥塗壁，取其温芳義。後代指皇后。

[7]【李賢注】繩墨諭章程也。

[8]【李賢注】斧斤謂刑戮也。賈誼曰"釋斤斧之用"也。

[9]【今注】西市：街市名。東漢都邑洛陽城三大街市區之一，在今河南洛陽市東白馬寺一帶。

[10]【李賢注】緝，叶也。【今注】緝：和洽，協調。

建武二十年，代戴涉爲司徒，在職清儉匪懈。二十三年薨于位，時年七十二。賜東園梓棺，賻贈甚厚。[1]

[1]【李賢注】東園，署名，主作棺也。

茂初在廣漢，夢坐大殿，極上有三穗禾，茂跳取之，得其中穗，輒復失之。[1]以問主簿郭賀，[2]賀離席慶曰："大殿者，宮府之形象也。極而有禾，人臣之上禄也。取中穗，是中台之位也。於字禾失爲秩，雖曰失之，乃所以得禄秩也。衮職有闕，君其補之。"[3]旬月而茂徵焉，乃辟賀爲掾。

[1]【李賢注】屋之大者，古通呼爲殿也。極，殿梁也。《前書音義》曰："三輔閒謂屋梁爲極。"

[2]【今注】主簿：官名。兩漢太尉、御史大夫、光禄勳等中央機構及司隸校尉、地方郡縣都設有主簿，將軍出征屬官亦有主簿。通常負責文書簿記，掌管印鑒，爲掾史之首。

[3]【李賢注】三公服衮，畫爲龍。龍首衮衮然，故言衮龍（衮龍，大德本、殿本作"龍衮"）。《詩》曰："衮職有闕，仲山甫補之。"

賀字喬卿，雒陽人。[1]祖父堅伯，父游君，並修清節，不仕王莽。賀能明法，累官，建武中爲尚書令，在職六年，曉習故事，多所匡益。拜荆州刺史，[2]引見賞賜，恩寵隆異。及到官，有殊政。百姓便之，歌曰："厥德仁明郭喬卿，忠正朝廷上下平。"顯宗巡狩到南陽，[3]特見嗟歎，賜以三公之服，黼黻冕旒。[4]勑行部去襜帷，使百姓見其容服，以章有德。每所經過，吏人指以相示，莫不榮之。永平四年，徵拜河南尹，以清静稱。在官三年卒，詔書愍惜，賜車一乘，錢四十萬。

［1］【今注】案，雒陽，據王先謙《後漢書集解》引惠棟説，當作“雒”，“陽”字衍。雒，縣名。治所在今四川廣漢市北。東漢時爲益州刺史、廣漢郡治所。

［2］【今注】荆州：西漢武帝時所置十三刺史部之一。東漢時治漢壽縣（今湖南常德市東北）。

［3］【今注】顯宗：東漢明帝劉莊，廟號顯宗，公元 57 年至 75 年在位。紀見本書卷二。

［4］【李賢注】三公服衮冕。黼若斧形，黻若兩“己”相背。冕以木爲之，衣以帛，玄上纁下，廣八寸，長尺六寸。旒謂冕前後所垂玉也，天子十二旒，上公九旒。

馮勤字偉伯，魏郡繁陽人也。[1]曾祖父揚，宣帝時爲弘農太守。[2]有八子，皆爲二千石，[3]趙魏閒榮之，號曰“萬石君”焉。兄弟形皆偉壯，唯勤祖父偃，長不滿七尺，常自耻短陋，恐子孫之似也，[4]乃爲子伉娶長妻。伉生勤，長八尺三寸。八歲善計。[5]

［1］【今注】繁陽：縣名。治所在今河南内黄縣西北。

［2］【今注】宣帝：西漢宣帝劉詢，公元前 74 年至前 49 年在位。紀見《漢書》卷八。　弘農：郡名。治弘農縣（今河南靈寶市東北故函谷關城）。東漢後期改名恒農郡。

［3］【今注】二千石：漢代官吏秩俸等級名。又分爲中二千

石、真二千石、二千石、比二千石等，列卿、郡守、都尉、王國相等均屬二千石。詳見本書《百官志》。

［4］【李賢注】《東觀記》偃爲黎陽令。

［5］【李賢注】計，筭術也。

初爲太守銚期功曹，[1]有高能稱。期常從光武征伐，政事一以委勤。勤同縣馮巡等舉兵應光武，謀未成而爲豪右焦廉等所反，[2]勤乃率將老母兄弟及宗親歸期，期悉以爲腹心，薦於光武。初未被用，後乃除爲郎中，給事尚書。[3]以圖議軍糧，在事精勤，遂見親識。每引進，帝輒顧謂左右曰："佳乎吏也!"由是使典諸侯封事。勤差量功次輕重，國土遠近，地埶豐薄，不相踰越，莫不厭服焉。自是封爵之制，非勤不定。帝益以爲能，尚書衆事，皆令總録之。

［1］【今注】銚期：字次況，潁川郟（今河南郟縣）人。傳見本書卷二〇。　功曹：官名。即功曹掾或功曹史，爲漢代郡守、縣令長之佐吏，是郡縣屬吏中地位最高者。其職主考查記録功勞、參預任免賞罰，有時甚至代行郡守及縣令長之事。

［2］【李賢注】反音幡（本注底本漫漶不清，據紹興本、大德本、殿本補）。

［3］【李賢注】《東觀記》魏郡太守范横上疏薦勤，然始除之（本注底本漫漶不清，據紹興本、大德本、殿本補）。【今注】郎中：官名。秦漢時期，一般給事禁中者稱中郎，給事宫中者爲郎中。給事宫外者爲外郎。其職務爲皇帝的侍從，參與謀議，執行宿衛，奉命出使。

司徒侯霸薦前梁令閻楊。[1]楊素有譏議，帝常嫌之，既見霸奏，疑其有姦，大怒，賜霸璽書曰："崇山、幽都何可偶，[2]黄鉞一下無處所。[3]欲以身試法邪？將殺身以成仁邪？"使勤奉策至司徒府。勤還，陳霸本意，申釋事理，帝意稍解，拜勤尚書僕射。[4]職事十五年，以勤勞賜爵關内侯。遷尚書令，拜大司農，三歲遷司徒。

[1]【今注】梁：縣名。治所在今河南汝州市西南。　案，閻楊，本書卷八三《王霸傳》作"閻陽"。

[2]【李賢注】崇山，南裔也。幽都，北裔也。偶，對也。言將殺之，不可得流徙也。《尚書》舜流共工於幽州，放驩兜於崇山。

[3]【李賢注】鉞，斧也，以黄金飾之，所以戮人。

[4]【今注】尚書僕射：官名。尚書臺副長官。秦置尚書僕射，屬少府，漢因之。西漢成帝時置尚書五人，一人爲僕射，主文書啓封。東漢時爲尚書令之副職，尚書令缺則奏下衆事。詳見本書《百官志三》。

先是三公多見罪退，[1]帝賢勤，欲令以善自終，乃因讌見從容戒之曰："朱浮上不忠於君，下陵轢同列，竟以中傷至今，[2]死生吉凶未可知，豈不惜哉！人臣放逐受誅，雖復追加賞賜賻祭，不足以償不訾之身。[3]忠臣孝子，覽照前世，以爲鏡誡。能盡忠於國，事君無二，則爵賞光乎當世，功名列於不朽，可不勉哉！"勤愈恭約盡忠，號稱任職。

［1］【今注】三公：周代，三公一般指太師、太傅、太保。至西漢成帝時，三公成爲法定正式官名，指大司馬、大司徒、大司空。東漢三公指太尉、司徒、司空，位高禄厚，名義上還分轄九卿；但軍國要務，多由皇帝近臣尚書辦理，實權削弱，即所謂“雖置三公，事歸臺閣”。

［2］【李賢注】朱浮爲大司空，坐賣弄國恩免，又爲陵轢同列，帝銜之，惜其功，不忍加罪。【今注】朱浮：字叔元，沛國蕭（今安徽蕭縣西北）人。傳見本書卷三三。

［3］【李賢注】訾，量也。言無量可比之（無量可比之，大德本作“無訾量也比之”），貴重之極也。訾與資同。

勤母年八十，每會見，詔勑勿拜，令御者扶上殿，顧謂諸王主曰：［1］“使勤貴寵者，此母也。”其見親重如此。

［1］【今注】案，大德本、殿本無“顧”“主”二字。

中元元年，薨，［1］帝悼惜之，使者弔祠，賜東園祕器，［2］賵贈有加。［3］

［1］【李賢注】《東觀記》曰：“中元元年，車駕西幸長安，祠園陵還，勤燕見前殿盡日，歸府，因病喘逆，上使太醫療視（太，紹興本作“大”），賞賜錢帛，遂薨。”【今注】中元：亦稱建武中元，東漢光武帝劉秀年號（56—57）。

［2］【今注】東園祕器：東園，署名。主作棺。祕器即棺材。

［3］【今注】賵贈：贈送助葬用的財物。

勤七子。長子宗嗣，至張掖屬國都尉。[1]中子順，尚平陽長公主，終於大鴻臚。[2]建初八年，[3]以順中子奮襲主爵爲平陽侯，薨，無子。永元七年，[4]詔書復封奮兄羽林右監勁爲平陽侯，[5]奉公主之祀。奮弟由，黄門侍郎，尚平安公主。[6]勁薨，子卯嗣。卯延光中爲侍中，薨，子留嗣。

［1］【今注】張掖屬國都尉：政區名。西漢武帝時，置屬國都尉，掌邊郡安置歸附的少數民族。屬國都尉分治所屬縣，職掌與郡守相當。張掖屬國都尉轄境大致相當於今甘肅高臺縣北、金塔縣東與内蒙古交界地區。

［2］【李賢注】平陽主，明帝女。【今注】平陽長公主：名奴。東漢明帝之女。

［3］【今注】建初：東漢章帝劉炟年號（76—84）

［4］【今注】永元：東漢和帝劉肇年號（89—105）。

［5］【今注】羽林右監：官名。西漢武帝時置建章營騎，後更名爲羽林騎。東漢時分左、右，羽林右監主羽林右騎。

［6］【李賢注】章帝女也。臣賢案：《東觀記》亦云安平，《皇后紀》云由尚平邑公主，紀傳不同，未知孰是。

趙憙字伯陽，南陽宛人也。[1]少有節操。從兄爲人所殺，無子，憙年十五，常思報之。乃挾兵結客，後遂往復仇。而仇家皆疾病，無相距者。憙以因疾報殺，非仁者心，且釋之而去。顧謂仇曰："爾曹若健，遠相避也。"仇皆卧自搏。[2]後病愈，悉自縛詣憙，憙不與相見，後竟殺之。

[1]【今注】宛：縣名。治所在今河南南陽市卧龍區。

[2]【李賢注】自搏猶叩頭也。【今注】自搏：猶叩頭。一説以手自擊，表示悔過自責。

更始即位，舞陰大姓李氏擁城不下，[1]更始遣柱天將軍李寶降之，不肯，云"聞宛之趙氏有孤孫憙，信義著名，願得降之"。更始乃徵憙。憙年未二十，[2]既引見，更始笑曰："繭栗犢，豈能負重致遠乎？"[3]即除爲郎中，行偏將軍事，[4]使詣舞陰，而李氏遂降。憙因進入潁川，擊諸不下者，歷汝南界，[5]還宛。更始大悦，謂憙曰："卿名家駒，努力勉之。"[6]會王莽遣王尋、王邑將兵出關，更始乃拜憙爲五威偏將軍，[7]使助諸將拒尋、邑於昆陽。光武破尋、邑，憙被創，有戰勞，還拜中郎將，[8]封勇功侯。

[1]【今注】舞陰：縣名。治所在今河南方城縣東南。

[2]【今注】案，"二十"當爲"三十"之誤。據本傳，趙憙於章帝建初五年（80）去世，時年八十四，則更始元年（23）已二十七歲（參見曹金華《後漢書稽疑》，第379頁）。

[3]【李賢注】犢角如繭栗，言小也。《禮緯》曰（緯，大德本、殿本作"記"）："天地之牲角繭栗。"

[4]【今注】偏將軍：官名。軍官中地位較低者。

[5]【今注】汝南：郡名。西漢時治上蔡縣（今河南上蔡縣西南），東漢時移治平輿縣（今河南平輿縣北）。

[6]【李賢注】武帝謂劉德爲千里之駒，故以憙比之。

[7]【今注】五威偏將軍：官名。西漢末更始政權置。

[8]【今注】中郎將：官名。爲中郎的長官。西漢武帝設中郎

三將，分五官、左、右三署，隸署光禄勳，秩比二千石。職掌護衛侍從天子。至東漢，三署中郎將主要協助光禄勳考課察舉三署諸郎。東漢還遣中郎將領兵，遂增設東、西、南、北四中郎將，以征討四方，類似將軍。詳見本書《百官志二》。

更始敗，憙爲赤眉兵所圍，迫急，乃踰屋亡走，與所友善韓仲伯等數十人，攜小弱，越山阻，徑出武關。[1]仲伯以婦色美，慮有彊暴者，而己受其害，欲棄之於道。憙責怒不聽，因以泥塗仲伯婦面，載以鹿車，身自推之。[2]每道逢賊，或欲逼略，憙輒言其病狀，以此得免。既入丹水，[3]遇更始親屬，皆裸跣塗炭，飢困不能前。[4]憙見之悲感，所裝縑帛資糧，悉以與之，將護歸鄉里。

［1］【今注】武關：關隘名。即戰國時秦置重關之一。故址在今陝西商南縣西南丹江北岸。

［2］【李賢注】《風俗通》曰："俗説鹿車窄小，裁容一鹿（裁，殿本誤作'載'）。"

［3］【李賢注】丹水，縣名，屬南陽郡，故城在今鄧州内鄉縣西南，臨丹水。【今注】丹水：縣名。治所在今河南淅川縣西南丹江北岸。

［4］【李賢注】塗炭者，若陷泥墜火，喻窮困之極也。【今注】塗炭：此處當指污濁、污穢。

時鄧奉反於南陽，憙素與奉善，數遺書切責之，而讒者因言憙與奉合謀，帝以爲疑。及奉敗，帝得憙書，乃驚曰："趙憙真長者也。"即徵憙，引見，賜窜馬，待詔公車。[1]時江南未賓，道路不通，以憙守簡陽侯相。憙不肯受兵，[2]單車馳之簡陽。吏民不欲内憙，憙乃告譬，呼城中大人，[3]示以國家威信，其帥即開門面縛自歸，由是諸營壁悉降。荆州牧奏憙才任理劇，詔以爲平林侯相。[4]攻擊群賊，安集已降者，縣邑平定。

[1]【今注】公車：官名。公車司馬令之簡稱。西漢皇宫中有公車司馬門，設公車司馬令以掌之，隸衛尉，秩六百石。東漢時掌宫南闕門。掌門衛兵禁與吏民上章、四方貢獻及徵詣公車者。

[2]【李賢注】《東觀記》曰："敕憙從騎都尉儲融受兵二百人，通利道路。憙白上，不願受融兵，單車馳往，度其形況。上許之。"

[3]【今注】案，大人，大德本作"大夫"。

[4]【今注】平林：聚邑名。在今湖北隨縣東北。

後拜懷令。大姓李子春先爲琅邪相，[1]豪猾并兼，爲人所患。憙下車，聞其二孫殺人事未發覺，即窮詰其姦，收考子春，二孫自殺。京師爲請者數十，終不聽。時趙王良疾病將終，[2]車駕親臨王，問所欲言。王曰："素與李子春厚，今犯罪，懷令趙憙欲殺之，願乞其命。"帝曰："吏奉法，律不可枉也，更道它所欲。"王無復言。既薨，帝追感趙王，乃貰出子春。

[1]【今注】琅邪：郡國名。秦置郡。治琅邪縣（今山東青島市黄島區）。西漢時移治東武縣（今山東諸城市）。東漢時改爲國，

移治開陽縣（今山東臨沂市北）。

［2］【今注】趙王良：劉良，字次伯。光武帝劉秀叔父。傳見本書卷一四。

其年，遷憙平原太守。[1]時平原多盜賊，憙與諸郡討捕，斬其渠帥，餘黨當坐者數千人。憙上言"惡惡止其身，[2]可一切徙京師近郡"。帝從之，乃悉移置潁川、陳留。於是擢舉義行，誅鋤姦惡。後青州大蝗，侵入平原界輒死，歲屢有年，百姓歌之。

［1］【今注】平原：郡名。治平原縣（今山東平原縣南）。

［2］【李賢注】《公羊傳》曰："善善及子孫，惡惡止其身。"

二十六年，帝延集内戚讌會，歡甚，諸夫人各各前言"趙憙篤義多恩，往遭赤眉出長安，皆爲憙所濟活"。帝甚嘉之。後徵憙入爲太僕，引見謂曰："卿非但爲英雄所保也，婦人亦懷卿之恩。"厚加賞賜。

二十七年，拜太尉，賜爵關内侯。時南單于稱臣，[1]烏桓、鮮卑並來入朝，[2]帝令憙典邊事，思爲久長規。[3]憙上復緣邊諸郡，幽并二州由是而定。[4]

［1］【今注】南單于：單于爲匈奴首領稱號。當時匈奴分南北兩部，南匈奴首領稱爲南單于。事見本書卷八九《南匈奴傳》。

［2］【今注】烏桓：中國古代北方民族之一。游牧部落東胡族的一支，依居烏桓山，因以爲名。主要游牧於大興安嶺南端。西漢前期依附於匈奴，武帝以後附漢，遷至東北邊郡塞外。東漢獻帝建

安十二年（207），曹操遷烏桓萬餘部落於中原，部分留居長城一帶。此後逐漸與漢族及其他民族相融合。傳見本書卷九〇。　鮮卑：中國古代北方民族之一。游牧部落東胡族的一支，相傳依居鮮卑山而得名。秦與西漢時期游牧於大興安嶺一帶，後來逐漸南遷。西漢時期至兩漢之際附於匈奴，常隨其騷擾中原。東漢北匈奴西遷後，鮮卑據其故地，勢力漸趨强盛。傳見本書卷九〇。

［3］【李賢注】規，謀也。

［4］【李賢注】復音伏。謂建武六年徙雲中、五原人於常山、居庸閒，至二十六年復令還雲中、五原（十，大德本作“千”）。《東觀記》曰：“草創苟合，未有還人，蓋憙至此，請徙之令盡也。”

三十年，憙上言宜封禪，[1]正三雍之禮。[2]中元元年，從封泰山。及帝崩，憙受遺詔，典喪禮。是時藩王皆在京師，自王莽篡亂，舊典不存，皇太子與東海王等雜止同席，[3]憲章無序。憙乃正色，横劍殿階，[4]扶下諸王，以明尊卑。時藩國官屬出入宫省，與百僚無别，[5]憙乃表奏謁者將護，分止它縣，諸王並令就邸，唯朝晡入臨。整禮儀，嚴門衛，内外肅然。

［1］【今注】封禪：古代帝王祭祀天地大典之一。登泰山築壇祭天曰“封”，於山南梁父山上辟基祭地曰“禪”。一般把封禪視爲天下太平、告命於天的手段。

［2］【今注】三雍：即辟雍、明堂、靈臺，合稱三雍。爲古代帝王舉行祭祀、典禮的場所。

［3］【今注】皇太子：指劉莊。　東海王：東漢光武帝劉秀長子劉彊。傳見本書卷四二。

[4]【今注】案，大德本無“横劍”二字。

[5]【今注】百僚：百官。

永平元年，封節鄉侯。三年春，坐考中山相薛脩事不實免。[1]其冬，代竇融爲衛尉。[2]八年，代虞延行太尉事，[3]居府如真。後遭母憂，上疏乞身行喪禮，顯宗不許，遣使者爲釋服，賞賜恩寵甚渥。憙内典宿衛，外幹宰職，正身立朝，未嘗懈惰。及帝崩，復典喪事，再奉大行，[4]禮事脩舉。肅宗即位，[5]進爲太傅，[6]録尚書事。擢諸子爲郎吏者七人。長子代，給事黄門。[7]

[1]【李賢注】脩，光武子中山王焉相也。【今注】中山：郡國名。西漢高祖劉邦置中山郡。景帝改爲國。東漢同。治盧奴縣（今河北定州市）。

[2]【今注】衛尉：秦官，掌宫門衛屯兵。九卿之一，秩中二千石。詳見本書《百官志二》。

[3]【今注】虞延：字子大，陳留東昏（今河南蘭考縣）人。傳見本書卷三三。

[4]【今注】大行：是皇帝去世後未下葬時的稱呼。

[5]【今注】肅宗：東漢章帝劉炟，廟號肅宗，公元 75 年至 88 年在位。紀見本書卷三。

[6]【今注】太傅：官名。古三公之一。周始置。西漢高后時置太傅，位次太師，後省。哀帝時復置太傅，與太師、太保並爲上公，位三公上。東漢上公僅有太傅，其録尚書事者，參預朝政，不加録尚書事者則無常職。

[7]【今注】給事黄門：西漢時置給事黄門，掌侍從左右。至東漢，稱給事黄門侍郎，給事禁中，關通中外。漢末亦掌近侍帷

幄，省尚書事。

建初五年，憙疾病，帝親幸視。及薨，車駕往臨弔。時年八十四。謚曰正侯。

子代嗣，官至越騎校尉。[1]永元中，副行征西將軍劉尚征羌，[2]坐事下獄，疾病物故。和帝憐之，賜祕器錢布。贈越騎校尉、節鄉侯印綬。子直嗣，官至步兵校尉。[3]直卒，子淑嗣，無子，國除。

［1］【今注】越騎校尉：官名。西漢武帝時置八校尉之一，掌越騎。東漢沿置，掌宿衛兵，爲北軍五校之一，爲北軍中候所監督。

［2］【今注】征西將軍：官名。東漢置四征大將軍之一。位在將軍上。

［3］【今注】步兵校尉：官名。西漢武帝時始置。掌上林苑門屯兵。東漢沿置，掌宿衛兵。有司馬一人，員吏七十三人，領士七百人。詳見本書《百官志四》。

牟融字子優，北海安丘人也。[1]少博學，以《大夏侯尚書》教授，[2]門徒數百人，名稱州里。以司徒茂才爲豐令，[3]視事三年，縣無獄訟，爲州郡最。

［1］【今注】北海：郡國名。西漢時治營陵縣（今山東昌樂縣東南），東漢時移治劇縣（今山東昌樂縣西）。　安丘：縣名。治所在今山東安丘市西南。丘，殿本作“邱”。

［2］【李賢注】大夏侯名勝，宣帝時人也。【今注】大夏侯：夏侯勝，字長公。先受《尚書》《洪範五行傳》於夏侯始昌，後事

蘭卿，又從歐陽氏問。預言霍光謀廢昌邑王。西漢宣帝立，以《尚書》教授太后。遷長信少府，賜關内侯。因非議詔書、貶毁先帝下獄。後復爲長信少府，遷太子太傅。九十歲卒。傳見《漢書》卷七五、卷八八。

[3]【李賢注】司徒舉爲茂才也。豐，今徐州縣也。【今注】豐：縣名。治所在今江蘇豐縣。

司徒范遷薦融忠正公方，經行純備，宜在本朝，并上其理狀。[1]永平五年，入代鮑昱爲司隸校尉，[2]多所舉正，百僚敬憚之。八年，代包咸爲大鴻臚。[3]十一年，代鮭陽鴻爲大司農。[4]

[1]【李賢注】《漢官儀》曰："范遷字子廬，沛人也。"

[2]【今注】司隸校尉：官名。西漢武帝征和四年（前89）置司隸校尉，領兵一千二百人，捕巫蠱，督察大奸猾。後罷其兵，使糾察京師百官及所轄畿輔地區。哀帝時改稱司隸。東漢復稱司隸校尉，秩比二千石，糾察百官，上至諸侯、外戚、三公，下至地方郡守，並領一州，職權顯赫，與御史中丞、尚書令並稱"三獨坐"。詳見本書《百官志四》。

[3]【今注】包咸：字子良，會稽曲阿（今江蘇丹陽市）人。傳見本書卷七九。　大鴻臚：官名。秦置典客，西漢景帝中元六年（前144）更名爲大行令，武帝太初元年（前104）更名爲大鴻臚，王莽時稱典樂，東漢復名大鴻臚。掌諸侯王和邊疆民族首領使臣入京朝見諸禮儀，秩中二千石。詳見本書《百官志二》。

[4]【李賢注】鮭陽，姓也，音胡佳反。【今注】案，鮭，本書卷七九上《儒林傳上》作"鮭"。鮭、鮭，音 huà。

是時顯宗方勤萬機，公卿數朝會，每輒延謀政事，判析獄訟。[1]融經明才高，善論議，朝廷皆服其能；帝數嗟歎，以爲才堪宰相。明年，代伏恭爲司空，[2]舉動方重，甚得大臣節。肅宗即位，以融先朝名臣，代趙憙爲太尉，與憙參録尚書事。

[1]【今注】案，析，大德本、殿本作“折”。

[2]【李賢注】恭字叔齊，伏湛同産兄子也。見《東觀記》。

建初四年薨，車駕親臨其喪。時融長子麟歸鄉里，帝以其餘子幼弱，勑太尉掾史教其威儀進止，[1]贈賵恩寵篤密焉。又賜冢塋地於顯節陵下，[2]除麟爲郎。

[1]【今注】掾史：佐吏屬官的通稱。秦漢時期，中央及地方各級官府中，均置有掾史之吏。

[2]【今注】顯節陵：東漢明帝的陵墓，在今河南洛陽市東北。

韋彪字孟達，扶風平陵人也。[1]高祖賢，宣帝時爲丞相。祖賞，哀帝時爲大司馬。

[1]【今注】平陵：縣名。本西漢昭帝劉弗陵墓。西漢制度，以每一皇帝陵墓所在地設一縣。故昭帝時置平陵縣，治所在今陝西咸陽市西北。

彪孝行純至，父母卒，哀毁三年，不出廬寢。服竟，羸瘠骨立異形，醫療數年乃起。好學洽聞，雅稱儒宗。建武末，舉孝廉，[1]除郎中，以病免，復歸教授。安貧樂道，恬於進趣，三輔諸儒莫不慕仰之。[2]

[1]【今注】孝廉：漢代選舉科目之一。孝廉指孝子、廉吏，原爲察舉二科，然常連稱，乃混爲一科。西漢武帝以後孝廉一科爲入仕正途。

[2]【今注】三輔：地區名。京畿地區的合稱。西漢景帝時分秦内史爲左、右内史，改主爵中尉名主爵都尉。武帝時，分别改左、右内史、主爵都尉名爲左馮翊、京兆尹、右扶風。同治京城長安城中，所輔皆爲京畿之地，故合稱“三輔”。轄境相當於今陝西關中地區。

顯宗聞彪名，永平六年，召拜謁者，賜以車馬衣服，三遷魏郡太守。肅宗即位，以病免。徵爲左中郎將、長樂衛尉，[1]數陳政術，每歸寬厚。比上疏乞骸骨，[2]拜爲奉車都尉，[3]秩中二千石，賞賜恩寵，侔於親戚。

[1]【今注】左中郎將：官名。秦置，漢因之，隸郎中令（漢改稱光禄勳），秩比二千石，主掌屬下中郎、侍郎、郎中等，宿衛宫殿。詳見本書《百官志二》。　長樂衛尉：官名。漢制，皇太后屬官有衛尉，與少府、太僕並爲太后三卿，掌宿衛。太后宫官，皆冠以太后所居宫名，無太后則缺，太后崩則省，不常置。

[2]【今注】乞骸骨：古代官吏因年老請求退職，稱爲乞骸骨。意爲使骸骨得歸葬其故鄉。

[3]【今注】奉車都尉：官名。隸光禄勳，秩比二千石。掌御乘輿馬。詳見本書《百官志二》。

建初七年，車駕西巡狩，以彪行太常從，數召入，問以三輔舊事，禮儀風俗。彪因建言：“今西巡舊都，宜追録高祖、中宗功臣，[1]褒顯先勳，紀其子孫。”帝納之。行至長安，乃制詔京兆尹、右扶風求蕭何、霍光後。時光無苗裔，唯封何末孫熊爲酇侯。[2]建初二年已封曹參後曹湛爲平陽侯，[3]故不復及焉。乃厚賜彪錢珍羞食物，使歸平陵上冢。還，拜大鴻臚。

［1］【李賢注】中宗，宣帝。

［2］【今注】酇：侯國名。治所在今湖北老河口市西北。

［3］【今注】平陽：侯國名。治所在今山西臨汾市西南。

是時陳事者，多言郡國貢舉率非功次，故守職益懈而吏事寖疏，咎在州郡。有詔下公卿朝臣議。彪上議曰：“伏惟明詔，憂勞百姓，垂恩選舉，務得其人。夫國以簡賢爲務，賢以孝行爲首。孔子曰：‘事親孝，故忠可移於君，是以求忠臣必於孝子之門。’[1]夫人才行少能相兼，是以孟公綽優於趙、魏老，不可以爲滕、薛大夫。[2]忠孝之人，持心近厚；鍛鍊之吏，持心近薄。[3]三代之所以直道而行者，在其所以磨之故也。[4]士宜以才行爲先，不可純以閥閱。[5]然其要歸，在於選二千石。二千石賢，則貢舉皆得其人矣。”[6]帝深納之。

［1］【李賢注】《孝經緯》之文也。

［2］【李賢注】《論語》孔子之言也。公綽，魯大夫。趙、魏

皆晉卿之邑也。家臣稱老。公綽性寡欲（性，紹興本誤作"姓"），趙、魏老優閒無事；滕、薛小國，大夫職煩，故不可爲也。【今注】案，《論語·憲問》作："孟公綽爲趙、魏老則優，不可以爲滕、薛大夫。"

［3］【李賢注】《蒼頡篇》曰："鍛，椎也（椎，底本原缺，據紹興本、大德本、殿本補）。"鍛鍊猶成孰也（孰，大德本、殿本作"熟"，本注下同）。言深文之吏（吏，底本原缺，據紹興本、大德本、殿本補），入人之罪，猶工冶陶鑄鍛鍊，使之成孰也。《前漢》路温舒上疏曰"鍛鍊而周内之"。

［4］【李賢注】《論語》孔子曰："吾之於人，誰毀誰譽，如有所譽者，其有所試矣，斯三代之所以直道而行之（之，據大德本、殿本及今本《論語》，當作'也'）。"彪引之者，言古之用賢皆磨礪選練（磨，底本原缺，據紹興本、大德本、殿本補），然後用之。

［5］【李賢注】《史記》曰："明其等曰閥，積功曰閲。"

［6］【今注】案，大德本、殿本無"矣"字。

彪以世承二帝吏化之後，多以苛刻爲能，[1]又置官選職，不必以才，因盛夏多寒，上疏諫曰："臣聞政化之本，必順陰陽。伏見立夏以來，當暑而寒，殆以刑罰刻急，郡國不奉時令之所致也。農人急於務而苛吏奪其時，賦發充常調而貪吏割其財，此其巨患也。夫欲急人所務，當先除其所患。天下樞要，在於尚書，[2]尚書之選，豈可不重？而間者多從郎官超升此位，[3]雖曉習文法，長於應對，然察察小慧，類無大能。宜簡嘗歷州宰素有名者，雖進退舒遲，時有不逮，然端心向公，奉職周密。宜鑒嗇夫捷急之對，[4]深思絳侯木訥之功也。[5]往時楚獄大起，故置令吏以助郎職，[6]而類多小人，好爲姦利。今者務簡，可皆停省。又諫議之職，應用公直之士，通才謇正，有補益於朝者。今或從徵試輩爲大夫。[7]又御史外遷，動據州郡。並宜清選其任，責以言績。其二千石視事雖久，而爲吏民所便安者，宜增秩重賞，勿妄遷徙。惟留聖心。”書奏，帝納之。

[1]【李賢注】二帝，光武、明帝也。【今注】案，吏，殿本作“更”。

[2]【李賢注】《百官志》曰“尚書，主知公卿二千石吏官上書、外國夷狄事（官，紹興本作‘人’，是）”，故曰樞要。

[3]【今注】郎官：泛指中郎、侍郎、郎中等官。

[4]【李賢注】嗇夫，官名也。文帝出上林，登虎圈，問上林尉禽獸簿（大德本、殿本“問”前有“因”字。禽獸，原作“禽禽”，據紹興本、大德本、殿本及《史記》卷一〇二《張釋之馮唐列傳》徑改），不能對。虎圈嗇夫從傍代對（傍，大德本、殿本作“旁”），響應無窮。文帝拜嗇夫爲上林令，張釋之曰：“夫絳侯、東陽侯言事曾不能出口，豈效此嗇夫喋喋利口捷急哉?”文帝曰“善”，遂不拜嗇夫爲上林令。【今注】案，捷急，《史記·張釋之馮唐列傳》、《漢書》卷五〇《張釋之傳》作“捷給”。

[5]【李賢注】木，質也。訥，遲鈍也。《前書》曰“周勃木彊少文”，又曰“安劉氏者必勃”。

[6]【今注】案，吏，紹興本、大德本、殿本作“史”，是。

[7]【李賢注】輩，類也。

元和二年春，[1]東巡狩，以彪行司徒事從行。[2]還，以病乞身，帝遣小黄門、大醫問病，[3]賜以食物。彪遂稱困篤。章和二年夏，[4]使謁者策詔曰："彪以將相之裔，勤身飭行，出自州里，在位歷載。中被篤疾，連上求退。君年在耆艾，[5]不可復以加增，恐職事煩碎，重有損焉。其上大鴻臚印綬。其遣子太子舍人詣中臧府，受賜錢二十萬。"[6]永元元年，卒，詔尚書："故大鴻臚韋彪，在位無愆，方欲録用，奄忽而卒。其賜錢二十萬，布百匹，穀三千斛。"

[1]【今注】元和：東漢章帝劉炟年號（84—87）。

[2]【今注】行司徒事：攝行司徒職責。

[3]【今注】小黄門：官名。東漢少府屬官，秩六百名，由宦官擔任，無定員。職侍皇帝左右，主傳遞文書，溝通消息及奉詔過問中宫諸事務和公主、太妃疾苦等。詳見本書《百官志三》。　大醫：即太醫，官名。秦漢有太醫令、丞，轄員醫，主醫藥。其分隸太常、少府。案，大，大德本、殿本作"太"。

[4]【今注】章和：東漢章帝劉炟年號（87—88）。

[5]【李賢注】《禮記》曰："七十曰耆（七，殿本作'六'），五十曰艾。"【今注】耆艾：《禮記·曲禮》："五十曰艾，服官政。六十曰耆，指使。七十曰老，而傳。"

[6]【李賢注】《續漢志》曰"中臧府，令一人，秩六百石，掌中幣帛金錢貨物也（大德本、殿本無'中'字）"。【今注】案，遣子，大德本、殿本無"子"字。

彪清儉好施，禄賜分與宗族，家無餘財。著書十二篇，號曰《韋卿子》。

族子義。義字季節。高祖父玄成，[1]元帝時爲丞相。初，彪獨徙扶風，故義猶爲京兆杜陵人焉。[2]

［1］【今注】玄成：韋玄成，字少翁。以父任爲郎。西漢宣帝時，爲河南太守。後徵爲未央衛尉，遷太常。後因與楊惲交善免官。元帝時，爲少府，遷太子太傅，至御史大夫，代于定國爲丞相。傳見《漢書》卷七三。

［2］【今注】杜陵：縣名。西漢元帝改杜縣爲杜陵縣，因宣帝築陵於此，故名。治所在今陝西西安市長安區東南。

兄順，字叔文，平輿令。有高名。[1]次兄豹，字季明。數辟公府，輒以事去。司徒劉愷復辟之，謂曰："卿以輕好去就，爵位不躋。[2]今歲垂盡，當選御史，意在相薦，子其宿留乎？"[3]豹曰："犬馬齒衰，旅力已劣，[4]仰慕崇恩，故未能自割。且眩瞀滯疾，不堪久待，[5]選薦之私，非所敢當。"遂跣而起。愷追之，徑去不顧。安帝西巡，徵拜議郎。

［1］【李賢注】平輿，縣名，屬汝南郡，故城在今豫州汝陽縣東北。【今注】平輿：縣名。治所在今河南平輿縣北。

［2］【李賢注】躋，升也。

［3］【李賢注】宿留，待也。宿音秀。留音力救反。

［4］【李賢注】旅，衆也。《尚書》曰："番番良士，旅力既愆。"【今注】旅力：據上下文，當即"膂力"，指體力。李賢注不確。

［5］【李賢注】眩，風疾也。瞀，亂也。謂視不明之貌也。眩音縣。瞀音亡遘反（遘，紹興本、大德本、殿本作"溝"）。

義少與二兄齊名，初仕州郡。太傅桓焉辟舉理劇，爲廣都長，[1]甘陵、陳二縣令，[2]政甚有績，官曹無事，牢獄空虛。數上書順帝，[3]陳宜依古典，考功黜陟，徵集名儒，大定其制。又譏切左右，貶刺竇氏。言既無感，而久抑不遷，以兄順喪去官。比辟公府，不就。廣都爲生立廟。及卒，三縣吏民爲義舉哀，若喪考妣。[4]

[1]【李賢注】廣都，縣名，屬蜀郡，故城在今益州成都縣東南。【今注】廣都：縣名。治所在今四川成都市南。

[2]【李賢注】甘陵故城在今貝州清河縣西北。陳屬梁國，今陳州。【今注】甘陵：縣名。西漢置厝縣。東漢安帝以孝德皇后葬於厝，爲甘陵，故以爲縣名。治所在今山東臨清市東北。　陳：縣名。治所在今河南淮陽縣。

[3]【今注】順帝：東漢順帝劉保，公元125年至144年在位。紀見本書卷六。

[4]【今注】考妣：對去世父母的稱謂。

豹子著，字休明。少以經行知名，不應州郡之命。大將軍梁冀辟，[1]不就。延熹二年，[2]桓帝公車備禮徵，至霸陵，[3]稱病歸，[4]乃入雲陽山，[5]采藥不反。[6]有司舉奏加罪，帝特原之。復詔京兆尹重以禮敦勸，著遂不就徵。[7]靈帝即位，[8]中常侍曹節以陳蕃、竇武既誅，[9]海内多怨，欲借寵時賢以爲名，[10]白帝就家拜著東海相。[11]詔書逼切，不得已，解巾之郡。[12]政任威刑，爲受罰者所奏，坐論輸左校。[13]又後妻憍恣亂政，[14]以之失名，竟歸，爲姦人所害，隱者恥之。

[1]【今注】梁冀：字伯卓，安定烏氏（今寧夏固原市東南）人。傳見本書卷三四。

[2]【今注】案，延熹，原作“延憙”，據紹興本、大德本、殿本徑改。延熹，東漢桓帝劉志年號（158—167）。

[3]【今注】霸陵：縣名。秦置芷陽縣。西漢文帝九年（前171）於此築霸陵，並改縣名。治所在今陝西西安市東北。

[4]【今注】案，病，殿本作“疾”。

[5]【今注】雲陽山：山名。在今陝西中部一帶。

[6]【今注】案，反，大德本、殿本作“返”。

[7]【李賢注】敦猶逼也。

[8]【今注】靈帝：東漢靈帝劉宏，公元168年至189年在位。紀見本書卷八。

[9]【今注】中常侍：官名。西漢中常侍爲加官，加此官者得入禁中。東漢以宦者爲之，隸少府，掌侍皇帝左右，從入内宫，顧問應對。原秩千石，後增秩比二千石。詳見本書《百官志三》。陳蕃：字仲舉，汝南平輿（今河南平輿縣北）人。傳見本書卷六六。　竇武：字游平，扶風平陵（今陝西咸陽市西北）人。傳見本書卷六九。案，武，紹興本、大德本、殿本作“氏”。

[10]【李賢注】假借時賢寵榮以求美名，用解怨謗。

[11]【李賢注】東海王懿相也。即東海王彊四代孫。

[12]【李賢注】巾，幅巾也。既服冠冕，故解幅巾。

[13]【李賢注】左校，署名，屬將作也。

[14]【今注】案，憍，殿本作“驕”。

贊曰：湛、霸奮庸，維寧兩邦。[1]淮人孺慕，[2]徐寇要降。[3]弘實體遠，仁不忘本。[4]憙政多迹，彪明理損。[5]牟公簡帝，[6]身終上衮。

[1]【李賢注】《尚書》曰："有能奮庸熙帝之載。"孔安國注曰："奮，起也。庸，功也。"兩邦謂湛爲平原太守，霸爲淮平大君（君，紹興本、大德本、殿本作"尹"，是）。【今注】奮庸：光大已有的功業。

[2]【今注】孺慕：對父母的孝敬。這裏指愛戴、懷念。

[3]【李賢注】徐寇謂徐異卿也。願要降司徒伏公。

[4]【李賢注】謂不忘糟糠妻也。

[5]【今注】明理損：即懂得治亂的道理。理，治；損，壞。

[6]【今注】簡：通"諫"。直言規勸。

後漢書　卷二七

列傳第十七

宣秉　張湛　王丹　王良　杜林　郭丹　吴良　承宫
鄭均　趙典

宣秉字巨公，馮翊雲陽人也。[1]少修高節，顯名三輔。[2]哀、平際，[3]見王氏據權專政，[4]侵削宗室，有逆亂萌，遂隱遁深山，州郡連召，常稱疾不仕。[5]王莽爲宰衡，辟命不應。[6]及莽篡位，又遣使者徵之，秉固稱疾病。更始即位，[7]徵爲侍中。[8]建武元年，[9]拜御史中丞。[10]光武特詔御史中丞與司隸校尉、尚書令[11]會同並專席而坐，故京師號曰"三獨坐"。明年，遷司隸校尉。務舉大綱，簡略苛細，百僚敬之。[12]

[1]【今注】馮翊：即左馮翊，政區名。西漢京畿地區郡級行政區，爲三輔之一。西漢武帝太初元年（前104）改左内史置。治長安縣（今陝西西安市西北）。　雲陽：縣名。治所在今陝西淳化縣西北。

［2］【今注】三輔：地區名。京畿地區的合稱。西漢景帝時分秦内史爲左、右内史，改主爵中尉名主爵都尉。武帝時，分别改左、右内史、主爵都尉名爲左馮翊、京兆尹、右扶風。同治京城長安城中，所輔皆爲京畿之地，故合稱“三輔”。轄境相當於今陝西關中地區。

［3］【今注】哀平：即西漢哀帝劉欣，公元前7年至前1年在位，紀見《漢書》卷一一；平帝劉衎，公元前1年至5年在位，紀見《漢書》卷一二。

［4］【今注】王氏：西漢元帝皇后王政君一族，九人封侯，五人任大司馬。

［5］【今注】案，稱，大德本作“寢”。

［6］【李賢注】周公爲太宰，伊尹爲阿衡，莽欲兼之，故以爲號。【今注】宰衡：西漢平帝時加王莽以宰衡之號，謂其可與曾爲太宰的周公、阿衡的伊尹比美並尊。

［7］【今注】更始：兩漢之際劉玄稱帝時的年號（23—25），這裏指劉玄。傳見本書卷一一。

［8］【今注】侍中：官名。皇帝近侍官。侍從皇帝，出入宫廷，顧問應對。西漢非正式職官，也無定額，衹作爲官員本官外新加稱號。東漢地位日尊，由加官發展成秩比二千石的實職，爲皇帝心腹，多以外戚、功臣子弟及師儒重臣擔任。詳見本書《百官志三》。

［9］【今注】建武：東漢光武帝劉秀年號（25—56）。

［10］【李賢注】《前書》曰：御史中丞，秦官，秩千石，在殿中蘭臺，掌圖籍秘書，外督部刺史，内領侍御史，糾察百寮。【今注】御史中丞：官名。秦置，漢因之，爲御史大夫之屬官，秩千石。在殿中蘭臺掌圖籍秘書，外督部刺史，内領侍御史，受公卿奏事，舉劾按章。東漢時，由於御史大夫已爲大司空，御史中丞乃爲御史臺長官。詳見本書《百官志三》。

［11］【李賢注】《續漢志》曰：“尚書令一人，千石，秦官。

武帝用宦者，成帝用士人”也。【今注】司隸校尉：官名。西漢武帝征和四年（前89）置司隸校尉，領兵一千二百人，捕巫蠱，督察大奸猾。後罷其兵，使糾察京師百官及所轄畿輔地區。哀帝時改稱司隸。東漢復稱司隸校尉，糾察百官，上至諸侯、外戚、三公，下至地方郡守，並領一州，職權顯赫，與御史中丞、尚書令並稱“三獨坐”。秩比二千石。詳見本書《百官志四》。　尚書令：官名。秦置，漢因之，秩六百石，屬少府。西漢武帝始用宦者任之，成帝時則專用士人。東漢時爲尚書臺長官，總典綱紀，無所不統，職權極重。本秩千石，若以皇帝極爲賞識之臣任此職則增秩至二千石。如漢和帝時，黄香任此職，增秩二千石。詳見本書《百官志三》。

[12]【李賢注】《説文》曰：“苛，細草也。”以喻煩雜也（煩，紹興本誤作“類”）。【今注】百僚：百官。

秉性節約，常服布被，蔬食瓦器。帝嘗幸其府舍，見而歎曰：“楚國二龔，不如雲陽宣巨公。”[1]即賜布帛帳帷什物。[2]四年，拜大司徒司直。[3]所得禄奉，輒以收養親族。其孤弱者，分與田地，自無擔石之儲。[4]六年，卒於官，帝敏惜之，除子彪爲郎。[5]

[1]【李賢注】二龔謂龔勝字君賓，龔舍字君倩，二人皆以清苦立節著名，事見《前書》。

[2]【李賢注】《周禮》：“幕人，掌帷帟幄幕。”鄭玄曰：“在旁曰帷（旁，大德本、殿本作‘傍’）。”《爾雅》曰：“幬謂之帳。”軍法，五人爲伍（伍，大德本作“五”，本注下同），二伍爲什，則共其器物，故通謂生生之具爲什物。

[3]【李賢注】司直，武帝元狩五年置，比二千石，掌佐丞相舉不法。哀帝元壽二年，改丞相爲大司徒，中興因而不改，猶

置司直。至建武十一年省司直，置長史一人，署諸曹事。至二十七年，司徒又去“大”字。見《前書》及《續漢書》。【今注】大司徒司直：官名。大司徒屬官。西漢武帝元狩五年（前118）初置丞相司直，掌佐丞相糾舉不法，秩比二千石。東漢初沿置爲大司徒司直，居司徒府，助督録諸州。詳見本書《百官志一》。

［4］【李賢注】《前書音義》曰：“齊人名小甖爲擔，今江淮人謂一石爲一擔。”擔音丁濫反。

［5］【李賢注】《東觀記》曰，彪官至玄菟太守。

張湛字子孝，扶風平陵人也。[1]矜嚴好禮，[2]動止有則，居處幽室，必自修整，雖遇妻子，若嚴君焉。[3]及在鄉黨，詳言正色，[4]三輔以爲儀表。[5]人或謂湛僞詐，湛聞而笑曰：“我誠詐也。人皆詐惡，我獨詐善，不亦可乎？”

［1］【今注】扶風：即右扶風，政區名。相當於郡級，因地屬西漢長安京畿地區，故不稱郡。治長安縣（今陝西西安市西北）。平陵：縣名。本西漢昭帝劉弗陵墓。西漢制度，以每一皇帝陵墓所在地設一縣。故昭帝時置平陵縣，治所在今陝西咸陽市西北。

［2］【今注】矜嚴：莊重，持重。

［3］【李賢注】《周易·家人卦》曰（殿本無“周”字）：“家人有嚴君（大德本無‘人’字；大德本、殿本‘君’後有‘焉’字。此句今本《周易》作‘家人有嚴君焉’），父母之謂也。”

［4］【李賢注】詳，審也。

［5］【李賢注】儀，法也。表，正也。《書》曰：“儀表萬邦。”

成哀間，爲二千石。[1]王莽時，歷太守、都尉。[2]

［1］【今注】二千石：漢代官吏秩俸等級名。又分爲中二千石、真二千石、二千石、比二千石等，列卿、郡守、都尉、王國相等均屬二千石。詳見本書《百官志》。

［2］【今注】太守：官名。戰國時各諸侯國於邊地置郡，其長官稱守。秦時郡爲地方行政區，長官稱郡守。漢因之。西漢景帝中元二年（前148）更名爲太守，爲郡最高行政長官，掌治其郡，秩二千石，故亦稱爲二千石。　都尉：官名。秦漢時期，以都尉官稱呼者很多，大都爲主武事者，也有部分任其他專職，也稱都尉，如水衡都尉、奉事都尉等。領兵之都尉，位在將軍、校尉下。地方郡國都尉，亦主兵事。

建武初，爲左馮翊。[1]在郡修典禮，設條教，政化大行。後告歸平陵，望寺門而步。[2]主簿進曰："明府位尊德重，不宜自輕。"[3]湛曰："禮，下公門，軾輅馬。[4]孔子於鄉黨，恂恂如也。[5]父母之國，所宜盡禮，何謂輕哉？"[6]

［1］【今注】左馮翊：官名。漢承秦制，以内史掌京師。西漢景帝時内史政區分左、右。武帝太初元年（前104）將左内史更名爲左馮翊，與京兆尹、右扶風並稱三輔，長官亦稱左馮翊，秩中二千石，參與朝議。

［2］【李賢注】告，請也。告歸謂請假歸。寺門即平陵縣門也。《風俗通》曰："寺者，嗣也。理事之吏，嗣續於其中也。"【今注】案，大德本無"門"字。

［3］【李賢注】郡守所居曰府。明府者（大德本、殿本無"明"字），尊高之稱。《前書》韓延壽爲東郡太守，門卒謂之明府，亦其義也。【今注】主簿：官名。兩漢太尉、御史大夫、光禄勳等中央機構及司隸校尉、地方郡縣都設有主簿，將軍出征屬官亦

有主簿。通常負責文書簿記，掌管印鑒，爲掾史之首。

［4］【李賢注】輅，大也。君所居曰路寢（路，大德本、殿本作“輅”），車曰輅車，馬曰輅馬（車曰輅車馬曰輅馬，大德本作“車馬曰輅馬”）。軾，車前横木也。乘車必正立，有所敬則撫軾，謂小俛也。《禮記》曰：“大夫士下公門，式輅馬（式，殿本作‘軾’）。”鄭玄云：“所以廣敬。”【今注】案，今本《禮記·曲禮》曰：“大夫士下公門，式路馬。”

［5］【李賢注】《論語》之文也。鄭玄云“恂恂，恭順貌”也。【今注】恂（xún）恂：謙恭。

［6］【李賢注】《史記》孔子謂門弟子曰：“魯，墳墓所處，父母之國也。”《詩》曰“惟桑與梓，必恭敬止”也。

五年，拜光禄勳。[1]光武臨朝，或有惰容，湛輒陳諫其失。常乘白馬，帝每見湛，輒言“白馬生且復諫矣”。

［1］【李賢注】《前書》光禄勳本名郎中令（大德本、殿本無“勳”字），秦官，武帝改焉，秩中二千石，掌大夫、郎中從官。【今注】光禄勳：官名。九卿之一，秩中二千石。掌宫殿門户，統領皇帝的顧問參議、宿衛侍從、傳達接待等官。

七年，以病乞身，拜光禄大夫，[1]代王丹爲太子太傅。[2]及郭后廢，[3]因稱疾不朝，拜太中大夫，[4]居中東門候舍，[5]故時人號曰中東門君。帝數存問賞賜。後大司徒戴涉被誅，[6]帝彊起湛以代之。湛至朝堂，遺失溲便，[7]因自陳疾篤，不能復任朝事，遂罷之。後數年，卒於家。

[1]【今注】光禄大夫：官名。光禄勳屬官，秩比二千石。掌顧問應對，無常職，隨時聽詔令所使。詳見本書《百官志二》。

[2]【今注】太子太傅：官名。漢代設太子太傅，秩二千石，位次太常，職掌保養、輔翼、教育、監護太子。東漢秩中二千石。詳見本書《百官志四》。

[3]【李賢注】建武十七年廢。【今注】郭后：即光武帝皇后郭聖通。紀見本書卷一〇上。

[4]【今注】太中大夫：官名。秦置，漢因之。西漢秩比千石，東漢秩比二千石。凡大夫皆掌議論，顧問應對，爲天子高級參謀顧問官。因活動於宮中，列爲光禄勳屬官。

[5]【李賢注】《漢官儀》曰："洛陽十二門，東面三門，最北門名上東門，次南曰中東門。每門校尉一人，秩二千石；司馬一人，秩千石；候一人，秩六百石。"候舍，蓋候之所居。【今注】案，本書《百官志四》曰："城門校尉一人，比二千石。本注曰：掌雒陽城門十二所。司馬一人，千石。本注曰：主兵。城門每門候一人，六百石。"李賢注不確。

[6]【李賢注】涉字叔平，冀州清河人也，坐所舉人盜金下獄。【今注】戴涉：字叔平，冀州清河（今河北清河縣東北）人。東漢官吏。光武帝建武初年，任上黨太守，以功封關内侯。建武十五年（39），遷大司徒。二十年，坐所薦舉之人盜金，下獄死。事迹見本書卷一下《光武帝紀下》、卷二三《竇融傳》、卷二七《張湛傳》、卷二九《鮑昱傳》、卷四五《袁安傳》等。

[7]【李賢注】溲，小便也。溲音所流反。【今注】溲：音 sōu。

王丹字仲回，京兆下邽人也。[1]哀、平時，仕州郡。王莽時，[2]連徵不至。家累千金，隱居養志，好施周急。[3]每歲農時，輒載酒肴於田閒，候勤者而勞之。[4]其憧孏者，恥不致丹，皆兼功自厲。[5]邑聚相率，[6]以致殷富。其輕黠游蕩廢業爲患者，[7]輒曉其父兄，使黜責之。没者則賻給，[8]親自將護。其有遭喪憂者，輒待丹爲辦，鄉鄰以爲常。行之十餘年，其化大洽，風俗以篤。

［1］【今注】京兆：即京兆尹，政區名。相當於郡級，因地屬西漢長安京畿地區，故不稱郡。景帝時分秦内史爲左、右内史，武帝太初元年（前104）更右内史名京兆尹，治長安縣（今陝西西安市西北）。　下邽：縣名。治所在今陝西渭南市東北下邽鎮東南渭河北岸。

［2］【今注】王莽：字巨君，西漢元帝皇后王政君之侄，新朝建立者，公元8年至23年在位。在位期間依託儒家經典推出諸多改制措施，激化了社會矛盾。在緑林、赤眉軍打擊下，公元23年，王莽被殺，新朝滅亡。傳見《漢書》卷九九。

［3］【李賢注】周急謂周濟困急也。孔子曰："君子周急不繼富。"

［4］【李賢注】《東觀記》曰："載酒肴，便於田頭大樹下飲食勸勉之，因留其餘酒肴而去。"

［5］【李賢注】孏與嬾同，音力亶反。【今注】孏（lǎn）：同"嬾""懶"。

［6］【今注】邑聚：鄉里，村落。秦漢時期的鄉村基層組織。

［7］【今注】黠：狡猾。

［8］【今注】賻給：將財物周濟給有死者的家庭。

丹資性方絜，[1]疾惡彊豪。[2]時河南太守同郡陳遵，關西之大俠也。[3]其友人喪親，遵爲護喪事，賻助甚豐。丹乃懷縑一匹，陳之於主人前，曰："如丹此縑，[4]出自機杼。"遵聞而有慙色。自以知名，欲結交於丹，丹拒而不許。[5]

[1]【今注】案，絜，大德本、殿本作"潔"。

[2]【今注】彊豪：即豪强。地方上的豪族大姓。

[3]【李賢注】遵字孟公，杜陵人也。見《前書》。【今注】河南：政區名。西漢高祖二年（前205）置河南郡。東漢光武帝建武十五年（39）因地屬京畿，改稱河南尹。治洛陽縣（今河南洛陽市東北）。 陳遵：字孟公，杜陵（今陝西西安市）人。封嘉威侯。王莽時歷任河南太守、九江及河内都尉。更始時，任大司馬護軍，出使匈奴。後爲賊所殺。傳見《漢書》卷九二。 關西：泛指函谷關（今河南靈寶市東北）以西的地區。

[4]【今注】縑：雙絲織的淺黄色細絹。

[5]【李賢注】《東觀記》曰："更始時，遵爲大司馬護軍（護軍，底本無，據《漢書·陳遵傳》及中華本校勘記補），出使匈奴，過辭於丹。丹曰：'俱遭反覆，唯我二人爲天所遣（遣，紹興本、大德本、殿本作"遺"，是）。今子當之絶域，無以相贈，贈子以不拜。'遂揖而别，遵甚悦之。"

會前將軍鄧禹西征關中，[1]軍糧乏，丹率宗族上麥二千斛。[2]禹表丹領左馮翊，稱疾不視事，[3]免歸。後徵爲太子少傅。[4]

[1]【今注】鄧禹：字仲華，南陽新野（今河南新野縣）人。傳見本書卷一六。

[2]【今注】案，二，紹興本作"一"。 斛：容量單位。《説

文解字》："斛，十斗也。"一斛等於十斗。

［3］【今注】視事：治事、任職。

［4］【今注】太子少傅：官名。漢設太子太傅、太子少傅。職掌保養、輔翼、教育、監護太子。東漢太子少傅除輔導太子外，還統管太子官屬。秩二千石。詳見本書《百官志四》。

時大司徒侯霸欲與交友，[1]及丹被徵，遣子昱候於道。昱迎拜車下，丹下答之。昱曰："家公欲與君結交，何爲見拜？"丹曰："君房有是言，丹未之許也。"

［1］【今注】大司徒：官名。金印紫綬。西漢哀帝元壽二年（前1）改丞相爲大司徒，與大司馬、大司空（由御史大夫改）並爲"三公"。東漢時改稱司徒，與太尉、司空並爲"三公"。詳見本書《百官志一》。　侯霸：字君房，河南密（今河南新密市東南）人。傳見本書卷二六。

丹子有同門生喪親，[1]家在中山，[2]白丹欲往奔慰。結侶將行，丹怒而撻之，[3]令寄縑以祠焉。[4]或問其故。丹曰："交道之難，未易言也。世稱管、鮑，次則王、貢。[5]張、陳凶其終，蕭、朱隙其末，[6]故知全之者鮮矣。"[7]時人服其言。

［1］【今注】門生：東漢時指再傳弟子。後世亦指親受業的弟子。另外，依附權勢並爲之使役之人，亦稱門生。

［2］【今注】中山：郡國名。西漢初，高祖劉邦置中山郡，景帝改爲國。治盧奴縣（今河北定州市）。

［3］【李賢注】《東觀記》曰："丹怒撻之五十。"【今注】撻：

音 tà。

［4］【李賢注】《東觀記》曰："寄帛二匹以祠焉。"

［5］【李賢注】《史記》曰："管夷吾，潁上人（潁，大德本作'潁'）。嘗與鮑叔牙游，叔牙知其賢。管仲貧困，嘗欺鮑叔牙，鮑叔牙終善遇之。管仲曰：'生我者父母，知我者鮑叔。'"《前書》，王吉字子陽，貢禹字少翁，並琅邪人也。二人相善，時人爲之語："王陽在位，貢禹彈冠。"言其趣舍同也（舍，大德本作"合"）。【今注】案，管仲、鮑叔牙事見《史記》卷六二《管晏列傳》。王吉、貢禹事見《漢書》卷七二《王貢兩龔鮑傳》。

［6］【李賢注】張耳、陳餘初爲刎頸交，後搆隙（搆，殿本作"構"）。耳後爲漢將兵，殺陳餘於泜水之上（泜，底本作"泜"，據紹興本、大德本、殿本及《史記》卷八九《張耳陳餘列傳》、《漢書》卷三二《張耳陳餘傳》徑改）。蕭育字次君，朱博字子元，二人爲友，著聞當代，後有隙不終，故時以交爲難。並見《前書》。【今注】張陳：指張耳、陳餘。大梁人。秦滅魏，二人到陳地，爲里監門。陳勝、吴廣起義後，二人投奔陳勝，後與武臣收河北，爲左右校尉。至邯鄲，二人説武臣自立爲趙王，陳餘爲大將軍，張耳爲丞相。秦軍圍鉅鹿，張耳向陳餘求救，陳餘不發兵，二人由此有隙，後張耳收陳餘軍隨項羽入關。項羽分封諸侯，張耳封常山王，陳餘封南皮侯。陳餘叛項羽，襲張耳，張耳敗走，投劉邦。陳餘收趙地，趙王封陳餘爲代王。漢二年（前 205），張耳滅陳餘於泜水。四年，漢立張耳爲趙王。二人傳見《史記》卷八九、《漢書》卷三二。　蕭：蕭育，字次君。蕭望之之子。以父任太子庶子。西漢元帝時爲御史。大將軍王鳳除爲功曹，遷謁者，使匈奴副校尉。後爲茂陵令。一度免官。後歷任冀州、青州刺史、長水校尉、泰山太守、代理大鴻臚等職。哀帝時，拜南郡太守、光禄大夫執金吾等職。傳見《漢書》卷七八。　朱：朱博，字子元，杜陵（今陝西西安市）人。與蕭育、陳咸爲友。歷任櫟陽令、冀州刺

史、琅玡太守等職。又爲左馮翊、大司農、廷尉、後將軍。坐“爲左道”自殺。傳見《漢書》卷八三。

[7]【今注】案，大德本無“之”字。

客初有薦士於丹者，因選舉之，[1]而後所舉者陷罪，丹坐以免。客慙懼自絶，而丹終無所言。尋復徵爲太子太傅，乃呼客謂曰：“子之自絶，何量丹之薄也？”不爲設食以罰之，相待如舊。其後遜位，卒于家。

[1]【今注】選舉：選拔舉用賢才。

王良字仲子，東海蘭陵人也。[1]少好學，習《小夏侯尚書》。[2]王莽時，寢病不仕，[3]教授諸生千餘人。[4]

[1]【今注】東海：郡名。治郯縣（今山東郯城縣西北）。東漢時曾改爲封國。　蘭陵：縣名。治所在今山東蘭陵縣西南蘭陵鎮。

[2]【李賢注】夏侯建，大夏侯勝之從兄子也。建受《尚書》於勝，號小夏侯。見《前書》。

[3]【今注】案，寢，大德本作“寑”，殿本作“稱”。

[4]【今注】諸生：西漢時稱博士弟子。武帝元朔五年（前124）采納公孫弘建議，爲博士官置弟子五十人，東漢時稱諸生或太學生。

建武二年，大司馬吴漢辟，[1]不應。三年，徵拜諫議大夫，[2]數有忠言，以禮進止，朝廷敬之。遷沛郡太守。[3]至蘄縣，[4]稱病不之府，官屬皆隨就之，良遂上疾篤，乞骸骨，[5]徵拜太中大夫。

[1]【今注】大司馬：官名。西漢武帝元狩四年（前119）初置，但無印綬、官屬。成帝時以王根爲大司馬，置印綬、官屬，與大司徒、大司空並爲"三公"。東漢光武帝建武二十七年（51）改名爲太尉，與司徒、司空並爲三公。靈帝末復置大司馬。詳見本書《百官志一》。　吴漢：字子顔，南陽宛（今河南南陽市卧龍區）人。傳見本書卷一八。

[2]【今注】諫議大夫：官名。西漢武帝元狩五年置諫大夫，秩比八百石。掌論議、顧問、應對。無定員，爲光禄勳屬官。東漢光武帝改諫大夫爲諫議大夫，秩六百石。無常事，唯詔令所使。詳見本書《百官志二》。

[3]【今注】沛郡：治相縣（今安徽濉溪縣西北）。東漢改置爲沛國。

[4]【今注】蘄縣：縣名。治所在今安徽宿州市東南。

[5]【今注】乞骸骨：古代官吏因年老請求退職，稱爲乞骸骨。意爲使骸骨得歸葬其故鄉。

六年，代宣秉爲大司徒司直。在位恭儉，妻子不入官舍，布被瓦器。時司徒史鮑恢以事到東海，[1]過候其家，而良妻布裙曳柴，從田中歸。[2]恢告曰："我司徒史也，故來受書，欲見夫人。"妻曰："妾是也。苦掾，無書。"[3]恢乃下拜，歎息而還，聞者莫不嘉之。

[1]【今注】司徒史：即司徒的佐吏屬官。

[2]【李賢注】《東觀記》曰："徒跣曳柴。"

［3］【李賢注】掾，即謂鮑恢，司徒之掾史也。言勞苦相過，更無書信。【今注】掾：即掾史。佐吏屬官的通稱。秦漢時期，中央及地方各級官府中，均置有掾史之吏。

後以病歸。一歲復徵，至熒陽，[1]疾篤不任進道，乃過其友人。友人不肯見，曰："不有忠言奇謀而取大位，何其往來屑屑不憚煩也？"[2]遂拒之。良慙，自後連徵，輒稱病。詔以玄纁聘之，[3]遂不應。後光武幸蘭陵，遣使者問良所苦疾，[4]不能言對。詔復其子孫邑中傜役，[5]卒於家。

［1］【今注】熒陽：縣名。又作"滎陽"。治所在今河南滎陽市東北。熒，紹興本、大德本、殿本作"滎"。

［2］【李賢注】楊雄《方言》曰："屑屑，不安也。秦、晉曰屑屑。"郭景純曰："往來貌。"【今注】屑屑：勞瘁忙碌的樣子。

［3］【今注】玄纁：指黑色與淺絳色的布帛。玄，黑色；纁，淺絳色。古代帝王常用玄纁作爲聘請賢士的贄禮。

［4］【今注】案，苦疾，殿本作"疾苦"。

［5］【今注】復：免除賦稅徭役。

論曰：夫利仁者或借仁以從利，體義者不期體以合義。[1]季文子妾不衣帛，魯人以爲美談。[2]公孫弘身服布被，汲黯譏其多詐。[3]事實未殊而譽毀別議。何也？將體之與利之異乎？宣秉、王良處位優重，而秉甘疏薄，良妻荷薪，可謂行過乎儉。[4]然當世咨其清，人君高其節，豈非臨之以誠哉！語曰："同言而信，則信在言前；同令而行，則誠在令外。”不其然乎！[5]張湛不屑矜僞之誚，斯不僞矣。[6]王丹難於交執之道，斯知交矣。

[1]【李賢注】此言履行仁義，其事雖同，原其本心，真僞各異。利仁者謂心非好仁，但以行仁則於己有利，故假借仁道以求利耳。若天性自然，體合仁義者，舉措云爲，不期於體，而冥然自合。《禮記》曰："仁者安仁，智者利仁，畏罪者彊仁。"與人同功，其仁未可知；與人同過，其仁則可知。

[2]【李賢注】文子，魯卿季孫行父之謚也。無衣帛之妾，無食粟之馬，君子是以知季文子忠於公室。相三君矣而無私積，可不謂忠乎？事見《左傳》。

[3]【李賢注】公孫弘，淄川人也。武帝時爲丞相。汲黯曰："弘以三公而身服布被，詐也。"事見《前書》。【今注】公孫弘：淄川人。學《春秋》雜説，以賢良徵爲博士，後免。西漢武帝元光五年（前130），又徵賢良文學，至太常。後爲丞相。傳見《漢書》卷五八。

[4]【今注】案，大德本無"行"字。

[5]【李賢注】真僞之迹既殊，人之信否亦異。同言而信，謂體仁與利仁，二人同出言，而人信服其真者，不信其僞者，則知信不由言，故言信在言前也。同令而行，意亦同也。此皆《子思子·累德篇》之言，故稱"語曰"。

[6]【李賢注】屑猶介也。

杜林字伯山，扶風茂陵人也。[1]父鄴，成哀閒爲涼州刺史。[2]林少好學沈深，家既多書，又外氏張竦父子喜文采，[3]林從竦受學，博洽多聞，時稱通儒。[4]

［1］【李賢注】案《杜鄴傳》，鄴本魏郡繁陽人也，武帝時徙茂陵。【今注】茂陵：縣名。西漢制度，以每一皇帝陵墓所在地設一縣，故於建元二年（前139）以武帝陵墓茂陵及周圍地區置縣，治所在今陝西興平市東北。

［2］【今注】案，“成哀閒”不確。《漢書》卷八五《杜鄴傳》云“哀帝即位，遷爲涼州刺史”。　涼州：西漢武帝時所置十三刺史部之一。東漢時治隴縣（今甘肅張家川回族自治縣）。　刺史：官名。西漢武帝元封五年（前106）設州部刺史，督察郡國，官階低於郡守。成帝綏和元年（前8）改爲州牧。東漢光武帝建武十八年（42）復爲刺史。靈帝時，罷刺史，置州牧，居郡守之上，由原單純的監察官發展爲總攬地方軍政大權的軍政長官。

［3］【李賢注】鄴字子夏，祖、父皆至郡守。鄴少孤。其母，張敞女也。鄴從敞子吉學，得其家書。竦即吉之子也。博學文雅過於敞。見《前書》。

［4］【李賢注】《風俗通》曰：“儒者，區也。言其區别古今，居則翫聖哲之詞，動則行典籍之道，稽先王之制，立當時之事，此通儒也。若能納而不能出，能言而不能行，講誦而已，無能往來，此俗儒也。”【今注】通儒：指學問淵博而又能經世致用的學者。

初爲郡吏。王莽敗，盜賊起，林與弟成及同郡范逡、孟冀等，[1]將細弱俱客河西。[2]道逢賊數千人，遂掠取財裹，[3]褫奪衣服，[4]拔刃向林等，將欲殺之。冀仰曰：“願一言而死。將軍知天神乎？[5]赤眉兵衆百萬，[6]所向無前，而殘賊不道，卒至破敗。今將軍以數千之衆，欲規霸王之事，不行仁恩而反遵覆車，不畏天乎？”[7]賊遂釋之，俱免於難。

[1]【李賢注】逡音七倫反。【今注】逡：音 qūn。

[2]【今注】細弱：妻子兒女，泛指家屬。

[3]【今注】財裝（zhuāng）：行李，行囊。

[4]【李賢注】褫，解也，音直紙反。【今注】褫（chǐ）：奪去。大德本作“褫”，殿本作“褫”。

[5]【李賢注】言知天道有神乎。

[6]【今注】赤眉：新莽末年農民軍主力之一，作戰時士卒都將眉毛塗成紅色，以與敵方相區别，故名。事見本書卷一一《劉盆子傳》。

[7]【李賢注】賈誼曰：“前車覆，後車誡。”《詩》曰：“不畏乎天（乎，殿本作‘于’，本注下同），不媿乎人。”

隗囂素聞林志節，[1]深相敬待，以爲持書平。後因疾告去，辭還禄食。囂復欲令彊起，遂稱篤。囂意雖相望，且欲優容之，[2]乃出令曰：“杜伯山天子所不能臣，諸侯所不能友，[3]蓋伯夷、叔齊恥食周粟。[4]今且從師友之位，須道開通，使順所志。”林雖拘於囂，而終不屈節。建武六年，弟成物故，[5]囂乃聽林持喪東歸。既遣而悔，追令刺客楊賢於隴坻遮殺之。[6]賢見林身推鹿車，載致弟喪，乃歎曰：“當今之世，誰能行義？[7]我雖小人，何忍殺義士！”因亡去。

[1]【今注】隗囂：字季孟，天水成紀（今甘肅静寧縣西南）人。傳見本書卷一三。

[2]【李賢注】望猶恨也。《東觀記》曰：“林寄囂地，終不降志辱身，至簪蒿席草，不食其粟也。”

[3]【李賢注】《禮記》曰：“儒有上不臣天子，下不事諸侯，

慎静尚寬，砥礪廉隅，其規爲有如此者。”

［4］【李賢注】《史記》曰，伯夷、叔齊，孤竹君之子也。兄弟讓位，歸文王。後武王東伐紂，伯夷、叔齊扣馬諫曰：“父死不葬，爰及干戈，可謂孝乎？以臣伐君，可謂仁乎？”武王平殷亂，而二人恥之（恥，殿本作“非”），義不食周粟，餓死於首陽山。【今注】案，事見《史記》卷六一《伯夷叔齊列傳》。

［5］【今注】物故：死亡，去世。

［6］【今注】案，坻，原作“坻”，據紹興本、大德本及殿本徑改。

［7］【今注】案，大德本無“能”字。

光武聞林已還三輔，乃徵拜侍御史，[1]引見，問以經書故舊及西州事，[2]甚悦之，賜車馬衣被。群寮知林以名德用，甚尊憚之。京師士大夫，咸推其博洽。[3]

［1］【今注】侍御史：官名。掌察舉非法，受公卿群吏奏事，有違失舉劾之。西漢時爲御史大夫屬官，東漢時名義上隸屬少府。詳見本書《百官志三》。

［2］【今注】西州：地區名。秦漢時期，指涼州、朔方。因在中原之西得名。即今河西走廊至玉門關附近一帶。

［3］【李賢注】《東觀記》曰：“林與馬援同鄉里，素相親厚。援從南方還，時林馬適死，援令子持馬一匹遺林，曰：‘朋友有車馬之饋，可且以備乏。’林受之。居數月，林遣子奉書曰：‘將軍内施九族，外有賓客，望恩者多。林父子兩人食列卿禄，常有盈，今送錢五萬。’援受之，謂子曰：‘人當以此爲法，是杜伯山所以勝我也。’”博，廣也。洽，徧也。言其所聞見廣大也。

河南鄭興、東海衛宏等，皆長於古學。[1]興嘗師事劉歆，[2]林既遇之，欣然言曰：“林得興等固諧矣，使宏得林，且有以益之。”及宏見林，闇然而服。濟南徐巡，[3]始師事宏，後皆更受林學。林前於西州得漆書《古文尚書》一卷，常寶愛之，雖遭艱困，[4]握持不離身。出以示宏等曰：“林流離兵亂，常恐斯經將絶。何意東海衞子、濟南徐生復能傳之，是道竟不墜於地也。古文雖不合時務，然願諸生無悔所學。”宏、巡益重之，於是古文遂行。

[1]【李賢注】宏字敬仲，在《儒林傳》。【今注】鄭興：字少贛，河南開封（今河南開封市）人。傳見本書卷三六。　衛宏：傳見本書卷七九下。　古學：指古文經學。秦之前以古文書寫的儒家經典即爲古文經。漢代以來，古文經大多出自孔子舊宅壁内和從民間徵集而來。其中主要有《左傳》《穀梁傳》《古文尚書》《毛詩》四部典籍。有關古文經的研究形成古文經學，與今文經學相對立。古文經學在西漢時期不受朝廷重視，因而未立博士，直到東漢章帝詔諸儒選高材生，傳授《左傳》《穀梁傳》《古文尚書》《毛詩》，古文經遂行於世，由此古文經學得到很大發展。

[2]【今注】劉歆：古文經學家。治《春秋左氏傳》。王莽篡漢，爲國師。傳見《漢書》卷三六。

[3]【今注】濟南：郡國名。西漢初分齊地置郡。文帝時改爲國。景帝平定七國之亂後改爲郡，東漢復改爲國。治東平陵縣（今山東濟南市章丘區西北）。

[4]【今注】案，艱，紹興本作“難”。

明年，大議郊祀制，[1]多以爲周郊后稷，漢當祀堯。詔復下公卿議，議者僉同，[2]帝亦然之。林獨以爲周室之興，祚由后稷，漢業特起，功不緣堯。祖宗故事，所宜因循。定從林議。[3]

[1]【今注】郊祀：古代祭禮。帝王在京城郊外祭天或祭地。《漢書·郊祀志》記述了遠古以來至西漢時期的祭祀制度和有關事迹。也見本書《祭祀志》。

[2]【今注】僉：皆，全部。

[3]【李賢注】《東觀記》載林議曰（大德本無“林”字）：“當今政卑易行，禮簡易從，人無愚智，思仰漢德。基業特起，不因緣堯。堯遠於漢，人不曉信，言提其耳，終不說諭。后稷近周，人户知之（户，大德本、殿本作‘所’），又據以興，基由其祚。《詩》曰：‘不愆不忘，率由舊章。’宜如舊制，以解天下之惑。”

後代王良爲大司徒司直。林薦同郡范逡、趙秉、申屠剛及隴西牛邯等，[1]皆被擢用，士多歸之。十一年，司直官罷，以林代郭憲爲光禄勳。[2]内奉宿衛，[3]外總三署，[4]周密敬慎，選舉稱平。郎有好學者，輒見誘進，朝夕滿堂。

[1]【今注】申屠剛：字巨卿，扶風茂陵（今陝西興平市東北）人。傳見本書卷二九。　隴西：郡名。秦置。因在隴山之西而得名。治狄道縣（今甘肅臨洮縣南）。

[2]【今注】郭憲：字子横，汝南宋（今安徽太和縣）人。傳見本書卷八二上。

[3]【今注】宿衛：皇帝的警衛。

[4]【李賢注】三署，左右中郎將及五官中郎將，皆管郎官也。見《續漢書》。【今注】三署：官名别稱。秦漢郎中令（武帝

時改稱光禄勳）屬官有五官、左、右中郎將，稱爲“三署”。

十四年，群臣上言：“古者肉刑嚴重，[1]則人畏法令；今憲律輕薄，故姦軌不勝。[2]宜增科禁，以防其源。”詔下公卿。林奏曰：“夫人情挫辱，則義節之風損；法防繁多，則苟免之行興。孔子曰：‘導之以政，齊之以刑，民免而無恥。導之以德，齊之以禮，有恥且格。’[3]古之明王，深識遠慮，動居其厚，不務多辟，周之五刑，不過三千。[4]大漢初興，詳覽失得，故破矩爲圓，斲彫爲樸，蠲除苛政，更立疏網，[5]海内歡欣，人懷寬德。及至其後，漸以滋章，吹毛索疵，詆欺無限。[6]果桃菜茹之饋，集以成臧，小事無妨於義，以爲大戮，故國無廉士，家無完行。至於法不能禁，令不能止，上下相遁，爲敝彌深。[7]臣愚以爲宜如舊制，不合翻移。”帝從之。

[1]【今注】肉刑：身體刑。從輕至重依次爲：黥，墨刑；劓，割鼻；刖，即剕刑，在秦漢律令中分爲斬左趾、斬右趾；宫，即腐刑。

[2]【李賢注】《左傳》曰：“凡亂在外爲姦，在内爲軌。”

[3]【李賢注】皆《論語》之言也。政謂禁令，刑謂刑罰。格，來也。言爲政之法，初訓導之以禁令，若有違則整齊之以刑罰，即人但免罪而已（即，紹興本、大德本、殿本作“則”），而無恥慙之心。若教導之以道德，整齊之以禮義，則人皆有恥慙之心，且皆來服。

[4]【李賢注】五刑謂墨、劓、剕、宫、大辟也。《尚書·呂刑篇》曰：“五刑之屬三千。”

［5］【李賢注】《史記》曰："漢興，破觚而爲圜，斲彫而爲樸，號爲網漏吞舟之魚。"觚亦方也。《老子》曰："天網恢恢，疏而不漏。"

［6］【李賢注】《老子》曰："法令滋章，盜賊多有。"《前書》曰："有司吹毛求疵。"索，求也。詆欺謂飾非成釁，非其本罪。

［7］【李賢注】遁猶回避也。《前書》曰："上下相匿，以文避法焉。"

後皇太子彊求乞自退，[1]封東海王，故重選官屬，以林爲王傅。從駕南巡狩。[2]時諸王傅數被引命，[3]或多交游，不得應詔；唯林守慎，有召必至。餘人雖不見譴，而林特受賞賜，又辭不敢受，帝益重之。[4]

［1］【今注】皇太子彊：即東海恭王劉彊。傳見本書卷四二。

［2］【今注】巡狩：帝王離開國都，巡行境内。

［3］【今注】引命：宣召。

［4］【李賢注】《東觀記》曰："王又以師數加饋遺，林不敢受，常辭以道上稟假有餘，若以車重（若，當據中華本校勘記改作'苦'），無所置之。"

明年，代丁恭爲少府。[1]二十二年，復爲光禄勳。頃之，代朱浮爲大司空，[2]博雅多通，稱爲任職相。明年薨，帝親自臨喪送葬，除子喬爲郎。[3]詔曰："公侯子孫，必復其始，[4]賢者之後，宜宰城邑。其以喬爲丹水長。"[5]

［1］【李賢注】恭字子然，山陽人，在《儒林傳》。【今注】

丁恭：字子然，山陽東緡（今山東金鄉縣）人。習《公羊嚴氏春秋》。傳見本書卷七九下。 少府：官名。九卿之一，秩中二千石。西漢主管皇室財政，東漢掌管宫中服御諸物、衣服、寶貨、珍膳等。詳見本書《百官志三》。

[2]【今注】朱浮：字叔元，沛國蕭（今安徽蕭縣西北）人。傳見本書卷三三。

[3]【今注】除：任命，授職。 郎：官名。皇帝侍從，隸屬於光禄勳。

[4]【李賢注】《左氏傳》晉大夫辛廖之言（廖，大德本、殿本作“膠”。據今本《左傳》，作“廖”是）。

[5]【李賢注】丹水，縣，屬南陽。【今注】丹水：縣名。因臨丹水設城置縣而得名。治所在今河南淅川縣西南丹江北岸。

論曰：夫威彊以自禦，力損則身危；飾詐以圖己，詐窮則道屈；而忠信篤敬，蠻貊行焉者，誠以德之感物厚矣。[1]故趙孟懷忠，匹夫成其仁；[2]杜林行義，烈士假其命。《易》曰“人之所助者順”，有不誣矣。[3]

[1]【李賢注】《論語》曰：“子張問行，子曰：‘言忠信，行篤敬，雖蠻貊之邦行矣。’”【今注】貊（mò）：泛指東北少數民族。高句驪南有濊貊。漢代高句麗大致屬遼東，濊貊大致屬樂浪郡。

[2]【李賢注】趙孟，晉大夫趙盾也。《左傳》曰：“晉靈公不君，趙盾驟諫之，靈公患焉，使鉏麑賊之。晨往，寢門闢矣，盛服將朝，尚早，坐而假寐。麑退而言曰：‘不忘恭敬，民之主也。賊民之主不忠，棄君之命不信，有一於此，不如死也。’觸槐而死。”趙盾遂得全。《論語》曰：“有殺身以成仁，無求生以害仁。”

[3]【李賢注】 《易·繫詞》曰（詞，大德本、殿本作

“辭”)：“天之所助者信，人之所助者順。”不誣，言必蒙天人之助也。【今注】案，今本《周易·繫辭》作“天之所助者，順也；人之所助者，信也。履信思乎順，又以尚賢也。是以自天祐之，吉無不利也”。正文及注中字，應據此修改。

郭丹字少卿，南陽穰人也。[1]父稚，成帝時爲廬江太守，[2]有清名。丹七歲而孤，小心孝順，後母哀憐之，爲鬻衣裝，買産業。[3]後從師長安，買符入函谷關，[4]乃慨然歎曰：“丹不乘使者車，終不出關。”[5]既至京師，常爲都講，[6]諸儒咸敬重之。大司馬嚴尤請丹，[7]辭病不就。王莽又徵之，遂與諸生逃於北地。[8]更始二年，[9]三公舉丹賢能，[10]徵爲諫議大夫，持節使歸南陽，安集受降。丹自去家十有二年，果乘高車出關，如其志焉。

[1]【今注】南陽：郡名。治宛縣（今河南南陽市卧龍區）。穰：縣名。治所在今河南鄧州市。

[2]【今注】廬江：郡名。治舒縣（今安徽廬江縣西南）。

[3]【李賢注】鬻，賣也。

[4]【李賢注】符即繻也。《前書音義》曰：“舊出入關皆用傳。傳煩，因裂繻帛分持，後復出，合之以爲符信。”買符，非真符也。《東觀記》曰“丹從宛人陳洮買入關符，既入關，封符乞人”也。【今注】函谷關：關隘名。東自崤山，西至潼津，通名函谷，號稱天險。故因谷以名關。戰國時，秦置有函谷關，在今河南靈寶市。西漢武帝元鼎三年（前114），楊僕爲樓船將軍，有功。耻屬關外，故改置弘農縣於北，向東徙關置於新安縣，西去秦函谷關三百里，故名新關，在今河南新安縣東。

［5］【李賢注】《續漢志》曰：“諸使車（諸使，大德本、殿本作‘諸侯使’，據本書《輿服志上》，作‘諸使’是），皆朱班輪，四輻，赤衡軛。”

［6］【今注】都講：主講者。

［7］【今注】案，尤，大德本誤作“光”。

［8］【今注】北地：郡名。西漢時治馬嶺縣（今甘肅慶城縣西北馬嶺鎮）。東漢時移治富平縣（今寧夏吴忠市西南黄河東岸）。

［9］【今注】更始：更始帝劉玄年號（23—25）。

［10］【今注】三公：周代，三公一般指太師、太傅、太保。至西漢成帝時，三公指大司馬、大司徒、大司空（由御史大夫改置）。東漢三公指太尉、司徒、司空，位高禄厚，名義上還分轄九卿；但軍國要務，多由皇帝近臣尚書辦理，實權削弱，即所謂“雖置三公，事歸臺閣”。

更始敗，諸將悉歸光武，並獲封爵；丹獨保平氏不下，[1]爲更始發喪，衰絰盡哀。[2]建武二年，遂潛逃去，敝衣閒行，涉歷險阻，求謁更始妻子，奉還節傳，因歸鄉里。太守杜詩請爲功曹，[3]丹薦鄉人長者自代而去。詩乃歎曰：“昔明王興化，卿士讓位，[4]今功曹推賢，可謂至德。”勑以丹事編署黄堂，以爲後法。[5]

［1］【今注】平氏：縣名。治所在今河南桐柏縣西北平氏鎮。

［2］【李賢注】喪服斬衰裳，上曰衰，下曰裳。麻在首要皆曰絰。首絰象緇布冠，要絰象大帶。絰之言實，衰之言摧，明中實摧痛也。平氏，縣名，屬南陽郡。【今注】衰（cuī）絰（dié）：也作“縗絰”。喪服。古人喪服胸前當心處綴有長六寸、廣四寸的麻布，名衰，因名此衣爲衰；圍在頭上的散麻繩爲首絰，纏在腰間

的爲腰絰。衰、絰兩者是喪服的主要部分。　案，衰，大德本誤作“衺”。

［3］【今注】杜詩：字公君，河内汲（今河南衛輝市西南）人。傳見本書卷三一。　功曹：官名。即功曹掾或功曹史，爲漢代郡守、縣令長之佐吏，是郡縣屬吏中地位最高者。其職主考查記録功勞、參預任免賞罰，有時甚至代行郡守及縣令長之職。

［4］【李賢注】毛萇《詩傳》曰：“虞、芮之君爭田，相謂曰：‘西伯，仁人也，盍往質焉？’乃相與朝周。至其朝，士讓爲大夫，大夫讓爲卿。二國君乃慙而退。”

［5］【李賢注】黄堂，大守之廳事（大，大德本、殿本作“太”）。

十三年，大司馬吴漢辟舉高弟，[1]再遷并州牧，[2]有清平稱。轉使匈奴中郎將，[3]遷左馮翊。永平三年，[4]代李訢爲司徒。在朝廉直公正，與侯霸、杜林、張湛、郭伋齊名相善。[5]明年，坐考隴西太守鄧融事無所據，策免。五年，卒於家，時年八十七。以河南尹范遷有清行，[6]代爲司徒。

［1］【今注】案，弟，大德本、殿本作“第”。

［2］【今注】并州：西漢武帝時所置十三刺史部之一。東漢時治晉陽縣（今山西太原市西南）。

［3］【今注】使匈奴中郎將：官名。西漢武帝時以中郎將出使匈奴，後爲定制，有使匈奴中郎將之稱。東漢正式設置使匈奴中郎將，秩比二千石，持節，領護南匈奴。或別稱爲護匈奴中郎將，簡稱爲匈奴中郎將。

［4］【今注】永平：東漢明帝劉莊年號（58—75）。

［5］【今注】張湛：字子孝，扶風平陵（今陝西咸陽市西北）人。本卷有傳。　郭伋：字細侯，扶風茂陵（今陝西興平市東北）人。傳見本書卷三一。

［6］【今注】河南尹：既作政區名，也指官名。西漢高祖二年（前205）置河南郡，治洛陽縣（今河南洛陽市東北）。東漢光武帝建武十五年（39），因地屬京畿，改名河南尹。其長官亦稱河南尹，秩中二千石。

遷字子廬，沛國人，[1]初爲漁陽太守，[2]以智略安邊，匈奴不敢入界。[3]及在公輔，[4]有宅數畝，田不過一頃，復推與兄子。其妻常謂曰：[5]"君有四子而無立錐之地，[6]可餘奉禄，以爲後世業。"遷曰："吾備位大臣而蓄財求利，何以示後世！"在位四年薨，家無擔石焉。[7]

［1］【今注】沛國：秦置泗水郡。西漢高祖改置爲沛郡。東漢改沛郡置沛國。治相縣（今安徽濉溪縣西北）。

［2］【今注】漁陽：郡名。治漁陽縣（今北京市懷柔區北房鎮梨園莊東）。

［3］【今注】匈奴：中國古代北方民族之一，亦稱胡。戰國後期興起。秦至西漢前期，占有大漠南北廣大地區。武帝大規模反擊後，匈奴勢力漸衰。宣帝以後，南匈奴在呼韓邪單于帶領下附漢。東漢光武帝建武二十四年（48），匈奴又分裂爲南北二部，南匈奴附漢，北匈奴在漢與南匈奴的打擊下逐漸西遷。傳見本書卷八九。

［4］【今注】公輔：古代三公、四輔，均爲天子之佐。借指宰相一類大臣。

［5］【今注】案，常，大德本、殿本作"嘗"。

［6］【李賢注】《史記》楚優孟曰："孫叔敖子無立錐之地。"

[7]【今注】擔石：一擔一石之糧。比喻微小。

後顯宗因朝會問群臣郭丹家今何如，[1]宗正劉匡對曰："昔孫叔敖相楚，馬不秣粟，妻不衣帛，子孫竟蒙寢丘之封。[2]丹出典州郡，入爲三公，而家無遺産，子孫困匱。"帝乃下南陽訪求其嗣。長子宇，官至常山太守。[3]少子濟，趙相。[4]

[1]【今注】顯宗：東漢明帝劉莊，廟號顯宗，公元 57 年至 75 年在位。紀見本書卷二。

[2]【李賢注】孫叔敖，楚莊王之相也，期思縣人。《史記》曰，楚之處士虞丘相進之，相楚，上下和合，吏無姦邪，遂霸諸侯。《吕覽》曰："叔敖將死，戒其子曰：'王數封我矣，吾不受也。我死，王則封汝，必無受利地。楚越之閒有寢丘者，此其地不利而名甚惡，可長有者唯此也。'孫叔敖死，王以美地封其子，其子辭，請寢丘，至今不失。"寢丘，縣名，後漢改爲固始，今光州固始縣也，有孫叔敖祠焉。【今注】宗正：官名。秦置，漢因之，管理皇族和外戚事務。西漢平帝元始四年（4）更名宗伯。王莽代漢，又併其官於秩宗，東漢時復名宗正，秩中二千石。詳見本書《百官志三》。　寢丘：即寢丘，城邑名。東漢時屬汝南郡固始侯國。以山得名。在今安徽臨泉縣。

[3]【今注】常山：郡國名。秦置恒山郡，西漢避文帝諱改爲常山郡。高后及景帝、武帝時曾爲國，後又爲郡。東漢初改爲國。治元氏縣（今河北元氏縣西北）。

[4]【今注】趙：郡國名。西漢高祖四年（前 203）改邯鄲郡置趙國，治邯鄲縣（今河北邯鄲市西南）。

吴良字大儀，齊國臨淄人也。[1]初爲郡吏，[2]歲旦與掾史入賀，門下掾王望舉觴上壽，諂稱太守功德。[3]良於下坐勃然進曰："望佞邪之人，欺諂無狀，願勿受其觴。"[4]太守斂容而止。讌罷，轉良爲功曹；恥以言受進，終不肯謁。

[1]【今注】齊國：治臨淄縣（今山東淄博市東北）。　臨淄：縣名。以城臨淄水而得名。東漢時爲齊國和青州刺史治所。

[2]【李賢注】《東觀記》曰良爲郡議曹掾。

[3]【李賢注】《東觀記》曰："王望言曰：'齊郡敗亂，遭離盜賊，不聞雞鳴犬吠之音。明府視事五年，土地開闢，盜賊滅息，五穀豐孰（孰，紹興本、大德本、殿本作"熟"），家給人足。今日歲首，請上雅壽。'掾史皆稱萬歲。"【今注】門下掾：州郡長官屬吏有掾，其親近者稱門下掾。

[4]【李賢注】《東觀記》曰"良時跪曰：'門下掾佞諂，明府勿受其觴。盜賊未盡，人庶困乏。今良曹掾，尚無袴。'望曰：'議曹惰窳，自無袴，寧足爲不家給人足邪？'太守曰：'此生言是。'賜良鰒魚百枚"也。

時驃騎將軍東平王蒼聞而辟之，[1]署爲西曹。[2]蒼甚相敬愛，上疏薦良曰："臣聞爲國所重，必在得人；報恩之義，莫大薦士。竊見臣府西曹掾齊國吴良，資質敦固，公方廉恪，躬儉安貧，白首一節；[3]又治《尚書》，學通師法，[4]經任博士，[5]行中表儀。宜備宿衛，以輔聖政。臣蒼榮寵絶矣，憂責深大，[6]私慕公叔同升之義，懼於臧文竊位之罪，[7]敢秉愚瞽，犯冒嚴禁。"顯宗以示公卿曰："前以事見良，鬚髮皓然，衣冠甚偉，夫薦賢助國，宰相之職，蕭何舉韓信，設壇而拜，不復考試。[8]今以良爲議郎。”[9]

［1］【今注】驃騎將軍：官名。西漢武帝元狩二年（前121）始置，以霍去病任之，秩位同大將軍，地位與三公同。東漢光武帝建武二十年（44）六月，以劉隆爲驃騎將軍，行大司馬事。　東平王蒼：劉蒼。傳見本書卷四二。東平，郡國名。治無鹽縣（今山東東平縣東）。

［2］【今注】西曹：官名。漢制，丞相、太尉及將軍掾屬分曹治事，有西曹，秩比四百石，主府吏署用。

［3］【李賢注】言雖耆耄，志節不衰。

［4］【李賢注】《東觀記》曰：“良習《大夏侯尚書》。”

［5］【今注】博士：官名。秦置博士官，掌通古今，備顧問。漢初承秦制。武帝時，設五經博士，掌教授經學，國有疑事，掌承問對。東漢因置。

［6］【李賢注】絶猶極也。

［7］【李賢注】公叔文子，衞大夫公孫拔之謚也。文子家臣名僎，操行與文子同，文子乃升進之於公，與之同爲大夫。臧文仲，魯大夫臧孫辰也。時柳下惠爲士師，文仲知其賢而不進達之，孔子譏之曰：“臧文仲其竊位者歟（者，底本無，據紹興本、大德本、殿本及今本《論語·衞靈公》徑補）！知柳下之賢而不與立。”事並見《論語》也。【今注】案，公叔文子事，見《論語·憲問》；臧文仲事，見《論語·衞靈公》。

［8］【李賢注】蕭何薦韓信於高祖曰：“陛下必欲争天下，非信無可與計者。”漢王於是設壇場，拜信爲大將軍。見《前書》。

［9］【今注】議郎：官名。光禄勳（原爲郎中令）的屬官，郎官中地位較高者。秦置，漢因之，掌顧問應對，秩六百石。

永平中，車駕近出，而信陽侯陰就干突禁衛，[1]車府令徐匡鉤就車，收御者送獄。[2]詔書譴匡，匡乃自繫。良上言曰："信陽侯就倚恃外戚，干犯乘輿，無人臣禮，爲大不敬。匡執法守正，反下于理，臣恐聖化由是而弛。"[3]帝雖赦匡，猶左轉良爲即丘長。[4]後遷司徒長史。[5]每處大議，輒據經典，不希旨偶俗，以徼時譽。[6]後坐事免。復拜議郎，卒於官。

[1]【今注】信陽侯：陰就，南陽新野（今河南新野縣）人。初襲父封宣恩侯，後封新陽侯。子陰豐尚光武之女酈邑公主。事見本書卷三二《陰興傳》。信陽，一作"新陽"。縣名。治所在今安徽界首市北。

[2]【李賢注】鉤，留也。【今注】車府令：官名。秦置中車府令，主乘輿路車，以趙高任之。漢置車府令，屬太僕。掌乘輿諸車。

[3]【李賢注】弛，廢也。

[4]【李賢注】即丘，縣名，屬東海郡，即《左氏傳》之祝丘也，故城在今沂州臨沂縣東南。【今注】即丘：縣名。西漢置，治所在今山東郯城縣東北。王莽時改名就信。東漢改爲即丘侯國。

[5]【李賢注】哀帝改丞相爲大司徒，司直仍舊，中興因之不改。建武十一年省司直，置長史。【今注】司徒長史：官名。東漢司徒屬官有長史一人，秩千石，有掾屬三十一人。

[6]【李賢注】希猶瞻望也。【今注】希旨：迎合在上者的意旨。

承宮字少子，[1]琅邪姑幕人也。[2]少孤，年八歲爲人牧豕。鄉里徐子盛者，以《春秋經》授諸生數百人，宫過息廬下，樂其業，因就聽經，遂請留門下，[3]爲諸生拾薪。執苦數年，勤學不倦。[4]經典既明，乃歸家教授。遭天下喪亂，遂將諸生避地漢中，[5]後與妻子之蒙陰山，[6]肆力耕種。禾黍將孰，[7]人有認之者，宫不與計，推之而去，由是顯名。三府更辟，皆不應。[8]

[1]【李賢注】《世本》承姓，衛大夫成叔承之後也。

[2]【今注】琅邪：郡國名。秦置。治琅邪縣（今山東青島市黄島區）。西漢時移治東武縣（今山東諸城市）。東漢時改爲國，移治開陽縣（今山東臨沂市北）。　姑幕：縣名。西漢置，治所在今山東諸城市西北。

[3]【李賢注】《續漢書》曰："宫過徐子盛，好之，因棄其豬而留聽經。豬主怪其不還，求索得宫，欲笞之。門下生共禁止，因留之。"

[4]【李賢注】《續漢書》曰："宫嘗出行，得虎所殺鹿，持歸，肉分門下，取皮上師，師不受，宫因棄之。人問其故，宫曰：'既已與人，義不可復取。'"

[5]【今注】漢中：郡名。因水爲名。秦、東漢時治南鄭縣（今陝西漢中市東）。西漢時治西城縣（今陝西安康市西北）。

[6]【李賢注】蒙陰，縣名，屬太山郡，有蒙山，在今沂州新泰縣東南。【今注】蒙陰山：即蒙陰縣之蒙山，在今山東中部蒙陰縣南。

[7]【今注】案，孰，大德本、殿本作"熟"。

[8]【李賢注】三府謂太尉、司徒、司空府。

永平中，徵詣公車。[1]車駕臨辟雍，[2]召宫拜博士，遷左中郎將。[3]數納忠言，陳政，論議切慤，朝臣憚其節，名播匈奴。時北單于遣使求得見宮，顯宗勑自整飾，宮對曰："夷狄眩名，非識實者也。臣狀醜，不可以示遠，宜選有威容者。"[4]帝乃以大鴻臚魏應代之。[5]十七年，拜侍中祭酒。[6]建初元年，[7]卒，肅宗褒歎，[8]賜以冢地。妻上書乞歸葬鄉里，復賜錢三十萬。[9]

[1]【今注】公車：官名。公車司馬令之簡稱。西漢皇宮中有公車司馬門，設公車司馬令以掌之，隸衛尉，秩六百石。東漢時掌宮南闕門。掌門衛兵禁與吏民上章、四方貢獻及徵詣公車者。

[2]【今注】辟雍：本爲西周天子所置大學。以圓如璧，四周雍以水得名。漢都城長安、洛陽皆有辟雍。東漢辟雍位於今河南洛陽市東郊故洛陽城東南。

[3]【今注】左中郎將：官名。秦置，漢因之，隸郎中令（漢武帝以後改稱光禄勳），秩比二千石，主掌屬下中郎、侍郎、郎中等宿衛宫殿。詳見本書《百官志二》。

[4]【李賢注】《續漢書》曰："夷狄聞臣虛稱，故欲見臣。臣醜陋形寢，不如選長大有威容者示之也。"

[5]【今注】大鴻臚：官名。秦置典客，西漢景帝中元六年（前144）更名爲大行令，武帝太初元年（前104）更名爲大鴻臚，王莽時稱典樂，東漢復名大鴻臚。掌諸侯王和邊疆民族首領使臣入京朝見諸禮儀，秩中二千石。詳見本書《百官志二》。　魏應：字君伯，任城（今山東濟寧市東南）人。傳見本書卷七九下。

[6]【今注】侍中祭酒：官名。秦漢以侍中功高者一人爲僕射。東漢光武帝改僕射爲祭酒，或置或罷。

[7]【今注】建初：東漢章帝劉炟年號（76—84）。

[8]【今注】肅宗：東漢章帝劉炟，廟號肅宗，公元75年至88年在位。紀見本書卷三。

［9］【李賢注】《續漢書》曰："宫子疊，官至濟陰太守。"

鄭均字仲虞，東平任城人也。[1]少好黄老書。[2]兄爲縣吏，[3]頗受禮遺，均數諫止，不聽。即脱身爲傭，[4]歲餘，得錢帛，歸以與兄。曰："物盡可復得，爲吏坐臧，終身捐棄。"兄感其言。遂爲廉絜。[5]均好義篤實，養寡嫂孤兒，恩禮敦至。[6]常稱病家廷，[7]不應州郡辟召。郡將欲必致之，使縣令譎將詣門，[8]既至，卒不能屈。[9]均於是客於濮陽。[10]

［1］【今注】任城：縣名。治所在今山東濟寧市東南。

［2］【今注】黄老：即黄老學説，黄指黄帝，老指老子。西漢前期，以"黄老思想"作爲治國方略。

［3］【李賢注】《東觀記》曰："兄仲（仲，大德本作'中'），爲縣游徼（徼，大德本作'俠'）。"

［4］【今注】案，即，殿本作"則"。

［5］【今注】案，絜，大德本、殿本作"潔"。

［6］【李賢注】《東觀記》曰："均失兄，養孤兄子甚篤（大德本、殿本'孤'後有'兒'字），已冠娶（殿本'娶'後有'妻'字），出令别居，並門，盡推財與之，使得一尊其母，然後隨護視振給之（振，大德本、殿本作'賑'）。"

［7］【今注】案，病，大德本、殿本作"疾"。廷，大德本、殿本作"庭"。

［8］【李賢注】譎，詐也。

［9］【今注】案，卒，殿本作"終"。

［10］【李賢注】濮陽，今濮州縣。【今注】濮陽：縣名。治所在今河南濮陽市華龍區西南。

建初三年，司徒鮑昱辟之，[1]後舉直言，[2]並不詣。六年，公車特徵，再遷尚書，[3]數納忠言，肅宗敬重之。後以病乞骸骨，拜議郎，告歸，因稱病篤，帝賜以衣冠。[4]

[1]【今注】鮑昱：字文泉，上黨屯留（今山西長治市屯留區）人。傳見本書卷二九。

[2]【今注】直言：漢代察舉人才的科目之一。常與賢良方正連言，全稱是能直言極諫者，省稱爲直言。

[3]【今注】尚書：官名。秦少府屬官，掌殿内文書，地位很低。西漢中期以後尚書職權漸重。成帝建始四年（前 29）置尚書五人，一人爲僕射，四人分曹治事，組成宫廷内政治機構，地位不高但已有相當權力。東漢"雖置三公，事歸臺閣"，尚書臺正式成爲總理國家政務的中樞。有令一、僕射一、丞二、尚書六、郎三十四及令史等官。

[4]【李賢注】《東觀記》曰："均遣子英奉章詣闕，詔召見英，問均所苦，賜以冠幘錢布。"

元和元年，[1]詔告廬江太守、東平相曰：[2]"議郎鄭均，束脩安貧，[3]恭儉節整，前在機密，以病致仕，守善貞固，黄髮不怠。[4]又前安邑令毛義，[5]躬履遜讓，比徵辭病，淳絜之風，[6]東州稱仁。《書》不云乎：'章厥有常，吉哉！'[7]其賜均、義穀各千斛，常以八月長吏存問，[8]賜羊酒，顯兹異行。"[9]明年，帝東巡過任城，乃幸均舍，勑賜尚書禄以終其身，[10]故時人號爲"白衣尚書"。[11]永元中，[12]卒於家。

［1］【今注】元和：東漢章帝年號（84—87）。

［2］【李賢注】以毛義廬江人，鄭均東平人，故告二郡守相也。

［3］【今注】束脩：約束修養。

［4］【今注】黄髮：年老。

［5］【今注】安邑：縣名。治所在今山西夏縣西北禹王城。

［6］【今注】案，絜，殿本作“潔”。

［7］【李賢注】章，明也。吉，善也。言爲天子當明顯其有常德者，優其稟餼，則政之善也。《尚書·咎繇謩》之言。

［8］【今注】長吏：一般指俸禄在二百石以上的官吏。《漢書·百官公卿表上》：“縣令、長皆秦官，掌治其縣……皆有丞、尉，秩四百石至二百石。是爲長吏。”

［9］【李賢注】《東觀記》曰：“賜羊一頭，酒二斗，終其身。”問遺賢良，必以八月，諸物老成，故順其時氣助養育之也。故《月令》“仲秋之月養衰老，授几杖，行糜粥飲食”，鄭玄注云“助老氣也”。

［10］【李賢注】《續漢志》曰：“尚書秩六百石，禄每月七十石。”

［11］【今注】案，殿本無“故”字。

［12］【今注】永元：東漢和帝劉肇年號（89—105）。

趙典字仲經，蜀郡成都人也。[1]父戒，爲大尉，[2]桓帝立，以定策封厨亭侯。典少篤行隱約，[3]博學經書，弟子自遠方至。[4]建和初，四府表薦，[5]徵拜議郎，侍講禁内，再遷爲侍中。時帝欲廣開鴻池，典諫曰：“鴻池汎溉，已且百頃，猶復增而深之，非所以崇唐虞之約己，遵孝文之愛人也。”帝納其言而止。[6]

［1］【今注】蜀郡：治成都縣（今四川成都市）。 成都：縣名。治所在今四川成都市。

［2］【李賢注】《謝承書》曰："典，太尉戒之叔子也（叔，當爲衍文。參見曹金華《後漢書稽疑》，第390—391頁）。"【今注】大尉：太尉。官名。金印紫綬，掌軍事。東漢時與司徒、司空並稱"三公"，地位最尊。詳見本書《百官志一》。 案，大尉，據本書卷六《質帝紀》、卷七《桓帝紀》及《五行志一》，當爲"司徒"（參見曹金華《後漢書稽疑》，第390頁）。

［3］【李賢注】隱猶静也。約，儉也。

［4］【李賢注】《謝承書》曰："典學孔子七經、《河圖》《洛書》，内外藝術，靡不貫綜，受業者百有餘人。"

［5］【李賢注】四府，太尉、司徒、司空、大將軍府也。《謝承書》曰："典性明達，志節清亮。益州舉茂才，以病辭，太尉黄瓊（太，大德本作'大'。案，太尉，當爲'太常'。據本書卷七《桓帝紀》、卷六一《黄瓊傳》，黄瓊此時爲太常。參見曹金華《後漢書稽疑》，第390頁）、胡廣舉有道、方正，皆不應。桓帝公車徵，對策爲諸儒之表。" 【今注】建和：東漢桓帝劉志年號（147—149）。

［6］【李賢注】《墨子》曰："堯舜堂高三尺，土階三等，茅茨不翦，采椽不斲，飯土簋、歠土鉶，糲粱之飯（粱，底本作'梁'，據紹興本、大德本、殿本徑改），藜藿之羹，夏日葛衣，冬日鹿裘。"是約己也。文帝嘗欲作露臺，召匠計之，曰直百金。帝曰："百金，中人十家之産，何以臺爲！"宫室苑囿無所增益，有不便，輒弛以利人，是愛人也。

父卒，襲封。出爲弘農太守，[1]轉右扶風。公事去官，徵拜城門校尉，[2]轉將作大匠，[3]遷少府，又轉大鴻臚。時恩澤諸侯以無勞受封，群臣不悦而莫敢諫，典獨奏曰："夫無功而賞，勞者不勸，上忝下辱，亂象干度。[4]且高祖之誓，非功臣不封。[5]宜一切削免爵土，以存舊典。"帝不從。頃之，轉太僕，遷太常。[6]朝廷每有災異疑議，輒諮問之。[7]典據經正對，無所曲折。每得賞賜，輒分與諸生之貧者。後以諫爭違旨，免官就國。

[1]【今注】弘農：郡名。治弘農縣（今河南靈寶市東北故函谷關城）。東漢後期改名恒農郡。

[2]【今注】城門校尉：官名。西漢始置，東漢因之。主管京師城門屯兵。詳見本書《百官志四》。

[3]【今注】將作大匠：官名。列卿之一，秩二千石。掌修作宗廟、路寢、宮室、園陵土木之功。詳見本書《百官志四》。

[4]【李賢注】《左傳》曰："國無政，不用善，則自取謫於日月之災，故政不可不慎。務三而已，一曰擇人（人，殿本作'善'。今本《左傳》作'人'），二曰因人（人，今本《左傳》作'民'），三曰從時。"《前書》曰，成帝時，同日封王氏五侯，其日，天氣赤，黄霧四塞。哀帝封丁、傅日亦然。是不用善人，則亂象干度。

[5]【李賢注】《史記·功臣侯表》曰："高祖與功臣約曰：'非劉氏不王，非有功不侯。不如是，天下共擊之。'"

[6]【今注】太常：官名。秦置奉常。漢初因之。西漢景帝中元六年（前144），改名爲太常。王莽時改名秩宗。東漢又復名太常。職掌宗廟祭祀禮儀，兼選試博士。秩中二千石。詳見本書《百官志二》。

[7]【李賢注】《謝承書》曰"天子宗典道懿，尊爲國師，位特進。七爲列卿，寢布被，食用瓦器"也。

會帝崩，時禁藩國諸侯不得奔弔，典慨然曰："身從衣褐之中，致位上列。[1]且烏烏反哺報德，況於士邪！"[2]遂解印綬符策付縣，[3]而馳到京師。州郡及大鴻臚並執處其罪，而公卿百寮嘉典之義，表請以租自贖，詔書許之。再遷長樂少府、衛尉。[4]公卿復表典篤學博聞，宜備國師。[5]會病卒，[6]使者弔祠。竇太后復遣使兼贈印綬，謚曰獻侯。

[1]【李賢注】褐，織毛布之衣，貧者所服。

[2]【李賢注】《小爾雅》曰："純黑而反哺者謂之烏。"《春秋元命包》曰："烏，孝烏也。"【今注】案，烏烏，殿本作"烏鳥"。

[3]【今注】符策：符契簡册。古代朝廷拜官封爵、傳命和調遣兵將的文書與憑證。

[4]【今注】長樂少府：官名。漢制，太后宫官皆冠以宫名。漢初置詹事掌長信宫，景帝中元六年（前144）更名長信少府。平帝元始四年（4），因皇太后所居宫復長樂舊稱，更名長樂少府，與太僕、衛尉並爲太后三卿。無太后則缺，太后崩則省，不常置。

[5]【今注】國師：太師的别稱。

[6]【李賢注】《謝承書》曰："靈帝即位，典與竇武、王暢、陳蕃等謀共誅中常侍曹節、侯覽、趙忠等，皆下獄自殺。"不言病卒。

典兄子謙，謙弟温，相繼爲三公。

謙字彦信，初平元年，[1]代黄琬爲太尉。[2]獻帝遷都長安，[3]以謙行車騎將軍，[4]爲前置。明年病罷。復爲司隸校尉。車師王侍子爲董卓所愛，[5]數犯法，謙收殺之。卓大怒，殺都官從事，[6]而素敬憚謙，故不加罪。轉爲前將軍,[7]遣擊白波賊,[8]有功，封郫侯。[9]李傕殺司徒王允,[10]復代允爲司徒，數月病免，拜尚書令。是年卒，謚曰忠侯。

［1］【今注】初平：東漢獻帝劉協年號（190—193）。

［2］【今注】黄琬：字子琰，江夏安陸（今湖北雲夢縣）人。傳見本書卷六一。

［3］【今注】獻帝：東漢獻帝劉協，公元189年至220年在位。紀見本書卷九。

［4］【今注】車騎將軍：官名。漢制，車騎將軍位次大將軍、驃騎將軍之後，地位相當於上卿或比三公，典京師兵衛，掌宫衛。東漢末分左右。

［5］【今注】車師：西域國名。原名姑師。約在西漢元帝初元元年（前48）分爲車師前、後兩部及山（天山）北六國，後皆歸西域都護所轄。傳見本書卷八八。　董卓：字仲穎，隴西臨洮（今甘肅岷縣）人。傳見本書卷七二。

［6］【今注】都官從事：官名。司隸校尉的屬官。漢制，司隸校尉下置從事史十二人，其首即爲都官從事，主察百官犯法者。

［7］【今注】前將軍：官名。兩漢將軍名號很多，位次亦有不同。前將軍位在大將軍、驃騎將軍之下，位次上卿。不常置。

［8］【今注】白波賊：東漢靈帝末，黄巾軍餘黨郭太聚衆十餘萬人在西河白波谷再次起兵，攻破河東，號“白波賊”。

［9］【李賢注】郫音盤眉反。【今注】郫（pí）：縣名。治所在今四川郫縣。

［10］【今注】李傕：即李傕，北地（今寧夏吴忠市西南）人。東漢末年董卓部將。獻帝初平三年（192），董卓被殺，李傕與郭汜、樊稠等攻破京師，控制朝政。繼而與郭汜内訌。獻帝東歸後，於建安三年（198）遣軍討殺李傕於關中。　王允：字子師，太原

祁（今山西祁縣）人。傳見本書卷六六。

温字子柔，初爲京兆郡丞，[1]歎曰："大丈夫當雄飛，安能雌伏！"遂棄官去。遭歲大飢，散家糧以振窮餓，[2]所活萬餘人。獻帝西遷都，爲侍中，同輿輦至長安，封江南亭侯，代楊彪爲司空，[3]免。頃之，復爲司徒，録尚書事。[4]

[1]【李賢注】《前書》，三輔丞，武帝元鼎四年置，秩六百石。

[2]【今注】案，振，殿本作"賑"。

[3]【今注】楊彪：字文先，弘農華陰（今陝西華陰市東）人。楊震曾孫。傳見本書卷五四。

[4]【今注】録尚書事：官名。秦時，尚書屬少府，主管文書。至西漢，隨尚書職權的擴大，成爲掌樞要之大臣。加領尚書事，則職權更大。至東漢，改稱録尚書事，則是掌權的宰相。

時李傕與郭汜相攻，傕遂虜掠禁省，劫帝幸北塢，[1]外内隔絶。傕素疑温不與己同，乃内温於塢中，又欲移乘輿於黄白城。[2]温與傕書曰："公前託爲董公報讎，然實屠陷王城，殺戮大臣，天下不可家見而户説也。今與郭汜争睚眥之隙，以成千鈞之讎，[3]人在塗炭，各不聊生。曾不改悟，遂成禍亂。朝廷仍下明詔，欲令和解。上命不行，威澤日損。而復欲移轉乘輿，更幸非所，此誠老夫所不達也。於《易》，一爲過，再爲涉，三而弗改，滅其頂，凶。[4]不如早共和解，引軍還屯，上安萬乘，下全人民，豈不幸甚。"傕大怒，欲遣人殺温。董卓從弟應，[5]温故掾也，諫之數日，乃獲免。

[1]【今注】北塢：屯軍地名。營居曰塢，一名庳城。在今陝西西安市一帶。

[2]【今注】乘輿：古代帝王、諸侯所乘之車輿。也代指帝王。　黄白城：城邑名。在今河南三原縣東北。

[3]【李賢注】睚眥，解見《竇融傳》。三十斤爲鈞，言其重。

[4]【李賢注】滅，没也。《周易·大過》上六曰："過涉滅頂，凶。"王弼曰："處大過之極，過之甚者也。涉難過甚，故至于滅頂，凶也。"

[5]【今注】案，董卓，據王先謙《後漢書集解》引惠棟説及《後漢紀》卷二八《孝獻皇帝紀》，當爲"李傕"。

温從車駕都許。[1]建安十三年，[2]以辟司空曹操子丕爲掾，操怒，奏温辟忠臣子弟，[3]選舉不實，免官。是歲卒，年七十二。

[1]【今注】許：縣名。治所在今河南許昌市東。東漢建安元年（196）曹操迎漢獻帝都此。後改名許昌。

[2]【今注】建安：東漢獻帝劉協年號（196—220）。

[3]【今注】案，忠，據王先謙《後漢書集解》引何焯説及中華本校勘記，爲衍文，當删。

贊曰：宣、鄭、二王，奉身清方。杜林據古，張湛矜莊。典以義黜，[1]宫由德揚。大儀鵠髮，見表憲王。[2]少卿志仕，終乘高箱。[3]

［1］【李賢注】謂棄郡奔喪，以租贖罪也。

［2］【李賢注】鵠髮，白髮（大德本、殿本，句末有“也”字）。【今注】憲王：東平王劉蒼。

［3］【今注】高箱：高車，顯貴者所乘。

後漢書　卷二八上

列傳第十八上

桓譚　馮衍

桓譚字君山,[1]沛國相人也。[2]父成帝時爲太樂令。[3]譚以父任爲郎,[4]因好音律,[5]善鼓琴。博學多通，遍習五經,[6]皆詁訓大義，不爲章句。[7]能文章，尤好古學,[8]數從劉歆、楊雄辯析疑異。[9]性嗜倡樂,[10]簡易不修威儀，而憙非毁俗儒,[11]由是多見排抵。[12]

[1]【今注】桓譚：汪文臺輯謝承《後漢書》卷一有傳；又見袁宏《後漢紀》卷四；《東觀漢記》卷一四。

[2]【李賢注】相，縣名，故城在今徐州符離縣西北。【今注】相：縣名。沛國治所。在今安徽淮北市西北。

[3]【今注】太樂令：官名。太（奉）常所屬有太樂令，秦置，漢因之。東漢明帝永平三年（60）更爲大予樂令。掌伎樂。凡國祭祀，掌請奏樂，及大饗用樂，掌其陳序。

[4]【今注】案，本書卷二六《宋弘傳》稱“（光武）帝嘗問

弘通博之士，弘乃薦沛國桓譚才學洽聞，幾能及楊雄、劉向父子。於是召譚拜議郎、給事中。”　郎：官名通稱。謂侍郎、郎中等職，掌護衛陪同、隨時建議。

［5］【李賢注】宫、商、角、徵、羽謂之五聲，聲成文謂之音。律謂六律，黄鐘、太族、姑洗、蕤賓、無射、夷則。【今注】音律：音樂的律吕、宫調。

［6］【今注】五經：《詩》《書》《禮》《易》《春秋》。

［7］【李賢注】《説文》曰：“詁，訓古言也。”章句謂離章辨句，委曲枝派也。

［8］【今注】古學：古文經、古文字之學。

［9］【今注】劉歆：字子駿，沛（今江蘇沛縣）人。西漢宗室、經學家。傳見《漢書》卷三六。　楊雄：字子雲，蜀郡成都（今四川成都市）人。西漢辭賦家。傳見《漢書》卷八七。

［10］【李賢注】倡，俳優也。【今注】案，嗜，紹興本、大德本作“著”。　倡樂：倡優的歌舞雜技表演。

［11］【今注】憙：喜好，喜悦。《説文》：“憙，説也。從心，從喜，喜亦聲。”後作“喜”。　俗儒：淺陋而迂腐的儒生。

［12］【李賢注】抵，擊也，音紙。【今注】排抵：排擠攻訐。

哀平閒，位不過郎。傅皇后父孔鄉侯晏深善於譚。[1]是時高安侯董賢寵幸，[2]女弟爲昭儀，[3]皇后日已疏，晏嘿嘿不得意。[4]譚進説曰：“昔武帝欲立衛子夫，陰求陳皇后之過，[5]而陳后終廢，子夫竟立。今董賢至愛而女弟尤幸，殆將有子夫之父，[6]可不憂哉！”晏驚動，曰：“然，爲之奈何？”譚曰：“刑罰不能加無罪，邪枉不能勝正人。[7]夫士以才智要君，[8]女以媚道求主。[9]皇后年少，希更艱難，或驅使醫巫，[10]外求方技，[11]此不可不備。又君侯以后父尊重而多通賓客，[12]必借以重埶，[13]貽致譏議。[14]不如謝遣門徒，[15]務執謙慤，[16]此脩己正家避禍之道也。”晏曰：“善。”遂罷遣常客，[17]入白皇后，如譚所戒。後賢果風太醫令真欽，[18]使求傅氏罪過，遂逮后弟侍中喜，[19]詔獄無所得，[20]乃解，故傅氏終全於哀帝之時。及董賢爲大司馬，[21]聞譚名，欲與之交。譚先奏書於賢，説以輔國保身之術，賢不能用，遂不與通。當王莽居攝篡弑之際，[22]天下之士，莫不競褒稱德美，作符命以求容媚，[23]譚獨自守，[24]默然無言。莽時爲掌樂大夫，[25]更始立，[26]召拜太中大夫。[27]

[1]【李賢注】傅皇后，哀帝后。【今注】傅皇后：定陶太后從弟女。傳見《漢書》卷九七下。　孔鄉侯晏：高武侯傅喜從弟。事見《漢書》卷八二《傅喜傳》。孔鄉侯，食邑於沛郡夏丘（今安徽泗縣）。

[2]【今注】高安侯：侯爵名。《漢書·外戚恩澤侯表》載國於朱扶。高安取嘉名，胡三省稱朱扶無可考。　董賢：字聖卿，雲陽（今陝西淳化縣西北）人。西漢哀帝寵臣。傳見《漢書》卷九三。

[3]【今注】昭儀：嬪妃封號。西漢元帝置，昭儀位視丞相，爵比諸侯王。

[4]【今注】嘿嘿：失意貌。《史記》卷八四《屈原賈生列傳》載“于嗟嘿嘿兮”，《集解》引應劭曰：“嘿嘿，不自得意。”

[5]【李賢注】子夫，衛皇后也。本平陽主家謳者，得幸於武帝，生男據，遂立爲皇后。陳皇后，武帝姑長公主嫖女也。擅寵十餘年，無子，聞子夫得幸，幾死者數焉，上怒，遂挾婦人媚

道，事覺，廢居長門宫。嫖音匹妙反。見《前書》。【今注】衛子夫：西漢武帝第二任皇后，字子夫，河東平陽（今山西臨汾市）人。

［6］【今注】案，父，殿本作“變”，是。

［7］【今注】邪枉：不合正道。

［8］【今注】要：脅迫。

［9］【今注】媚道：諂媚之術。

［10］【今注】醫巫：兼用巫術治病之人。

［11］【今注】方技：泛指醫、卜、星、相等術。

［12］【今注】君侯：一種敬稱。趙翼《陔餘叢考·君侯》：“衛宏《漢官舊儀》：列侯爲丞相、相國者，號君侯。又云：丞相之刺史及侍御史皆稱卿，不得言君。蓋其時丞相稱君，而以列侯爲之，故兼稱君侯也。按丞相稱君，本沿戰國之制，田文相齊封孟嘗君，蘇秦相趙封武安君是也。至如謝萬謂王述曰‘人言君侯癡，君侯信自癡”，李白與韓荆州書，亦曰君侯，此則非列侯爲相者。蓋自漢以來，君侯爲貴重之稱，故口語相沿，凡稱達官貴人皆爲君侯耳。”

［13］【今注】埶：同“勢”。

［14］【今注】貽：遺留、致使。　譏議：譏諷非議。

［15］【今注】門徒：弟子、生徒。

［16］【今注】愨：恭謹。《説文》：“愨，謹也。從心，㱿聲。”

［17］【李賢注】“常”或作“賓”。

［18］【今注】太醫令：官名。周有醫師，秦時爲太醫令。西漢太常與少府屬官均有太醫令、丞。王應麟《玉海》云：“少府有太醫令，太常復有令、丞；蓋禮官之太醫，司存之所，少府之太醫，通乎王内。”東漢時僅少府置太醫令。本書《禮儀志下》：“不豫，太醫令、丞將醫入，就進所宜藥。嘗藥監、近臣中常侍、小黄門皆先嘗藥，過量十二。”張家山漢簡《二年律令·秩律》：“太醫，

秩三百石。”現已知秦漢官印封泥有“太醫”“太醫丞”之印。

［19］【今注】侍中：官名。秦置，漢因之。掌侍皇帝左右，贊導衆事，顧問應對。法駕出，則多識者一人參乘，餘皆騎在乘輿車後。本有僕射一人，中興轉爲祭酒，或置或否。又，《通典·職官三》：侍中者，周公誡成王《立政》之篇所云“常伯”“常任”以爲左右，即其任也。秦時爲侍中，本丞相史也，使五人往來殿内東廂奏事，故謂之侍中。漢時侍中爲加官。凡侍中、左右曹、諸吏、散騎、中常侍，皆爲加官。所加或列侯、將軍、卿大夫、將、都尉、尚書、太醫、太官令至郎中，多至數十人。侍中、中常侍得入禁中，諸曹受尚書事，諸吏得舉法。漢侍中冠武弁大冠，亦曰“惠文冠”，加金璫，附蟬爲文，貂尾爲飾。便繁左右，與帝升降。

［20］【今注】詔獄：囚禁奉詔收捕案犯的監獄。東漢京師各政府機構設置的監獄統稱爲“中都官獄”。廷尉獄亦稱“廷尉詔獄”。東漢桓帝設黄門北寺獄，亦稱“北寺詔獄”，此外，還有掖庭獄、暴室獄、都内獄、洛陽獄都屬於詔獄。王先謙《漢書補注》卷五三引周壽昌云：“凡遣官治獄謂之詔獄，謂奉詔治獄也。”

［21］【今注】大司馬：官名。周置，掌建邦國之九法，以佐王平邦國；漢初大司馬爲統軍高級將領；武帝元狩四年（前 119）改太尉爲大司馬，以示榮寵；成帝時期大司馬位列三公；東漢光武帝建武二十七年（51）旋稱太尉，與司徒、司空合稱三公；東漢末年大司馬位列三公之上。

［22］【今注】王莽：字巨君。西漢平帝初始元年（8）稱帝，改國號爲新，年號始建國。傳見《漢書》卷九九。　居攝：指因皇帝年幼不能親政，由大臣居其位代理政務。

［23］【今注】符命：古時以預示、徵兆帝王應天受命的憑證。

［24］【今注】自守：自堅其操守。

［25］【今注】掌樂大夫：官名。蓋樂官之長。曹金華《後漢書稽疑》按：“掌樂”當作“典樂”。《新論·見微》《祛蔽》篇作“典樂大夫”。《漢書·百官公卿表》云“王莽改大鴻臚曰典樂”。

（中華書局2014年版，第39頁）

［26］【今注】更始：本指劉玄稱帝時的年號（23—25），這裏指劉玄。玄傳見本書卷一一。

［27］【今注】太中大夫：官名。又稱“大中大夫”，郎中令所屬。秦置，漢因之，掌議論。或奉詔出使，或循行郡國。列侯薨，遣太中大夫吊祠。東漢時秩千石，後期權任漸輕。韋昭《辨釋名》曰：“太中大夫，大夫之中最高大也。”《漢書·百官公卿表上》：“大夫掌論議，有太中大夫、中大夫、諫大夫，皆無員，多至數十人。武帝元狩五年初置諫大夫，秩比八百石，太初元年更名中大夫爲光禄大夫，秩比二千石，太中大夫秩比千石如故。”

世祖即位，[1]徵待詔，[2]上書言事失旨，[3]不用。後大司空宋弘薦譚，[4]拜議郎給事中，[5]因上疏陳時政所宜，曰：

［1］【今注】世祖：廟號。這裏指東漢光武帝劉秀。

［2］【今注】待詔：官名。漢代徵士未有正官者，均待詔公車，其特異者待詔金馬門，備顧問，後遂以待詔爲官名。

［3］【今注】失旨：不合帝王旨意。

［4］【今注】大司空：官名。西漢初稱御史大夫。成帝綏和元年（前8）更名大司空。哀帝建平二年（前5）復稱御史大夫，元壽二年（前1）又改稱大司空。東漢初仍稱大司空，光武帝建武二十七年（51）改稱司空，掌水土工程、祭祀等。秩萬石。　宋弘：字仲子，京兆長安（今陝西西安市）人。傳見本書卷二六。

［5］【今注】議郎給事中：官名。議郎，光禄勳所屬，秩比六百石，掌顧問應對，無常事，唯詔令所使，不與更直宿衞之事。東漢時，議郎官秩六百石，常加以給事中，參預朝政。

臣聞國之廢興，在於政事；政事得失，由乎輔佐。[1]輔佐賢明，則俊士充朝，[2]而理合世務；[3]輔佐不明，則論失時宜，[4]而舉多過事。夫有國之君，俱欲興化建善，[5]然而政道未理者，[6]其所謂賢者異也。昔楚莊王問孫叔敖曰："寡人未得所以爲國是也。"[7]叔敖曰："國之有是，衆所惡也，恐王不能定也。"王曰："不定獨在君，亦在臣乎？"對曰："君驕士，[8]曰士非我無從富貴；士驕君，曰君非士無從安存。[9]人君或至失國而不悟，士或至飢寒而不進。君臣不合，則國是無從定矣。"莊王曰："善。願相國與諸大夫共定國是也。"[10]蓋善政者，視俗而施教，察失而立防，威德更興，[11]文武迭用，然後政調於時，而躁人可定。[12]昔董仲舒言"理國譬若琴瑟，其不調者則解而更張。"[13]夫更張難行，而拂衆者亡，[14]是故賈誼以才逐，而朝錯以智死。[15]世雖有殊能而終莫敢談者，[16]懼於前事也。

[1]【今注】輔佐：輔助皇帝治理國家之人。

[2]【今注】俊士：才智傑出之人。

[3]【今注】世務：謀身治世之事。

[4]【今注】時宜：當時的需要或風尚。

[5]【今注】興化：振興教化。

[6]【今注】政道：施政的方略。

[7]【李賢注】莊王名旅，穆王商臣之子也。孫叔敖，楚賢相也。言欲爲國於是，未知何以得之。【今注】楚莊王：春秋楚國

國君，公元前613年至前591年在位，春秋五霸之一。　孫叔敖：芈姓，名敖，字孫叔，郢都（今湖北荆州市）人，官至楚國令尹。　國是：國策，國家大事。

［8］【今注】驕：怠慢，輕視。

［9］【今注】安存：安定生存。

［10］【李賢注】事見《新序》。【今注】相國：官名。戰國時期列國先後設相，稱相國、相邦，秦時稱丞相，爲百官之長。楚國雖未置相，但以令尹爲最高官職，實際爲楚國相國。　大夫：既是爵稱，又是官稱。周代國君之下有卿、大夫、士三等，各等又分上、中、下三級，後以大夫爲任官職者之稱。秦漢時期，中央設各類大夫，掌顧問應對等。

［11］【今注】更興：更替興作。

［12］【李賢注】躁猶動也，謂躁撓不定之人也。

［13］【李賢注】事見《前書》。【今注】琴瑟：樂器，指琴和瑟。　案，事見《漢書》卷五六《董仲舒傳》。

［14］【李賢注】拂，違也，音扶弗反。

［15］【李賢注】賈誼，洛陽人也。事文帝爲博士，每詔令下，諸老先生未能言，誼盡爲之對，人人各如其志所出。絳、灌之屬害之，文帝亦疏之，乃以誼爲長沙太傅（太，大德本作"大"）。朝錯，潁川人也。事文帝爲太子家令，號曰"智囊"。景帝即位，爲御史大夫，請削諸侯之郡。後七國反，以誅錯爲名，遂腰斬錯。見《前書》。

［16］【今注】殊能：有特殊才能的人。

且設法禁者，[1]非能盡塞天下之姦，皆合衆人之所欲也，大抵取便國利事多者，則可矣。夫張官置吏，[2]以理萬人，縣賞設罰，[3]以別善惡，惡人誅傷，[4]則善人蒙福矣。今人相殺傷，雖已伏法，而私結怨讎，[5]子孫相報，後忿深前，至於滅户殄業，[6]而俗稱豪健，[7]故雖有怯弱，[8]猶勉而行之，此爲聽人自理而無復法禁者也。[9]今宜申明舊令，若已伏官誅而私相傷殺者，雖一身逃亡，[10]皆徙家屬於邊，其相傷者，加常二等，[11]不得雇山贖罪。[12]如此，則仇怨自解，盜賊息矣。

[1]【今注】法禁：刑法和禁令。

[2]【今注】張：施也。《鹽鐵論·毀學》云"今人主張官立朝以治民"，《白虎通·封公侯》稱"張官設府非爲卿大夫，皆爲民也"。

[3]【今注】縣：通"懸"。

[4]【今注】誅傷：誅殺。

[5]【今注】怨讎：仇敵。

[6]【今注】殄：盡絶。

[7]【今注】豪健：有氣魄。

[8]【今注】怯弱：膽小，懦弱。

[9]【今注】聽：任憑、聽憑。

[10]【今注】一身：謂獨自一人。

[11]【今注】案，謂漢常法之上，罪加二等。"相傷者"，漢法據傷害程度及相傷者的身份、爵位，其判罰各有不同。詳見張家山漢簡《二年律令·賊律》。另，《長沙尚德街東漢簡》云"鬬刃傷人，完城旦"。

[12]【李賢注】雇山，解見《光武紀》。【今注】案，本書卷一上《光武帝紀上》，李賢注引蕭該《漢書音義》："《令甲》：女子犯徒遣歸家，每月出錢雇人於山伐木，名曰雇山。"

夫理國之道，舉本業而抑末利，[1]是以先帝禁人二業，[2]錮商賈不得宦爲吏，[3]此所以抑并兼長廉恥也。[4]今富商大賈，多放錢貨，中家子弟，爲之保役，[5]趨走與臣僕等勤，[6]收税與封君比入，[7]是以衆人慕效，[8]不耕而食，至乃多通侈靡，以淫耳目。今可令諸商賈自相糾告，[9]若非身力所得，[10]皆以臧畀告者。[11]如此，則專役一己，不敢以貨與人，事寡力弱，必歸功田畝。田畝修，則穀入多而地力盡矣。

[1]【今注】本業：指農業。　末利：指商賈之利。

[2]【今注】二業：謂農者從事農業以外的行業，這裏指經商。

[3]【李賢注】高祖時，令賈人不得衣絲乘車，市井子孫不得宦爲吏。【今注】錮：禁止參加政治活動或出任官職。　案，《漢書》卷五《景帝紀》五月詔稱“有市籍不得宦，無訾又不得宦”；同書卷七二《貢禹傳》云“孝文皇帝時，貴廉絜，賤貪汙，賈人、贅壻及吏坐贓者皆禁錮不得爲吏”。

[4]【今注】并兼：合併，吞併。

[5]【李賢注】中家猶中等也。保役，可保信也。【今注】中家：中産之家。漢代有按家訾多寡將民户分爲“大家”“中家”“小家”及“貧無資用”的概念。漢代家訾劃分的標準在不同時期，隨着經濟的發展、物價的變動，又有所差異。《漢書》卷四《文帝紀》：“百金，中人十家之産也。”　保役：居間作保，替人奔走辦事。

[6]【今注】趨走：謂奔走服役者。　臣僕：奴僕，亦指罪人、執役者及臣下的通稱。

［7］【李賢注】收税謂舉錢輸息利也。《東觀記》曰“中家子爲之保役，受計上疏，趨走俯伏，譬若臣僕，坐而分利”也。【今注】封君：有封邑的貴族。　比：齊等。

［8］【今注】慕效：羡慕，仿效。

［9］【今注】糾告：檢舉揭發。

［10］【今注】身力：謂自己的能力。

［11］【李賢注】畀，與也。《東觀記》載譚言曰：“賈人多通侈靡之物，羅紈綺繡，雜綵玩好，以淫人耳目，而竭盡其財。是爲下樹奢媒而置貧本也。求人之儉約富足，何可得乎？夫俗難卒變，而人不可暴化。宜抑其路，使之稍自衰焉。”畀音必二反。【今注】臧：通“贓”。贓物。

又見法令決事，[1]輕重不齊，或一事殊法，同罪異論，姦吏得因緣爲市，[2]所欲活則出生議，[3]所欲陷則與死比，[4]是爲刑開二門也。[5]今可令通義理明習法律者，[6]校定科比，[7]一其法度，班下郡國，蠲除故條。[8]如此，天下知方，而獄無怨濫矣。[9]

［1］【今注】決事：指“決事比”。漢代的判例彙編，當時凡判案無法律明文規定的，可以比附近似的條文，上奏皇帝定案。這種判例經過彙編後奏請批准，成爲“決事比”，作爲以後判案的依據。

［2］【今注】因緣爲市：借此機會謀取財利。

［3］【今注】生議：指律例中死罪以外的條款。

［4］【今注】死比：謂以死罪相比況，以構成死罪。

［5］【今注】案，《漢書·刑法志》云：“及至孝武即位，外事

四夷之功，内盛耳目之好，徵發煩數，百姓貧耗，窮民犯法，酷吏擊斷，姦軌不勝。於是招進張湯、趙禹之屬，條定法令，作見知故縱、監臨部主之法，緩深故之罪，急縱出之誅。其後姦猾巧法，轉相比況，禁罔寖密。律令凡三百五十九章，大辟四百九條，千八百八十二事，死罪決事比萬三千四百七十二事。文書盈於几閣，典者不能徧睹。是以郡國承用者駁，或罪同而論異。姦吏因緣爲市，所欲活則傅生議，所欲陷則予死比，議者咸冤傷之。"

[6]【今注】義理：道義倫理。

[7]【李賢注】科謂事條，比謂類例（例，大德本作"别"）。【今注】案，沈家本《歷代刑法考·漢律摭遺》云："《魏志·曹仁傳》：'爲將奉法令，常置科於左右，案以從事。'時魏律未修，仁所奉者漢科也。揚雄《劇秦美新》曰金科玉條，科與律令並重矣。"

[8]【今注】蠲除：廢除，免除。

[9]【李賢注】方猶法也。【今注】方：法度、準則。

書奏，不省。

是時帝方信讖，[1]多以決定嫌疑。[2]又疇賞少薄，[3]天下不時安定。[4]譚復上疏曰：

[1]【今注】讖：古時徵驗、預言吉凶的文字或圖録。《説文》："讖，驗也。"

[2]【今注】嫌疑：疑惑難辨的事理。

[3]【今注】疇賞：酬勞賞賜。

[4]【今注】不時：不能即時，意指不常。

臣前獻瞽言，[1]未蒙詔報，[2]不勝憤懣，[3]冒死復陳。愚夫策謀，[4]有益於政道者，以合人心而得事理也。凡人情忽於見事而貴於異聞，[5]觀先王之所記述，咸以仁義正道爲本，非有奇怪虛誕之事。[6]蓋天道性命，聖人所難言也。自子貢以下，不得而聞，況後世淺儒，能通之乎！[7]今諸巧慧小才伎數之人，增益圖書，矯稱讖記，[8]以欺惑貪邪，[9]詿誤人主，焉可不抑遠之哉！[10]臣譚伏聞陛下窮折方士黄白之術，甚爲明矣；[11]而乃欲聽納讖記，[12]又何誤也！其事雖有時合，[13]譬猶卜數隻偶之類。[14]陛下宜垂明聽，發聖意，屏群小之曲説，[15]述五經之正義，略靁同之俗語，詳通人之雅謀。[16]

[1]【今注】瞽言：不達事理，没有見識的話。《荀子·勸學》："故未可與言而言謂之傲，可與言而不言謂之隱，不觀氣色而言謂之瞽。故君子不傲、不隱、不瞽，謹順其身。"

[2]【今注】詔報：詔書批復。

[3]【今注】憤懣：抑鬱煩悶。

[4]【今注】愚夫：愚昧的人。

[5]【今注】見事：識别事勢。　異聞：新異奇聞。

[6]【今注】虛誕：荒誕無稽。

[7]【李賢注】《論語》子貢曰："夫子之文章，可得而聞也。夫子之言性與天道，不可得而聞也。"鄭玄注云："性謂人受血氣以生，有賢愚吉凶。天道，七政變動之占也。"【今注】子貢：端木賜，複姓端木，字子貢。孔門十哲之一，善貨殖，曾任魯國、衛國丞相。事見《史記》卷六七《仲尼弟子列傳》。　淺儒：學問淺薄的儒生。

［8］【李賢注】伎謂方伎，醫方之家也。數謂數術，明堂、羲和、史、卜之官也（卜，大德本作“小”；官，殿本作“宫”）。圖書即讖緯符命之類也。【今注】巧慧：狡黠，欺詐。小才：微不足道的才能。　圖書：河圖洛書，猶圖讖。

［9］【今注】貪邪：貪婪奸邪的人。

［10］【李賢注】《東觀記》載譚書云“矯稱孔丘，爲讖記以誤人主”也。【今注】詿誤：貽誤，連累。　抑遠：謂抑制感情，與之疏遠。

［11］【李賢注】黄白謂以藥化成金銀也。方士，有方術之士也。【今注】窮折：竭力斥責。

［12］【今注】聽納：聽從采納。　讖記：即讖書。

［13］【今注】時合：偶然相合。

［14］【李賢注】言偶中也。【今注】卜數：占卜等術數。　隻偶：單數和雙數。

［15］【今注】曲説：曲意逢迎之説。

［16］【李賢注】靁之發聲，衆物同應。俗人無是非之心，出言同者謂之靁同。《禮記》曰：“無靁同。”【今注】靁同：隨聲附和。《論語讖》曰：“雷震百里，聲相附也，謂言語之符合，如聞雷聲之相同也。”　通人：謂學識淵博之人。　雅謀：高雅的見解。雅，大德本誤作“誰”。

又臣聞安平則尊道術之士，[1]有難則貴介胄之臣。[2]今聖朝興復祖統，[3]爲人臣主，而四方盜賊未盡歸伏者，[4]此權謀未得也。[5]臣譚伏觀陛下用兵，[6]諸所降下，[7]既無重賞以相恩誘，[8]或至虜掠奪其財物，是以兵長渠率，[9]各生狐疑，[10]黨輩連結，[11]歲月不解。古人有言曰：“天下皆知取之爲取，而莫知與之爲取。”[12]陛下誠能輕爵重賞，與士共之，則何招而不至，何說而不釋，[13]何向而不開，何征而不剋！如此，則能以狹爲廣，以遲爲速，亡者復存，[14]失者復得矣。

[1]【今注】道術：治國之術。

[2]【李賢注】介，甲也。冑，兜鍪也。【今注】介冑：這裏代指武士。

[3]【今注】聖朝興復祖統：這裏指“光武中興”。

[4]【今注】案，四，大德本作“西”。　歸伏：歸順降服。

[5]【今注】權謀：隨機應變的謀略。

[6]【今注】伏：敬辭。古時臣對君奏言多用之。

[7]【今注】降下：使降服歸順，俯首稱臣。

[8]【今注】恩誘：施恩誘導。

[9]【今注】兵長：兵卒之官長。　渠率：又作“渠帥”，多指少數民族部落首領。

[10]【今注】狐疑：猜疑，懷疑。

[11]【今注】黨輩：猶黨與。

[12]【李賢注】言先饒與之，後乃可取之。老子曰：“將欲廢之，必固興之；將欲奪之，必固與之。”

[13]【今注】不釋：不寬宥。

[14]【今注】存：保存，保全。

帝省奏，愈不悅。

其後有詔會議靈臺所處，[1]帝謂譚曰：“吾欲讖決之，[2]何如？”譚默然良久，[3]曰：“臣不讀讖。”帝問其故，譚復極言讖之非經。[4]帝大怒曰：“桓譚非聖無法，[5]將下斬之。”叩頭流血，[6]良久乃得解。出爲六安郡丞；[7]意忽忽不樂，[8]道病卒，時年七十餘。

［1］【李賢注】陽衒之《洛陽記》曰（陽，大德本、殿本作“楊”）：“平昌門直南大道，東是明堂大道，西是靈臺”也。【今注】靈臺：臺名。古時帝王觀察天文星象、妖祥災異的建築。

［2］【今注】決：決斷，決定。

［3］【今注】默然：沉默不語貌。

［4］【今注】非經：不屬於五經典籍。

［5］【今注】非聖：詆毀聖人之道。非，通“誹”。

［6］【今注】案，大德本、殿本“叩”字前有“譚”字。

［7］【李賢注】六安郡故城在今壽州安豐縣南。【今注】六安郡：新莽置。治所在今安徽六安市。

［8］【今注】忽忽：失意貌。《史記》卷一〇八《韓長孺列傳》：“（韓安國）乃益東徙屯，意忽忽不樂。數月，病歐血死。”

初，譚著書言當世行事二十九篇，[1]號曰《新論》，上書獻之，世祖善焉。[2]琴道一篇未成，肅宗使班固續成之。[3]所著賦、誄、書、奏，凡二十六篇。[4]

［1］【今注】行事：往事，成事。

［2］【李賢注】《新論》一曰本造，二王霸，三求輔，四言體，五見徵，六譴非，七啓寤，八祛蔽，九正經，十識通，十一離事，十二道賦，十三辨惑，十四述策，十五閔友，十六琴道。本造、閔友、琴道各一篇（紹興本“本造”後有“述策”二字），餘並有上下。《東觀記》曰：“光武讀之，勑言卷大，令皆別爲上下，凡二十九篇。”【今注】新論：又稱《桓子新論》，共二十九

篇，早亡佚，今本以清人嚴可均輯本最爲詳備。曹金華《後漢書稽疑》案“二十九篇而十七卷者，上下篇仍合卷爲十六卷，疑複有録一卷，故十七卷”。據此，“十六卷”加“録”爲“十七卷”，“録”即“發首”，而非《本造》等三目中有一目分爲上下也。故全篇僅有二十八篇，非“二十九篇”也。（第359頁）

［3］【李賢注】《東觀記》曰：“琴道未畢，但有發首一章。”【今注】肅宗：東漢章帝。班固：字孟堅，扶風安陵（今陝西咸陽市東北）人。東漢史學家。傳見本書卷四〇。

［4］【今注】誄：累述死者功德以示哀悼的文章。案，“二十六篇”，今存《仙賦》《陳時政疏》《抑讖重賞疏》《上便宜》《陳便宜》《啓事》《答楊雄書》。另，《隋書·經籍志》著録有集五卷，已佚。

元和中，[1]肅宗行東巡狩，至沛，[2]使使者祠譚冢，鄉里以爲榮。

［1］【今注】元和：東漢章帝劉炟年號（84—87），這裏指“元和二年”。本書卷三《肅宗孝章帝紀》云：“（元和二年，二月）丙辰，東巡狩。己未，鳳皇集肥城。乙丑，帝耕於定陶……夏四月……乙卯，車駕還宫。”

［2］【今注】沛：指“沛國”，東漢劉輔（光武帝子）始封，傳八世，治相縣（今安徽淮北市相山區）。

馮衍字敬通，京兆杜陵人也。[1]祖野王，元帝時爲大鴻臚。[2]衍幼有奇才，年九歲，能誦詩，至二十而博通群書。王莽時，諸公多薦舉之者，[3]衍辭不肯仕。

［1］【李賢注】《東觀記》曰："其先上黨潞人，曾祖父奉世徙杜陵。"【今注】京兆：漢代"三輔"之一，約在今陝西西安市以東至渭南市華州區之間。　杜陵：西漢宣帝陵園，在今陝西西安市長安區東北。

［2］【李賢注】野王字君卿，奉世之長子也。《東觀記》曰："野王生座，襲父爵爲關内侯，座生衍。"《華嶠書》曰："衍祖父立，生滿，年十七喪父，早卒，滿生衍。"【今注】元帝：西漢元帝劉奭，公元前49年至前33年在位。紀見《漢書》卷九。　大鴻臚：秦置典客，掌諸歸義蠻夷，有丞。西漢景帝中六年（前144）更名大行令，武帝太初元年（前104）更名大鴻臚。成帝河平元年（前28）罷典屬國併大鴻臚。王莽時改稱典樂。東漢復稱大鴻臚。大鴻臚掌諸侯及四方歸義蠻夷。本書《百官志二》："大鴻臚，卿一人，中二千石。本注曰：掌諸侯及四方歸義蠻夷。其郊廟行禮，贊導，請行事，既可，以命群司。諸王入朝，當郊迎，典其禮儀。及郡國上計，匡四方來，亦屬焉。皇子拜王，贊授印綬。及拜諸侯、諸侯嗣子及四方夷狄封者，臺下鴻臚召拜之。王薨則使弔之，及拜王嗣。"

［3］【今注】薦舉：古代官吏選拔制度之一，主要以品行、才能爲標準，但在東漢後期也受世家名望的影響。

時天下兵起，莽遣更始將軍廉丹討伐山東。[1]丹辟衍爲掾，[2]與俱至定陶。[3]莽追詔丹曰：[4]"倉廩盡矣，府庫空矣，可以怒矣，可以戰矣。將軍受國重任，不捐身於中野，[5]無以報恩塞責。"丹惶恐，[6]夜召衍，以書示之。衍因説丹曰："衍聞順而成者，道之所大也；逆而功者，權之所貴也。[7]是故期於有成，[8]不問所由；[9]論於大體，[10]不守小節。[11]昔逢丑父伏軾而使其君取飲，稱於諸侯；[12]鄭祭仲立突而出忽，終得復位，美於《春秋》。蓋以死易生，以存易亡，君子之道也。[13]詭於衆意，寧國存身，賢智之慮也。[14]故《易》曰：'窮則變，變則通，通則久，是以自天祐之，吉，無不利。'[15]若夫知其不可而必行之，破軍殘衆，無補於主，[16]身死之日，負義於時，[17]智者不爲，勇者不行。且衍聞之，得時無怠。[18]張良以五世相韓，椎秦始皇博浪之中，[19]勇冠乎賁、育，名高乎太山。[20]將軍之先，爲漢信臣。[21]新室之興，[22]英俊不附。[23]今海内潰亂，人懷漢德，甚於詩人思召公也，[24]愛其甘棠，[25]而況子孫乎？人所歌舞，天必從之。[26]方今爲將軍計，莫若屯據大郡，[27]鎮撫吏士，砥厲其節，[28]百里之内，牛酒日賜，[29]納雄桀之士，[30]詢忠智之謀，要將來之心，[31]待從横之變，[32]興社稷之利，除萬人之害，則福禄流於無窮，功烈著於不滅。[33]何與軍覆於中原，身膏於草野，[34]功敗名喪，恥及先祖哉？聖人轉禍而爲福，智士因敗而爲功，願明公深計而無與俗同。"丹不能從。進及睢陽，[35]復説丹曰："蓋聞明者見於無形，智者慮於未萌，況其昭晳者乎？[36]凡患生於所忽，禍發於細微，[37]敗不可悔，時不可失。《公孫鞅》曰：[38]'有高人之行，負非於世；有獨見之慮，見贅於人。'[39]故信庸庸之論，破金石之策，[40]襲當世之操，失高明之德。夫決者智之君也，疑者事之役也。[41]時不重至，公勿再計。"丹不聽，遂進及無鹽，與赤眉戰死。[42]衍乃亡命河東。[43]

［1］【今注】更始將軍：將軍號之一。王莽置。　廉丹：京兆杜陵人，曾任新莽大司馬庸部（益州）牧。

［2］【今注】掾：這裏指將軍府掾史，爲掌管一曹事務的官長。

［3］【今注】定陶：王國名。治所在今山東菏澤市定陶區西北。

［4］【今注】追詔：追問詔書。秦漢時期有“追書”，睡虎地秦簡《秦律十八種·行書律》：“行傳書、受書，必書其起及到日月夙莫（暮），以輒相報殹（也）。書有亡者，亟告官。隸臣妾老弱及不可誠仁者勿令。書廷辟有曰報，宜到不來者，追之。”可以參看。

［5］【今注】中野：原野之中。

［6］【今注】惶恐：恐懼，驚慌。

［7］【李賢注】於正道雖違逆而事有成功者，謂之權，所謂反經合義者也。

［8］【今注】有成：有成就，有成效。

［9］【今注】所由：所歷經的道路。

［10］【今注】大體：有關大局的道理。

［11］【今注】小節：瑣細微末的操守。

［12］【李賢注】《左氏傳》，齊晉戰于鞌，晉卿韓厥逐及齊侯。齊臣逢丑父乃與齊侯易位，使齊侯御車。韓厥將及齊侯，丑父令齊侯如華泉取飲，韓厥乃獻丑父於郤克。郤克將戮之，呼曰：“自今無有代其君任患者；有一於此，將爲戮矣（矣，殿本作‘乎’）！”郤子曰：“人不難以死免其君，我戮之不祥，赦之以勸事君者。”【今注】逢丑父：春秋時期齊國大夫。公元前589年，齊晉鞍之戰，舍身救齊君。

［13］【李賢注】祭仲，鄭大夫，突及忽皆鄭莊公子也。莊公薨，太子忽當立。公子突，宋之出也，故宋人執鄭祭仲。《公羊

傳》曰："祭仲何以不名？賢也。何賢乎？以爲知權。其知權奈何？宋人執之，謂曰：'爲我出忽而立突（立，大德本作"亡"）。'祭仲不從其言，則君必死，國必亡；從其言，則君可以生易死，國可以存易亡。古人有權者，祭仲是也。權者反乎經，後有善者也。行權有道。殺人以自生，亡人以自存，君子不爲也。"【今注】祭仲：鄭國大夫，春秋時期政治家、謀略家，先後輔佐鄭國五位君主。　突忽：鄭莊公子，先後即位，即鄭厲公突，鄭昭公忽。　春秋：儒家經典之一。約一萬八千字，記載春秋各國二百四十多年的大事。今江西海昏侯漢墓出土有《春秋》，是現今發現的《春秋》經最早實物。

[14]【李賢注】詭，違也。

[15]【李賢注】皆《周易·下繫》之詞（詞，大德本作"辭"，殿本作"辭也"）。

[16]【今注】無補：無益，無所幫助。

[17]【李賢注】負猶失也。

[18]【李賢注】怠，懈也，言當急趨時。

[19]【李賢注】張良大父開地相韓昭侯、宣惠王、襄哀王，父平相釐王、悼惠王（悼，殿本作"倬"）。五代相韓，謂良父及祖相韓之五王也。後秦滅韓，良家僮三百人，乃悉以家財求客刺秦王。得力士，爲鐵椎重百二十斤，擊始皇於博浪沙中。博浪，地名，在鄭州陽武縣南（陽武，大德本、殿本作"武陽"）。椎音直追反（直，大德本、殿本作"力"），謂擊之也。【今注】張良：字子房，潁川城父（今河南寶豐縣）人。西漢開國功臣。世家見《史記》卷五五，傳見《漢書》卷四〇。　椎：鐵椎。　博浪：在今河南原陽縣東南。

[20]【李賢注】孟賁、夏育，並古之勇士也。《前書音義》曰："孟賁生拔牛角。夏育，衞人，力舉千鈞（大德本、殿本'鈞'字後有'也'字）。"【今注】太山：即泰山。太，大德本、

殿本皆作“泰”。

［21］【李賢注】廉褒，襄武人，宣帝時爲後將軍，即丹之先。

［22］【今注】新室：王莽居攝，盜襲帝位，竊號曰新室。

［23］【今注】英俊：才智卓越的人。

［24］【今注】召公：姬姓，名奭，西周宗室、大臣。輔佐武王滅商，受封於薊（今北京），建立燕國。後輔佐成王、康王，開創了著名的“成康之治”，《詩·甘棠》對其亦有稱頌，司馬貞《索隱》述贊：“召伯作相，分陝而治。人惠其德，《甘棠》是思。”後世亦常將漢與周相媲美，史稱：“周言成康，漢言文景，美矣！”

［25］【今注】甘棠：《詩·召南》的一篇，懷念召公的詩作。

［26］【李賢注】《詩·小雅》曰：“雖無德與汝，式歌且舞。”言漢氏之德，人歌舞之也。《尚書》曰：“人之所欲，天必從之。”

［27］【今注】案，郡，大德本作“都”。

［28］【今注】砥厲：激勵，勉勵。又作“砥礪”。厲，大德本、殿本作“礪”。

［29］【今注】牛酒：牛和酒，這裏指用作犒勞、賞賜的物品。張家山漢簡《二年律令·賜律》有賜酒、肉、食等物品的具體規定。

［30］【今注】雄桀：才智出衆。

［31］【今注】將來：未來。

［32］【今注】從横：即縱横。

［33］【今注】功烈：功勳業績。

［34］【李賢注】與猶如也。【今注】膏：沾溉。借指赴死或受死。

［35］【今注】案，及，殿本作“入”。　睢陽：縣名。秦置，治所在今河南商丘市南。

［36］【李賢注】晰，明也（明，大德本作“名”）。商鞅謂

秦孝公曰："愚者闇於成事，智者見於未萌。"【今注】未萌：指事情發生以前。

［37］【李賢注】司馬相如曰"禍故多臧於隱微，而發於人之所忽"也。

［38］【今注】公孫鞅：即商鞅，衛國人，入秦變法，奠定秦國富强的基礎。《漢書·藝文志》載《商君》二十九篇，今存二十四篇；又有《公孫鞅》二十七篇，今佚。

［39］【李賢注】語見《史記·商君傳》。贅猶惡也。《史記》"贅"作"疑"。【今注】案，《商君書·更法》："有高人之行者，固見負於世；有獨知之慮者，必見驁於民。"

［40］【李賢注】庸，常也。金石以諭堅也。【今注】庸庸：指平庸。

［41］【李賢注】役猶賤也。【今注】案，《史記》卷九二《淮陰侯列傳》作："知者決之斷也，疑者事之害也。"《説文》"君，尊也"，章懷注"役猶賤也"蓋由"君"字對舉所得，"役猶賤也"，文獻不見他處。《莊子·齊物論》曰："終身役役而不見其成功。"郭象注："得此不止，復逐於彼，皆疲役終身。"按"有所求而不止曰役役"，則此處"役"或指"勞而無功"，非"賤"之意。

［42］【李賢注】無鹽，縣名，屬東平郡，故城在今鄆州須昌縣東。【今注】無鹽：縣名。治所在今山東東平縣東平鎮無鹽村南。

［43］【李賢注】《華嶠書》曰："丹死，衍西歸，吏以亡軍，下司命乘傳逐捕，故亡命。"

更始二年，[1]遣尚書僕射鮑永行大將軍事，安集北方。[2]衍因以計説永曰：

［1］【今注】更始：更始帝劉玄年號（23—25）。

［2］【李賢注】永字君長，司隸校尉宣之子。【今注】尚書僕

射：秦置，漢因之。爲尚書令之貳，掌拆閱封緘章奏文書，令不在，則代理其職。東漢獻帝建安四年（199）分置尚書左、右僕射，若尚書令缺，則以左僕射爲尚書長官。魏晉以後與尚書令同居宰相之任，被稱爲“朝端”“朝右”。　鮑永：字君長，上黨屯留（今山西長治市屯留區）人。曾任緑林軍將領，後被劉秀徵用，官至東海相。傳見本書卷二九。

衍聞明君不惡切慤之言，以測幽冥之論；忠臣不顧争引之患，以達萬機之變。[1]是故君臣兩興，功名兼立，銘勒金石，[2]令問不忘。[3]今衍幸逢寬明之日，[4]將值危言之時，[5]豈敢拱默避罪，[6]而不竭其誠哉！

[1]【李賢注】慤，實也。幽冥謂深遠也。争引謂引事與君争也。事非一塗，故曰萬機之變也。《書》曰：“一日二日萬機。”《東觀記》：衍更始時爲偏將軍，與鮑永相善。更始既敗，固守不以時下。建武初，爲揚化大將軍掾（揚，殿本作“楊”），辟鄧禹府，數奏記於禹，陳政言事。自“明君”以下，皆是諫鄧禹之詞，非勸鮑永之説，不知何據，有此乖違。【今注】切慤：懇切，誠摯。　幽冥：玄遠，微妙。　争引：謂引事類以諫諍。　案，嚴可均輯《全後漢文》卷二〇《馮衍》：“章懷注據《東觀記》，謂是諫鄧禹之詞，非説鮑永。今考建武初，衍未辟鄧禹府，禹亦未至并州。至罷兵來降，見黜之後，始詣鄧禹耳。此當從范書作‘説鮑永’爲是。”此説，亦見王先謙《後漢書集解》、吴樹平《東觀漢記校注》。

[2]【今注】銘勒金石：鎸刻功勳於金石之上，以昭功德。今山東《漢衛尉卿衡府君碑》可作文例。

[3]【今注】案，問，殿本作“聞”。

［4］【今注】寬明：寬大清明。

［5］【李賢注】危猶高也。《論語》曰："天下有道，危言危行。"

［6］【今注】拱默：拱手緘默。

伏念天下離王莽之害久矣。始自東郡之師，[1]繼以西海之役，[2]巴、蜀没於南夷，[3]緣邊破於北狄，[4]遠征萬里，暴兵累年，[5]禍拏未解，兵連不息，[6]刑法彌深，[7]賦斂愈重。衆彊之黨，[8]横擊於外，百僚之臣，[9]貪殘於内，[10]元元無聊，[11]飢寒並臻，[12]父子流亡，夫婦離散，廬落丘墟，[13]田疇蕪穢，[14]疾疫大興，災異蜂起。於是江湖之上，[15]海岱之濱，[16]風騰波涌，更相駘藉，[17]四垂之人，[18]肝腦塗地，死亡之數，不啻太半，[19]殃咎之毒，[20]痛入骨髓，匹夫僮婦，咸懷怨怒。[21]皇帝以聖德靈威，龍興鳳舉，[22]率宛、葉之衆，[23]將散亂之兵，喢血昆陽，[24]長驅武關，破百萬之陳，摧九虎之軍，[25]靁震四海，席卷天下，[26]攘除禍亂，誅滅無道，一朞之間，[27]海内大定。繼高祖之休烈，[28]修文武之絶業，[29]社稷復存，炎精更輝，[30]德冠往初，功無與二。[31]天下自以去亡新，就聖漢，當蒙其福而賴其願。樹恩布德，易以周洽，[32]其猶順驚風而飛鴻毛也。[33]然而諸將虜掠，[34]逆倫絶理，[35]殺人父子，妻人婦女，燔其室屋，略其財産，飢者毛食，寒者裸跣，[36]冤結失望，[37]無所歸命。[38]今大將軍以明淑之德，[39]秉大使之權，[40]統三軍之政，存撫并州之人，[41]惠愛之誠，[42]加乎百姓，高世之聲，[43]聞乎群士，故其延頸企踵而望者，[44]非特一人也。[45]且大將軍之事，豈得珪璧其行，束修其心而已哉？[46]將定國家之大業，成天地之元功也。[47]昔周宣中興之主，[48]齊桓霸彊之君耳，[49]猶有申伯、召虎、夷吾、吉甫[50]攘其蝥賊，[51]安其疆宇。況乎萬里之漢，明帝復興，而大將軍爲之梁棟，此誠不可以忽也。[52]

[1]【李賢注】離，遭也。莽居攝元年，翟義起兵於東郡，莽發八將軍以擊之。東郡，今滑州也。【今注】東郡：治濮陽縣（今河南濮陽市華龍區西南）。

[2]【李賢注】莽居攝元年，西羌龐恬、傅播等怨莽奪其地爲西海郡，攻西海太守程永，莽遣護羌校尉竇況擊之。【今注】西海：郡名。王莽置，治龍夷縣（今青海海晏縣三角城）。

[3]【李賢注】莽篡位，貶西南夷鉤町王爲侯，王邯怨恨，攻益州，殺大尹程隆。莽發巴、蜀吏士擊之，出入三年，死者十七八。【今注】南夷：舊爲南方少數民族的泛稱，又指南方邊遠地區。

[4]【李賢注】莽建國三年，烏珠單于遣左賢王入雲中，大殺吏人，大輩萬餘，中輩數千，殺鴈門、朔方太守（太，大德本作“大”），略吏人畜産不可勝數，緣邊虛耗也。【今注】緣邊：指邊境。緣，循也。　北狄：舊爲北方少數民族的泛稱。

[5]【李賢注】暴，露也。【今注】累年：接連多年。

[6]【李賢注】挐謂相連引也。【今注】禍挐：災禍接連不斷。

[7]【李賢注】莽以地皇元年以後爲不須時令，自是春夏斬

人於市。

［8］【今注】黨：鄰里鄉黨。

［9］【今注】百僚：亦作“百寮”。猶百官。

［10］【今注】貪殘：貪婪凶殘。

［11］【今注】元元：即民衆。　無聊：窮困無依。

［12］【今注】臻：至也。

［13］【今注】廬落：廬舍，房舍。　丘墟：形容荒涼殘破。

［14］【今注】蕪穢：荒涼，雜草叢生。

［15］【今注】江湖：江河湖海，泛指四方各地。

［16］【今注】海岱：渤海至泰山之間。

［17］【李賢注】莽時江湖海澤麋沸，青、徐、荆、楚之地搔擾。《前書音義》曰：“跆，蹋也。”今此爲“駘”，古字通。【今注】駘藉：踐踏，蹂躪。

［18］【今注】四垂：四境。屋之四垂爲宇，國之四垂爲圉。

［19］【今注】不啻：不僅，何止。　太半：大半，多半。

［20］【今注】殃咎：災禍。

［21］【李賢注】僮猶賤也。【今注】匹夫：平民男子。　僮婦：平民婦女。

［22］【今注】龍興鳳舉：比喻王者興起。

［23］【今注】宛：縣名。治所在今河南南陽市卧龍區。　葉：縣名。治所在今河南葉縣葉邑鎮。

［24］【今注】昆陽：縣名。治所在今河南葉縣。因在昆水之北而得名。東漢光武帝建武二年（26），封侍中傅俊爲昆陽侯。建武七年傅俊卒，其子傅昌嗣爵。《水經注·陰溝水》載傅昌於建武十三年爲龍亢侯。本書卷二二《傅俊傳》記傅昌後徙封蕪湖侯。據此知昆陽當在建武十三年之後復爲漢縣。

［25］【李賢注】莽末，下江兵鄧曄、王匡攻武關，莽乃拜將軍九人，皆以虎爲號，以捍匡等。擊破六虎，敗走三虎，乃保京

師倉，鄧曄等乃開武關迎更始。【今注】武關：關隘名。在今陝西丹鳳縣武關鎮，是從南陽盆地西北進入關中平原的必經之地。戰國秦漢時期，這條利用丹江谷地聯繫關中平原和南陽盆地，進而實現與江漢平原溝通的重要道路，稱爲武關道。

［26］【李賢注】席卷言無餘也。

［27］【今注】一朞：猶一時。

［28］【今注】高祖：漢高祖劉邦。　休烈：盛美的事業。休，美也。烈，業也。

［29］【今注】文武：周文王和周武王。　絶業：中斷的事業。

［30］【今注】炎精：謂火德。漢繼帝堯火德之運，故以炎精稱之。

［31］【李賢注】此上二句，司馬相如《封禪書》之詞（詞，殿本作“辭”）。【今注】案，司馬相如《封禪文》：“德侔往初，功無與二。”往初，猶往古。

［32］【今注】周洽：周遍，普遍。

［33］【李賢注】言其易也。王褒《聖主得賢臣頌》曰：“翼乎如鴻毛遇順風”也。【今注】驚風：强勁的風。　鴻乇：鴻雁的毛。乇，紹興本、大德本、殿本皆作“毛”。

［34］【今注】虜掠：搶劫，掠奪。

［35］【李賢注】倫亦理也。

［36］【李賢注】毛，草也。臣賢案：《衍集》“毛”字作“無”，今俗語猶然者，或古亦通乎？【今注】毛食：無食。宋郭忠恕《佩觿》：“河朔謂無曰毛。”　裸跣：裸體赤脚，比喻窮困。跣，大德本、紹興本作“洗”。

［37］【今注】寃結：寃氣鬱結。

［38］【今注】歸命：歸順，投誠。

［39］【今注】明淑：賢明和淑。

［40］【今注】大使：奉皇帝之命特派出巡的使節。

[41]【今注】并州：西漢武帝時所置十三刺史部之一，東漢時治晉陽縣（今山西太原市西南）。案，本書卷二九《鮑永傳》載："更始二年徵，再遷尚書僕射，行大將軍事，持節將兵，安集河東、并州、朔部，得自置偏裨，輒行軍法。"鮑永爲上黨屯留（今山西長治市屯留區）人。

[42]【今注】惠愛：猶仁愛。

[43]【今注】高世：超越世俗。

[44]【今注】延頸企踵：伸長脖子，踮起脚跟。形容仰慕或企盼之切。

[45]【今注】特：但，僅僅。《漢書》卷四三《叔孫通傳》："高帝曰'公罷矣，吾特戲耳'。"顔師古注："特，但也。"

[46]【李賢注】言當恢廓規摹，不可空自清絜，徒約束修身而已。【今注】珪璧：古代祭祀朝聘等所用的玉器，這裏比喻高尚的品行。

[47]【今注】元功：大功，首功。

[48]【今注】周宣：即周宣王。執政期間，修復公室，任用賢臣，修繕武備，安頓百姓，史稱"宣王中興"。《史記》卷四《周本紀》："宣王即位，二相輔之，脩政，法文、武、成、康之遺風，諸侯復宗周。"

[49]【今注】齊桓：即齊桓公，姓姜，名小白。齊襄公弟。爲公子時，因齊國内部矛盾而奔莒國。襄公被殺，從莒返回即位，任用管仲、鮑叔牙、隰朋、高傒等賢臣，鋭意改革，國力軍事增强。伐魯，會盟於柯（今山東陽穀縣東北阿城鎮）。公元前679年，九合諸侯。前663年，助燕國打敗山戎，救邢、衞，攻蔡。伐楚，與楚會盟於召陵。平定周王室内亂，助周襄王即位。前651年，大會諸侯於葵丘（今河南民權縣東北）。爲春秋時期第一個霸主。

[50]【李賢注】申伯，周宣王之元舅也；召虎，召穆公也；吉甫謂尹吉甫也。皆周宣王臣，並見《毛詩》。夷吾，管仲之

字也。

［51］【李賢注】蟊賊，食禾稼蟲名，諭姦盜侵漁也。蟊音牟。【今注】蟊賊：啃食莊稼的兩種害蟲。《爾雅》："食苗心曰螟，食葉曰螣，食節曰蠈，食根曰蟊。"

［52］【李賢注】《左傳》子産謂子皮曰："子於鄭國，棟也。棟折榱崩，僑將壓焉。"【今注】梁棟：房屋的大梁，比喻擔負國家重任的人才。

且衍聞之，兵久則力屈，人愁則變生。[1]今邯鄲之賊未滅，真定之際復擾，[2]而大將軍所部不過百里，守城不休，戰軍不息，兵革雲翔，[3]百姓震駭，奈何自怠，[4]不爲深憂？夫并州之地，東帶名關，北逼彊胡，[5]年穀獨孰，[6]人庶多資，斯四戰之地，攻守之場也。[7]如其不虞，[8]何以待之？故曰"德不素積，[9]人不爲用。備不豫具，難以應卒。"[10]今生人之命，[11]縣於將軍，[12]將軍所杖，必須良才，宜改易非任，更選賢能。夫十室之邑，必有忠信。[13]審得其人，以承大將軍之明，雖則山澤之人，[14]無不感德，思樂爲用矣。然後簡精鋭之卒，[15]發屯守之士，[16]三軍既整，甲兵已具，相其土地之饒，[17]觀其水泉之利，制屯田之術，[18]習戰射之教，則威風遠暢，人安其業矣。若鎮太原，[19]撫上黨，[20]收百姓之歡心，樹名賢之良佐，[21]天下無變，則足以顯聲譽，一朝有事，則可以建大功。惟大將軍開日月之明，發深淵之慮，[22]監六經之論，[23]觀孫吴之策，[24]省群議之是非，詳衆士之白黑，[25]以超《周南》之迹，[26]垂《甘棠》之風，[27]令夫功烈施於千載，富貴傳于無窮。伊、望之策，何以加兹！[28]

［1］【今注】愁：憂也。

［2］【李賢注】邯鄲謂王郎也。真定謂劉揚也。【今注】案，"邯鄲之賊未滅，真定之際復擾"指王朗據邯鄲起兵，真定王劉揚起兵以附王朗，衆十餘萬。事見本書卷二一《劉植傳》。邯鄲，在今河北邯鄲市西南。真定，今河北正定縣南。

［3］【今注】雲翔：比喻四散。

［4］【今注】怠：鬆懈，懈怠。

［5］【李賢注】井陘關也。要害之塞，故曰名關。《東觀記》作"石陘關"。【今注】名關：井陘關，故址在今河北石家莊市井陘礦區北井陘山上，與壺關、天井關合稱"上黨三關"。

［6］【今注】孰："熟"的古字。

［7］【今注】案，顧炎武《日知録》卷二曰："以關中并天下者，必先於得河東。秦取三晉而後滅燕、齊，苻氏取晉陽而後滅燕，宇文氏取晉陽而後滅齊，故西伯戡黎而殷人恐矣。"

［8］【今注】不虞：意料不到。

［9］【今注】素積：平素所蓄積。

［10］【李賢注】《史記》子貢説晉君曰："慮不先定，不可以應卒。"卒音倉忽反。【今注】豫具：預先準備。 應卒：又作"應猝"，猶應急。

［11］【今注】生人：猶民衆。

［12］【今注】縣：通"懸"。

［13］【李賢注】《東觀記》曰："無謂無賢，路有聖人。"【今注】案，《論語》孔子曰："十室之邑，必有忠信如丘者焉，不如丘之好學者也。"

［14］【今注】雖則：即便是。

［15］【今注】簡：選擇，選用。

［16］【今注】屯守：駐守。

［17］【今注】相：看，觀察。

［18］【今注】案，《漢書》卷九六下《西域傳下》："自武帝初通西域，置校尉，屯田渠犂。"即利用戍卒、徙民進行墾殖、生産。實際上，漢代實行的屯田制度，早在秦代已有萌芽，里耶秦簡中"卒田課""卅三年遷陵冗募戍卒當田者二百"顯示，戍卒除承擔正常的戍役外，還要從事耕作，甚至"給徒隸事"等諸多任務。這些可能是漢代屯田制度萌發的來源。

［19］【今注】太原：郡名。治晉陽（今山西太原市晉源區）。

［20］【今注】上黨：郡名。治長子縣（今山西長子縣）。

［21］【今注】良佐：賢能的輔佐。

［22］【今注】深淵之慮：身處危機的考慮。《詩》："戰戰兢兢，如臨深淵，如履薄冰。"

［23］【今注】六經：謂《詩》《書》《禮》《易》《樂》《春秋》。

［24］【李賢注】孫武，吴王闔廬將；吴起，魏文侯將；並著兵書也。【今注】孫：孫武。《孫子兵法》即《漢書·藝文志》所著《吴孫子》，今是書佚文見於山東《銀雀山漢墓竹簡》。

［25］【李賢注】白黑猶賢愚也。

［26］【今注】周南之跡：謂周公。周南，《詩·國風》之一，頌揚西周德化，因成周以南之地爲周公的采邑，故稱。這裏代指周公。

［27］【今注】甘棠之風：謂召公。

［28］【李賢注】伊尹、吕望。【今注】伊：伊尹，名阿衡，又名摯。商湯時大臣。尹爲官名。與湯言素王及九主之事。湯舉任以國政。作《女鳩》《女房》《咸有一德》。湯崩後，輔佐外丙、仲

壬。立太甲，後放太甲於桐。　望：吕望，太公望吕尚。本姓姜，名牙，西周初年人，協助武王伐紂，受封齊國。　兹：增益，增加。

永既素重衍，爲且受使得自置偏裨，乃以衍爲立漢將軍，[1]領狼孟長，屯太原，[2]與上黨太守田邑等繕甲養士，[3]扞衞并土。

[1]【李賢注】《東觀記》曰："時永得置偏裨將五人"也。【今注】偏裨：偏將、裨將。將佐的通稱。　案，本書卷二九《鮑永傳》云："更始二年徵，再遷尚書僕射，行大將軍事，持節將兵，安集河東、并州、朔部，得自置偏裨，輒行軍法。"

[2]【李賢注】猛孟（猛，大德本、殿本、紹興本作"狼"，是），縣名，屬太原郡，故城在今并州陽曲縣東北。【今注】狼孟：縣名。治所在今山西陽曲縣黄寨。　長：縣的長官。《漢書・百官公卿表上》："縣令、長，皆秦官，掌治其縣。萬户以上爲令，秩千石至六百石。减萬户爲長，秩五百石至三百石。"

[3]【今注】田邑：字伯玉，馮翊蓮芍（今陝西渭南市北下邽鎮東北）人。

及世祖即位，遣宗正劉延攻天井關，[1]與田邑連戰十餘合，延不得進。邑迎母弟妻子，爲延所獲。[2]後邑聞更始敗，乃遣使詣洛陽獻璧馬，[3]即拜爲上黨太守。[4]因遣使者招永、衍，永、衍等疑不肯降，而忿邑背前約，[5]衍乃遺邑書曰：

[1]【今注】宗正：周官，秦漢沿置。掌皇室親屬，有丞。西

漢平帝元始四年（4）更名宗伯。屬官有都司空令丞、内官長丞。又諸公主家令、門尉皆屬焉。王莽併其官於秩宗。《初學記》引《宋百官春秋》云：“周受命封建宗盟，始選其宗中之長而董正之，謂之宗正。成王時彤伯入爲宗正。”《玉海》：“秦始以宗正列九卿，掌親屬；而宗廟之事屬之奉常。”　劉延：東漢光武帝之子，封淮陽王，遷爲阜陵王，後貶爲阜陵侯。傳見本書卷四二。　天井關：又名“太行關”，故址在今山西晉城市南太行山頂，因關南有天井泉三處而得名。

[2]【李賢注】《東觀記》曰：“鄧禹使積弩將軍馮愔將兵擊邑，愔悉得邑母弟妻子。”【今注】母弟：同母之弟。

[3]【今注】璧馬：玉璧和良馬。

[4]【李賢注】《東觀記》曰：“遣騎都尉弓里游、諫大夫何叔武，即拜邑爲上黨太守。”

[5]【李賢注】《東觀記》，衍與邑素誓刎頸，俱受重任。

蓋聞晉文出奔而子犯宣其忠，[1]趙武逢難而程嬰明其賢，[2]二子之義當矣。今三王背畔，赤眉危國，[3]天下蠢動，社稷顛隕，[4]是忠臣立功之日，志士馳馬之秋也。伯玉擢選剖符，專宰大郡。[5]夫上黨之地，有四塞之固，[6]東帶三關，西爲國蔽，[7]奈何舉之以資彊敵，開天下之匈，假仇讎之刃？豈不哀哉！[8]

[1]【李賢注】晉文公重耳避麗姬之難出奔（奔，大德本作“奔”），狐偃勸令返國，遂爲霸主。子犯即狐偃字也。【今注】晉文：晉文公重耳，春秋五霸之一。　子犯：即狐偃，重耳的舅舅，晉國重臣。

[2]【李賢注】趙盾，晉卿，生趙朔，朔娶晉成公姊爲夫人。晉景公三年，大夫屠岸賈誅趙氏，殺趙朔，滅其族。朔妻有遺腹，走公宫。趙朔客程嬰、公孫杵臼。杵臼謂程嬰曰："胡不死?"程嬰曰："朔之婦有遺腹，若幸而生男，吾奉之；即女也，吾徐死耳。"居無何，朔妻生男，屠岸賈聞之，乃索於宫中。夫人置兒於絝中，祝曰："趙宗滅乎，若嗁。即不滅，若無聲。"及索兒，竟無聲。程嬰曰："今一索不得，後必復索之。"杵臼乃取它嬰兒負之匿山中。諸將共攻殺杵臼并孤兒，然趙氏真孤乃在程嬰所，即趙武也。居十五年，晉景公乃立趙武爲卿，而復其田邑。事見《史記》。【今注】趙武：嬴姓，趙氏，諱武，史稱"趙文子"。春秋時期晉國正卿。　程嬰：古少梁邑（今陝西韓城市）人，爲晉卿趙盾、趙朔的門客。

[3]【李賢注】三王見《更始傳》。【今注】三王：謂淮陽王張卬、穰王廖湛、隨王胡殷。　赤眉：又作"赤麋"。新莽天鳳五年（18），琅邪（今山東諸城市）人樊崇在莒（今山東莒縣）起兵，因以赤色塗眉爲標志，號稱"赤眉"。事見本書卷一一《劉盆子傳》。

[4]【李賢注】蝗動諭衆。【今注】蝗動：像螞蟻一樣騷動，比喻紛擾。　顛隕：覆滅，淪喪。

[5]【李賢注】文帝初，與郡守始爲銅虎符、竹使符，分持其一，以爲瑞信。剖即分也。【今注】伯玉：田邑，字伯玉。　擢選：舉拔，提拔。　剖符：謂分封、授官之稱，這裏代指郡守。案，《漢書》卷四《文帝紀》："九月，初與郡守爲銅虎符、竹使符。"應劭注曰："銅虎符第一至第五，國家當發兵遣使者，至郡合符，符合乃聽受之。竹使符皆以竹箭五枚，長五寸，鐫刻篆書，第一至第五。"張晏曰："符以代古之圭璋，從簡易也。"師古曰："與郡守爲符者，謂各分其半，右留京師，左以與之。使音所吏反。"今銅虎符所見實物有秦"陽陵銅虎符"，竹符據陳直考證，可細分

爲出入津關之符、出入宫禁之符、徵詔勞役之符、徵巡省察之符、徵詔臣工之符以及車輛之封符等六大類。今居延及肩水金關出土大量“出入符”，符長六寸（實際有出入），有刻齒，言“左居官，右移金關，符合以從事”，文號多則“十九”以至“從第一至千”。另，嶽麓書院藏秦簡見“奔驚符”長五寸，而漢出入宫中所用符即“用木，長二寸”，據此知秦漢用符不同，符之文號、尺寸均有差異。

[6]【今注】四塞：指四境均有天險，可作屏障。上黨四面環山，東南倚太行、丹朱嶺，西北屏太嶽、五雲山，謂晉之咽喉。

[7]【李賢注】三關謂上黨關、壺口關、石陘關也。陘音形。【今注】三關：上黨關，在今山西長治市屯留區西（一説在今山西晉城市南）；壺口關，今山西長治市東南壺口；石陘關，一説即井陘關，在今河北井陘礦區北井陘山上。　國蔽：國家的屏障。

[8]【李賢注】張儀説楚王曰：“秦下甲攻衞陽晉，大開天下胸。”李斯曰：“所謂借寇兵而齎盜糧也。”【今注】匈：通“胸”。胸口。　假：借。　仇讎：仇敵。

衍聞之，委質爲臣，無有二心；[1]挈瓶之智，守不假器。[2]是以晏嬰臨盟，擬以曲戟，不易其辭；[3]謝息守郕，脅以晉、魯，不喪其邑。[4]由是言之，内無鉤頸之禍，[5]外無桃萊之利，[6]而被畔人之聲，[7]蒙降城之恥，[8]竊爲左右羞之。[9]且邾庶其竊邑畔君，以要大利，曰賤而必書；莒牟夷以土地求食，而名不滅。是以大丈夫動則思禮，行則思義，未有背此而身名能全者也。[10]爲伯玉深計，[11]莫若與鮑尚書同情勠力，[12]顯忠貞之節，立超世之功。如以尊親係累之故，[13]能捐位投命，[14]歸之尚書，大義既全，敵人紓怨，[15]上不損剖符之責，下足救老幼之命，申眉高談，[16]無愧天下。若乃貪上黨之權，惜全邦之實，衍恐伯玉必懷周趙之憂，上黨復有前年之禍。[17]昔晏平仲納延陵之誨，終免欒高之難；[18]孫林父違穆子之戒，故陷終身之惡。[19]以爲伯玉聞此至言，必若刺心，[20]自非嬰城而堅守，[21]則策馬而不顧也。[22]聖人轉禍而爲福，智士因敗以成勝，願自彊於時，[23]無與俗同。

[1]【李賢注】委質猶屈膝也。《左傳》曰："策名委質，貳乃辟也。臣無二心，古之制也。"【今注】委質：引申爲臣服，歸順。　二心：異心，不忠實。

[2]【李賢注】解見《左傳》。【今注】挈瓶：汲水用的小瓶。比喻才智淺薄。案，《春秋左傳》昭公七年："雖有挈瓶之知，守不假器，禮也。"此喻慎其所有，忠於職守。　假器：借與他人器物。

[3]【李賢注】《晏子春秋》曰："齊大夫崔杼弒齊莊公，乃劫諸大夫盟。有敢不盟者，戟鉤其頸，劍承其心，曰：'不與崔氏而與公室者，盟神視之，言不疾，指不至血者死。'所殺者七人，而後及晏子。晏子奉血仰天曰：'崔氏無道而殺其君，若有能復崔氏而嬰不與，盟視之（大德本作"盟神"）。'遂仰而飲血。崔氏曰：'晏子與我，則齊國吾與共之；不與我，則戟在脰，劍在心，子圖之。'晏子曰：'劫吾以刃而失其意，非勇也。留吾以利而背其君，非義也。《詩》云："愷悌君子，求福不回。"嬰可回而求福乎？劍刃鉤之，直兵推之，嬰不革矣。'崔子遂釋之。"【今注】晏嬰：字平仲，夷維（今山東高密市）人，春秋齊國正卿。執政齊國，厲行節儉，恭謙下士，善於詞辨。後世輯有《晏子春秋》一

書。　盟：盟誓。　擬以：打算，準備。　曲戟：兵器，其頭彎曲，故稱“曲戟”。

［4］【李賢注】《左傳》孟孫之家臣謝息。孟孫從魯昭公如楚，謝息爲孟孫守郕邑。晉人來理杞田，季孫將以郕邑與之。謝息不可，曰：“夫子從君而守臣喪邑，雖吾子亦有猜焉。”季孫曰：“君之在楚，於晉罪也。又不聽晉，魯罪重矣。晉師必至，吾無以待之。”謝息曰：“古人有言，‘挈瓶之智，守不假器。’”季孫曰：“吾與子桃。”辭以無山，與之萊、柞，乃遷於桃。杜預注曰：“挈瓶，汲器，諭小智也。魯國下縣東南有桃虚。”萊、柞，二山名。【今注】謝息：春秋魯國孟孫氏的家臣，孟孫氏隨從魯昭公到楚國，謝息替孟孫氏守郕邑。　郕：都邑，在今山東寧陽縣。　脅：挾持。

［5］【今注】鉤頸：謂用兵器在頸項處鉤住首級。

［6］【李賢注】臣賢案：謝息得桃邑萊山，故言“無桃萊之利”也。但爲“萊”字似“棗”（但，大德本作“且”），文又連“桃”，後學者以“桃棗”易明，“桃萊”難悟，不究始終，輒改“萊”爲“棗”。衍集又作“菜”，或改作“桼”（改，大德本作“故”；桼，大德本作“棗”），展轉乖僻爲謬矣。

［7］【今注】被：背負，蒙受。　畔人：叛人。

［8］【今注】降城：攻克城邑。

［9］【今注】左右：不直稱對方，表示尊敬。

［10］【李賢注】庶其，邾大夫，以邾邑漆、閭丘奔魯，故言竊邑畔君以要利也。牟夷，莒大夫，竊牟婁及防兹來奔；昭公三十一年，邾黑肱以濫來奔。《左傳》曰，以地畔，求食而已，不求其名。賤而必書，以名其人，終爲不義，不可滅已。是故君子動則思禮，行則思義。或求名而不得，或欲蓋而名彰。此所謂三畔人名者也。【今注】邾庶其：春秋邾國大臣，名庶其，魯襄公二十一年（前552）以其食邑漆、閭丘逃奔魯國。　莒牟夷：春秋莒國

大夫，竊莒國的牟婁、防兹二地投奔魯國。

[11]【今注】深計：深入周密地考慮。

[12]【今注】鮑尚書：鮑永，時任尚書僕射，故稱。　勠力：併力，合力。

[13]【今注】尊親係累：指“邑迎母弟妻子，爲延所獲”。係累，束縛，牽纏。

[14]【今注】捐位：棄官。　投命：舍命。

[15]【李賢注】紓，緩也（紹興本無“也”字）。音舒。【今注】紓怨：解怨。

[16]【今注】申眉：舒眉，展眉。

[17]【李賢注】《史記》曰，趙孝成王時，韓上黨太守馮亭使人至趙曰（太，殿本作“大”）：“韓不守上黨，入之於秦，其吏人皆安爲趙，不欲爲秦。有城市邑十七，願再拜入之趙。”趙王大喜，召平陽君豹告曰：“馮亭入城市邑十七，受之何如？”豹曰：“聖人甚惡無故之利。夫秦蠶食韓氏，地中絶不令相通，韓氏所以不入於秦者，欲嫁其禍於趙，必勿受也。”趙王不聽，遂發兵取上黨，於是秦人圍趙，阬其卒四十萬。秦又圍邯鄲。又攻西周，拔之。故言懷周趙之憂。前年猶往時。【今注】周趙之憂：猶圍趙之憂。

[18]【李賢注】延陵，邑名，吴公子季札所封，故以號焉。《左傳》魯襄二十九年，季札聘齊，見晏平仲。曰：“子速納邑與政。無邑無政，乃免於難。”晏子因陳桓子以納邑與政，是以免於欒高之難。欒謂子雅，高謂子尾，皆齊大夫。《左氏》魯昭公八年，欒高作難，晏子無罪。【今注】晏平仲：即晏嬰，字平仲。春秋齊國上大夫。　延陵：邑名。在今江蘇常州市。

[19]【李賢注】孫林父，衛大夫孫文子也。穆子，魯大夫叔孫豹也。《左傳》，衛侯使孫林父聘魯，且尋盟。公登亦登，叔孫穆子相儀，趨進曰：“諸侯之會，寡君未嘗後衛君。今吾子不後寡

君，未知所過。”孫子無詞（詞，殿本作“辭”），亦無悛容。穆子曰：“孫子必亡。爲臣而君，過而不悛，亡之本也。”至襄十四年，孫林父逐出衛獻公。獻公復入國，林父遂以戚邑畔。是陷於終身之惡。【今注】孫林父：姬姓，孫氏，名林父，謚號爲“文”，故後世稱其“孫文子”。春秋衛國大夫。　穆子：叔孫豹，姬姓，叔孫氏，名豹，謚號爲“穆”，史稱“叔孫穆子”或“穆子”。春秋魯國大夫，曾提出“立德、立功、立言”的三不朽説。

[20]【今注】刺心：刺痛内心。

[21]【今注】嬰城：環城而守。

[22]【李賢注】言不過爲二塗而已。

[23]【今注】自彊：自己努力圖强。

邑報書曰：

僕雖駑怯，[1]亦欲爲人者也，豈苟貪生而畏死哉！[2]曲戟在頸，不易其心，誠僕志也。[3]

[1]【今注】僕：對自己的謙稱。　駑怯：愚鈍怯弱。

[2]【今注】苟：苟且。

[3]【今注】誠：確實。

間者，[1]老母諸弟見執於軍，[2]而邑安然不顧者，[3]豈非重其節乎？若使人居天地，[4]壽如金石，要長生而避死地可也。今百齡之期，未有能至，老壯之閒，相去幾何。[5]誠使故朝尚在，[6]忠義可立，雖老親受戮，[7]妻兒横分，[8]邑之願也。

[1]【今注】間者：近來。

[2]【今注】見執：被拘繫。

[3]【今注】安然：心神安定貌。

[4]【今注】若使：假使。

[5]【今注】幾何：猶若干，多少。

[6]【今注】故朝：指更始政權。

[7]【今注】老親：年老的父母。

[8]【今注】横分：身首分離，謂斬首。

間者，上黨黠賊，[1]大衆圍城，義兵兩輩，[2]入據井陘。[3]邑親潰敵圍，[4]拒擊宗正，[5]自試智勇，[6]非不能當。誠知故朝爲兵所害，新帝司徒已定三輔，[7]隴西、北地從風響應。[8]其事昭昭，[9]日月經天，河海帶地，不足以比。[10]死生有命，富貴在天。[11]天下存亡，誠云命也。邑雖没身，能如命何？

[1]【今注】黠賊：狡猾的賊寇。

[2]【今注】輩：量詞。批、群。

[3]【今注】井陘：在今河北井陘礦區西北井陘鄉井陘山上。

[4]【今注】親潰：親自擊潰。

[5]【李賢注】即劉延。

[6]【今注】自試：自我考量。

[7]【李賢注】謂鄧禹也。【今注】新帝：謂劉秀。 司徒：謂鄧禹，禹，字仲華，南陽新野（今河南新野縣）人。東漢軍事家，雲臺二十八將第一位。傳見本書卷一六。 三輔：京兆尹、左馮翊、右扶風。

[8]【今注】隴西：郡名。治狄道縣（今甘肅臨洮縣南）。

北地：郡名。治馬嶺縣（今甘肅環縣東南）。此處意指隗囂已經歸順。

［9］【今注】昭昭：明白，顯著。

［10］【李賢注】言明白也。【今注】日月經天河海帶地：言日月每天經過天空，江河永遠流經大地，比喻人事永恒。

［11］【李賢注】《論語》子夏之詞（詞，殿本作“辭”）。【今注】死生有命富貴在天：語見《論語·顏淵》。

夫人道之本，有恩有義，義有所宜，恩有所施。君臣大義，母子至恩。今故主已亡，義無誰爲；[1]老母拘執，恩所當留。而厲以貪權，[2]誘以策馬，抑其利心，[3]必其不顧，何其愚乎！

［1］【今注】案，無，大德本、殿本作“其”，是。

［2］【今注】厲：諷勸。

［3］【今注】抑：抑制。

邑年三十，歷位卿士，[1]性少嗜慾，情厭事爲。[2]況今位尊身危，財多命殆，鄙人知之，[3]何疑君子？

［1］【今注】卿士：卿大夫。

［2］【今注】性少嗜慾情厭事爲：謂本性并無多的嗜好和欲望，且厭惡多事妄爲。

［3］【今注】鄙人：自稱的謙辭。

君長、敬通[1]揭節垂組，自相署立。[2]蓋仲由使門人爲臣，孔子譏其欺天。[3]君長據位兩州，加以一郡，[4]而河東畔國，兵不入匈，[5]上黨見圍，不窺大谷，[6]宗正臨境，莫之能援。兵威屈辱，國權日損，三王背畔，赤眉害主，未見兼行倍道之赴，[7]若墨翟累繭救宋，[8]申包胥重胝存楚，[9]衛女馳歸唁兄之志。[10]主亡一歲，莫知定所，虚冀妄言，[11]苟肆鄙塞。[12]未能事生，安能事死？[13]未知爲臣，焉知爲主？豈厭爲臣子，思爲君父乎！欲摇太山而蕩北海，[14]事敗身危，要思邑言。

[1]【李賢注】君長，鮑永字也。【今注】敬通：馮衍，字敬通。

[2]【李賢注】揭音其謁反，謂負也。【今注】案，節，指符節。 組：指佩印用的綬。

[3]【李賢注】孔子有疾，仲由欲使門人爲臣，以大夫之禮葬孔子。孔子謂曰："由之行詐也！吾誰欺，欺天乎？"事具《論語》（具，大德本作"見"）。【今注】仲由：字子路，魯國卞（今山東泗水縣東）人。孔門十哲之一。 案，事見《論語·子罕》。

[4]【李賢注】《衍集》鮑永行將軍事，安集并州，擁兵屯太原，與太原李仲房同心并力。

[5]【李賢注】聞更始敗，故諸國畔也。不入匈，言不征之也。匈，縣名，屬河東郡，順帝改曰永安。【今注】河東：黄河流經今山西境，自北向南，故山西境黄河以東地區爲"河東"。 匈：縣名。治所在今山西霍州市。

[6]【李賢注】即上所謂黠賊所圍城者也。大谷自太原趣上黨之道。不窺言不來救也。今并州大谷縣西有大谷是也。【今注】

案，章懷注大谷縣，即漢陽邑縣。《隋書·地理志中》云："太谷，舊曰陽邑，開皇十八年改焉。"

［7］【今注】兼行倍道：日夜兼程，加倍行軍。

［8］【今注】案，若，大德本作"昔"。　墨翟：墨子，名翟，戰國初期宋國人，墨家學派的創始人，提出"兼愛""非攻""尚賢""節用"等主張，後世輯有《墨子》一書。　累繭：謂久行，足上磨出厚繭。

［9］【今注】申包胥：羋姓，名包胥，因封於申邑，故稱申包胥。春秋楚國大夫。　重胝：手脚上的厚繭。

［10］【李賢注】衛女，衛宣公庶子頑之女，爲許穆公夫人，其兄即戴公。弔失國曰唁。衛懿公爲狄所滅，戴公乃立廬于曹邑。許穆夫人閔衛亡，思歸唁之，不得，乃賦《載馳》之詩。事見《左傳》。

［11］【今注】虚冀：徒然希望。虚，副詞。徒然，不起作用。　妄言：胡說，隨便一說。

［12］【今注】苟：暫且，勉强。　肆：極力，勤苦。　鄙塞：鄙野邊塞。

［13］【今注】案，《論語·先進》孔子曰："未能事人，焉能事鬼？"又說："未知生，焉知死？"

［14］【李賢注】言不可也。孟子曰："挾太山而超北海"也（太，大德本、殿本作"泰"）。【今注】摇太山而蕩北海：比喻不能辦到的事。太，大德本、殿本作"泰"。

衍不從。或訛言更始隨赤眉在北，[1]永、衍信之，故屯兵界休，[2]方移書上黨，[3]云皇帝在雍，[4]以惑百姓。[5]永遣弟叔及子壻張舒誘降涅城，[6]舒家在上黨，邑悉繫之。又書勸永降，永不答，[7]自是與邑有隙。[8]邑字伯玉，馮翊人也，後爲漁陽太守。[9]永、衍審知更始已歿，[10]乃共罷兵，幅巾降於河内。[11]

［1］【李賢注】訛，僞也。【今注】訛言：猶謡言。

［2］【李賢注】界休，縣，屬太原郡，今汾州縣。【今注】界休：縣名。治所在今山西介休市東南，西晉時改爲介休縣。

［3］【今注】移書：遞送文書。

［4］【今注】雍：縣名。在今陝西寶鷄市鳳翔區西南豆腐村、河南屯之間。

［5］【今注】惑：迷惑。

［6］【李賢注】《東觀記》曰："叔及舒等謀使營尉李匡先反涅城（叔，大德本、殿本作'升'），開門内兵，殺其縣長馮晏，立故謁者祝回爲涅長。"涅，縣名，屬上黨郡，故城在今潞州鄉縣西。涅音奴結反。【今注】案，叔，大德本、殿本作"升"。

［7］【李賢注】《東觀記》載邑書曰："愚聞丈夫不釋故而改圖，哲士不徼幸而出危。今君長故主敗不能死，新帝立不肯降，擁衆而據壁，欲襲六國之從。與邑同事一朝，内爲刎頸之盟，興兵背畔，攻取涅城。破君長之國，壞父母之鄉，首難結怨，輕弄凶器。人心難知，何意君長當爲此計。昔者韓信將兵，無敵天下，功不世出，略不再見，威執項羽，名出高帝，不知天時，就亨於漢。智伯分國，既有三晉，欲大無已，身死地分，頭爲飲器。君長銜命出征，擁帶徒士，上黨阸不能救，河東畔不能取，朝有顛沛之憂，國有分崩之禍，上無仇牧之節，下無不占之志。天之所壞，人不能支。君長將兵不與韓信同日而論，威行得衆不及智伯萬分之半，不見天時，不知厭足。欲明人臣之義，當先知故主之未然；欲貪天下之利，宜及新主之未爲。今故主已敗，新主既成，四海爲羅網，天下爲敵人，舉足遇害，動摇觸患，履深泉之薄冰不爲嚇（泉，殿本作'淵'），涉千鈞之發機不知懼，何如其知也？絶鮑氏之姓，廢子都之業，誦堯之言，服桀之行，悲夫命也。

張舒内行邪孽，不遵孝友，疏其父族，外附妻黨，已收三族，將行其法。能逃不自詣者舒也，能夷舒宗者予也。”永邑遂結怨焉。

［8］【今注】有隙：有嫌隙，有怨恨。

［9］【李賢注】《東觀記》曰：“邑，馮翊蓮芍人也。其先齊諸田，父豐，爲王莽著威將軍。邑有大節，涉學藝，能善屬文。爲漁陽太守，未到官，道病，徵還爲諫議大夫，病卒。”【今注】馮翊：政區名。三輔之一，轄今陝西韓城市、黄龍縣以南，白水縣、蒲城縣以東和渭河以北地區。　漁陽：郡名。治漁陽縣（今北京市懷柔區北房鎮梨園莊東）。

［10］【今注】審知：經審查而明白。

［11］【李賢注】不加冠幘，但以一幅巾飾首而已。【今注】案，《資治通鑑》卷四〇《漢紀》世祖光武皇帝建武二年胡三省注：“杜佑曰：按巾，六國時趙、魏之間通謂之承露，庶人及軍旅皆服之。賢曰：幅巾，謂不着冠，但幅巾束首也。傅玄子曰：漢末，王公卿士多委王服，以幅巾爲雅，是以袁紹、崔鈞之徒雖爲將帥，皆着縑巾。上，時掌翻。”《考異》曰：《鮑永傳》稱“永等降於河内，時攻懷未拔，帝謂永曰：‘我攻懷三日而城不下，關東畏服卿，可且將故人自往城下譬之。’即拜永諫議大夫。至懷，乃説更始河内太守，於是開城而降”。按光武未都洛陽以前屢幸懷，又祠高祖於懷宫，並無更始河内太守據懷事。《本紀》亦無攻懷一節。按田邑書稱“主亡一歲，莫知定所”，則永、衍之降必在此年。而《帝紀》光武此年不曾幸河内，但有幸脩武事。然則永、衍實降於脩武。脩武，亦河内縣也。其稱降懷等事，當是史誤，故皆略之。

帝怨衍等不時至，[1]永以立功得贖罪，遂任用之，[2]而衍獨見黜。[3]永謂衍曰：“昔高祖賞季布之罪，誅丁固之功。[4]今遭明主，亦何憂哉！”衍曰：“記有之，人有挑其鄰人之妻者，[5]挑其長者，長者詈之，[6]

挑其少者，少者報之，[7]後其夫死而取其長者。或謂之曰：'夫非罵爾者邪？'曰：'在人欲其報我，在我欲其罵人也。'[8]夫天命難知，人道易守，守道之臣，何患死亡？"頃之，[9]帝以衍爲曲陽令，[10]誅斬劇賊郭勝等，[11]降五千餘人，論功當封，以讒毁，[12]故賞不行。

［1］【今注】不時：不及時。

［2］【李賢注】立功謂説下懷。

［3］【今注】黜：貶降，不任用。

［4］【李賢注】季布，項羽將。數窘漢王。漢王即位，赦布以爲郎中。丁固，季布母弟。爲項羽將，亦窘高祖，高祖急，顧謂丁固曰："兩賢豈相厄哉！"丁公引還。高祖即位，丁固謁見。高祖曰："使項王失天下者丁公也。"遂斬之。【今注】季布：楚地人，曾效力項羽，爲人有信義，留下"一諾千金"的典故。漢惠帝時官至中郎將，文帝時任河東郡守。　案，事見《史記》卷一〇〇《季布欒布列傳》。

［5］【今注】挑：挑逗。

［6］【今注】詈：罵。

［7］【今注】報：回復。

［8］【李賢注】此並陳軫對秦王之詞也（王，紹興本作"主"；詞，殿本作"辭"）。見《戰國策》。引之者，言己爲故主守節，亦冀新帝重之也。挑音徒了反。【今注】在人欲其報我在我欲其罵人也：語見《戰國策·秦策》。

［9］【今注】頃之：不久。

［10］【李賢注】曲陽，縣名，屬常山郡，故城在今定州彭城縣西也。【今注】曲陽：縣名。治所在今江蘇沭陽縣東南。

［11］【今注】劇賊：强悍的盗賊，亦用此稱反叛者。

［12］【今注】讒毁：因讒言遭到詆毁。

建武六年日食，[1]衍上書陳八事：其一曰顯文德，[2]二曰褒武烈，[3]三曰修舊功，四曰招俊傑，[4]五曰明好惡，六曰簡法令，七曰差秩禄，[5]八曰撫邊境。書奏，帝將召見。初，衍爲狼孟長，[6]以罪摧陷大姓令狐略，[7]是時略爲司空長史，[8]讒之於尚書令王護、尚書周生豐曰："衍所以求見者，欲毁君也。"[9]護等懼之，即共排間，[10]衍遂不得入。

[1]【李賢注】《續漢志》曰："建武六年九月丙寅晦，日有食之，史官不見，郡以聞。"

[2]【今注】文德：指禮樂教化。

[3]【今注】武烈：猶武功。

[4]【今注】俊傑：才智出衆的人。

[5]【今注】秩禄：俸禄。

[6]【今注】狼孟長：狼孟縣長。本書《百官志五》："縣萬户以上爲令，不滿爲長。"

[7]【今注】令狐：爲太原、弘農郡望。

[8]【今注】長史：官名。秦置，漢因之，署諸曹事。丞相、太尉、三公及將軍府屬吏均有長史。邊陲郡守亦置長史，掌兵馬，如西域將兵長史。

[9]【李賢注】《風俗通》曰："周生，姓也。"《豫章舊志》曰："豐字偉防，太山南武陽人也。建武七年爲豫章太守，清約儉惠。"【今注】尚書令：官名。秦置，爲尚書之長，掌凡選署及奏下尚書曹文書衆事。西漢武帝用宦者，更爲中書謁者令。成帝去中書謁者令官，更以士人爲尚書令。後漢衆務，悉歸尚書，三公但受成事而已。尚書令主贊奏事，總領紀綱，無所不統。與司隸校尉、御史中丞朝會皆專席而坐，京師號曰"三獨坐"。故公爲令、僕射

者，朝會不陛奏事。天子封禪，則尚書令奉玉牒檢兼藏封之禮。

[10]【今注】排間：排擠離間。

後衛尉陰興、新陽侯陰就以外戚貴顯，深敬重衍，衍遂與之交結，由是爲諸王所聘請，[1]尋爲司隸從事。[2]帝懲西京外戚賓客，[3]故皆以法繩之，[4]大者抵死徙，[5]其餘至貶黜。[6]衍由此得罪，嘗自詣獄，有詔赦不問。[7]西歸故郡，閉門自保，不敢復與親故通。

[1]【李賢注】興及就並光烈皇后母弟也。衍集與陰就書曰："衍聞神龍驤首，幽雲景蒸，明聖修德，志士思名。是以意同情合，聲比則應也（則，殿本作'相'）。伏見君侯忠孝之性，慈仁殷勤，論議周密，思慮深遠。顧以微賤，數蒙聖恩，被侯大惠。衍年老被病，恐一旦無禄，命先犬馬，懷抱不報，齎恨入冥，思剖肝膽，有以塞責。方今天下安定，四海咸服，蒙恩更生之臣，無所效其死力。側聞東平、山陽王壯當之國，擇除官屬，衍不自量，願侯白以衍備門衛。鄙語曰：'水不激不能破舟，矢不激不能飲羽。'不念舊惡，名賢所高。負責之臣，欲言不敢，惟侯哀憐，深留聖心，則闔棺之日，魂復何恨。"【今注】衛尉：始於戰國，秦漢因之。掌宮門衛士及宮中徼循事，有長樂衛尉、甘泉衛尉、未央衛尉等。西漢景帝初改名爲中大夫令，後元年復舊稱。王莽改爲大衛。東漢時總領南、北宮衛士令丞，又轄左右都候、諸宮掖門司馬。　陰興：字君陵，南陽新野（今河南新野縣）人。光烈陰皇后同母弟，東漢外戚。傳見本書卷三二。　陰就：東漢外戚，光武帝皇后陰麗華之弟，光武帝建武九年（33）封新陽侯。新陽侯國都在今安徽界首市光武鎮小黄行政村尹城子南。事見本書卷三二《陰興傳》。　交結：交往，結交。

[2]【今注】司隸從事：司隸校尉之僚佐。有都官從事、功曹

從事、別駕從事、簿曹從事、兵曹從事等。

［3］【今注】案，事見本書卷一下《光武帝紀下》："夏六月丁卯，沛太后郭氏薨，因詔郡縣捕王侯賓客，坐死者數千人。"西京，指長安。

［4］【今注】繩：約束，制裁。

［5］【今注】死徙：死刑和徙刑（流刑）。

［6］【今注】貶黜：降職或免官。

［7］【李賢注】時衍又與就書曰："奏曹掾馮衍叩頭死罪：衍材素愚駑，行義汙穢，外無鄉里之譽，内無汗馬之勞，猥蒙明府天覆之德，華寵重疊。間者，掾史疑衍之罪，衆煦飄山，當爲灰土。賴蒙明察，揆其素行，復保首領。倍知厚德篤於慈父，寖淫肌膚，滲漉骨髓，德重山岳，澤深河海。前送妻子還淄縣，遭雨逢暑，以七月還。至陽武，聞詔捕諸王賓客，惶怖詣闕，冀先事自歸。十一日到，十二日書報歸田里。即日束手詣洛陽詔獄，十五日夜詔書勿問。得出，遭雨，又疾，大困（大，大德本作'太'）。冀高世之德，施以田子老馬之惠，贈以秦穆駿馬之恩，使長有依歸，以效忠心。"

後漢書　卷二八下

列傳第十八下

馮衍 子豹

建武末，上疏自陳曰：

臣伏念高祖之略而陳平之謀，毁之則疏，譽之則親。[1]以文帝之明而魏尚之忠，繩之以法則爲罪，施之以德則爲功。[2]逮至晚世，[3]董仲舒言道德，見妒於公孫弘，[4]李廣奮節於匈奴，見排於衞青，[5]此忠臣之常所爲流涕也。臣衍自惟微賤之臣，[6]上無無知之薦，[7]下無馮唐之説，[8]乏董生之才，寡李廣之埶，而欲免讒口，濟怨嫌，[9]豈不難哉！

[1]【李賢注】《史記》曰，魏無知薦陳平於高祖，高祖以平爲將。絳、灌等咸譖平曰："雖美丈夫，如冠玉耳，居家盜嫂。今大王令護軍，諸將金多者得善處，金少者得惡處。"高祖讓魏無知。無知曰："臣所言者能也，陛下所問者行也。楚漢相拒，臣進

奇謀之士。盜嫂受金，又何足疑。”高祖乃令平盡護諸將也。【今注】陳平：字孺子，陽武户牖（今河南原陽縣）人。西漢開國功臣之一，官至丞相。世家見《史記》卷五六，傳見《漢書》卷四〇。　毀之則疏譽之則親：《後漢紀》卷八《光武帝紀》建武二十八年（52）作“毀之則疎，與之則親”。

［2］【李賢注】魏尚，槐里人，文帝時爲雲中守，匈奴不近雲中。後坐上首虜差六級，下之吏，罰作之。馮唐諫文帝曰：“臣愚以爲陛下法太明，罰太重，賞太輕。”帝悦。是日令唐持節赦尚，復以爲雲中守也。【今注】魏尚：西漢槐里（今陝西興平市）人，文帝時期任雲中（今内蒙古托克托縣東北）太守。

［3］【今注】逮至：及至。　晚世：近世。

［4］【李賢注】《史記》曰，董仲舒爲人廉直，公孫弘習《春秋》不如董生。弘希時用事，位至公卿，仲舒以弘爲從諛，弘嫉之。時膠西王帝兄，驕縱，弘乃言於上曰：“獨仲舒可使相膠西。”膠西王素聞仲舒，亦善待之。【今注】董仲舒：廣川（今河北棗强縣東）人。治《公羊春秋》。舉賢良文學，上《天人三策》。西漢孝景帝時爲博士。武帝采納其議，罷黜百家，表彰六經。傳見《史記》卷一二一、《漢書》卷五六。　公孫弘：字次卿，齊地菑川（今山東壽光市紀臺鎮）人。公羊學家。漢武帝時任丞相。傳見《史記》卷一二一、《漢書》卷五八。

［5］【李賢注】《史記》曰，李廣，隴西成紀人也。爲前將軍，從衞青討匈奴。青不使當匈奴，廣乃失道後期，青令對簿，廣乃引刀自刎。知與不知，莫不流涕。【今注】李廣：隴西成紀（今甘肅静寧縣）人，西漢名將，秦朝名將李信之後，多次從擊匈奴，稱“飛將軍”。傳見《史記》卷一〇九、《漢書》卷五四。　排：排斥，排擠。本書卷三六《賈逵傳》：“諸儒内懷不服，相與排之。”章懷注：“排，擯却也。”　衞青：字仲卿，河東平陽（今山西臨汾市）人。西漢名將，武帝皇后衞子夫之弟，官至大司馬大將

軍，封長平侯。傳見《史記》卷一一一、《漢書》卷五五。

[6]【今注】惟：思考。

[7]【今注】無知：魏無知，秦末人，曾向漢高祖劉邦推薦陳平。

[8]【今注】馮唐：祖上爲戰國趙國人，其父徙居代郡（今河北蔚縣），漢興徙安陵（今陝西咸陽市西北），以孝行著稱，侍文帝。景帝時期，官至楚相。傳見《史記》卷一〇二、《漢書》卷五〇。

[9]【今注】濟：止。　怨嫌：怨恨，嫌隙。

臣衍之先祖，以忠貞之故，成私門之禍。[1]而臣衍復遭擾攘之時，[2]值兵革之際，[3]不敢回行求時之利，[4]事君無傾邪之謀，[5]將帥無虜掠之心。[6]衛尉陰興，[7]敬慎周密，[8]内自修敕，[9]外遠嫌疑，[10]故敢與交通。[11]興知臣之貧，數欲本業之。[12]臣自惟無三益之才，不敢處三損之地，固讓而不受之。[13]昔在更始，[14]太原執貨財之柄，[15]居蒼卒之間，[16]據位食禄二十餘年，[17]而財産歲狹，[18]居處日貧，家無布帛之積，[19]年無輿馬之飾。[20]於今遭清明之時，[21]飭躬力行之秋，[22]而怨讎叢興，[23]譏議横世。[24]蓋富貴易爲善，貧賤難爲工也。[25]疏遠壟畝之臣，無望高闕之下，[26]惶恐自陳，以救罪尤。[27]

[1]【李賢注】衍之祖馮參忠正，不屈節於王氏五侯。參姊爲中山王太后，後爲哀帝祖母，傅太后陷以大逆，參自殺，親族死者十七人。見《前書》。【今注】忠貞：忠誠堅貞。　私門：猶

家門。事見《漢書》卷七九《馮奉世傳》。

［2］【今注】擾攘：混亂，騷亂。

［3］【今注】兵革：指戰争。

［4］【李賢注】回，邪也。【今注】回行：邪行，不走正道。漢崔瑗《司隸校尉箴》："乃回乃邪。實爲讒慝。"

［5］【今注】傾邪：邪僻不正。

［6］【今注】虜掠：搶劫，掠奪。

［7］【今注】衛尉：始於戰國，秦漢因之。掌宫門衛士及宫中徼循事，有長樂衛尉、甘泉衛尉、未央衛尉等。景帝初改名爲中大夫令，後元元年（前143）復舊稱。王莽時改爲大衛。東漢時總領南、北宫衛士令丞，又轄左右都候、諸宫掖門司馬。　陰興：字君陵，南陽新野（今河南新野縣）人。光烈陰皇后同母弟，東漢外戚。

［8］【今注】敬慎：恭敬謹慎。

［9］【今注】修敕：謹慎不逾矩。

［10］【今注】嫌疑：事有同異而可疑者。

［11］【今注】案，《漢書·諸侯王表》："作左官之律，設附益之法。"張晏注曰："律鄭氏説，封諸侯過限曰附益。或曰阿媚王侯，有重法也。"師古曰："附益者，蓋取孔子云'求也爲之聚斂而附益之'之義也，皆背正法而厚於私家也。"又本書卷一下《光武帝紀下》："詔有司申明舊制阿附蕃王法。"章懷注："武帝時有淮南、衡山之謀，作左官之律，設附益之法。"《前書音義》曰："人道尚右，言捨天子，仕諸侯爲左官。左，僻也。"阿曲附益王侯者，將有重法。是爲舊制，今更申明之。

［12］【李賢注】欲遺其財，爲立基本生業也。

［13］【李賢注】《論語》載孔子言曰"益者三友，損者三友"，故衍引以爲言也。【今注】案，孔子曰："益者三友，損者三友。友直，友諒，友多聞，益矣。友便辟，友善柔，友便佞，損

矣。”三益，謂直、諒、多聞。三損。謂便辟、善柔、便佞。邢昺疏：“便辟，巧辟人之所忌以求容媚者也。善柔，謂面柔和顏悦色以誘人者也。便，辨也，謂佞而復辨。”

［14］【今注】更始：本指劉玄稱帝時的年號（23—25），這裏指更始政權。

［15］【今注】太原：郡名。治晉陽縣（今山西太原市西南汾水東岸）。

［16］【今注】蒼卒：即倉猝。

［17］【今注】案，衍爲立漢將軍，領狼孟長，屯太原。

［18］【今注】狹：不豐裕。

［19］【今注】布帛：古代以麻、葛爲布，絲織品爲帛，故以“布帛”統稱衣著用品的材料。

［20］【今注】輿馬：猶車馬。

［21］【今注】清明：指政治有法度、有條理。

［22］【李賢注】力行謂盡力行善道也。《禮記》曰“好問近於智，力行近乎仁”也。

［23］【今注】怨讎：仇敵。　叢：衆多。

［24］【今注】譏議：譏評非議。　横世：充滿世間。

［25］【今注】案，漢王符《潛夫論》卷八《交際》曰：“富貴易得宜，貧賤難得適。”　工：巧飾也。

［26］【今注】疏遠壟畝之臣無望高闕之下：《後漢紀》卷八《光武帝紀》建武二十八年（52）作“疏遠隴畝之臣，無望高闕之日”。壟畝之臣，即草茅之臣。《儀禮·士相見禮》曰：“宅者在邦則曰市井之臣，在野則曰草茅之臣。”

［27］【今注】罪尤：罪過。

書奏，猶以前過不用。

衍不得志，退而作賦，又自論曰：

馮子以爲夫人之德，不碌碌如玉，落落如石。[1]風興雲蒸，一龍一蛇，與道翱翔，與時變化，夫豈守一節哉？[2]用之則行，舍之則臧，[3]進退無主，屈申無常。[4]故曰：“有法無法，因時爲業，有度無度，與物趣舍。”[5]常務道德之實，[6]而不求當世之名，闊略抄小之禮，[7]蕩佚人間之事。[8]正身直行，恬然肆志。[9]顧嘗好俶儻之策，時莫能聽用其謀，[10]喟然長歎，[11]自傷不遭。[12]久棲遲於小官，不得舒其所懷。[13]抑心折節，[14]意悽情悲。[15]夫伐冰之家，不利雞豚之息；[16]委積之臣，不操市井之利。[17]況歷位食禄二十餘年，[18]而財産益狹，居處益貧。惟夫君子之仕，行其道也。[19]慮時務者不能興其德，[20]爲身求者不能成其功。[21]去而歸家，復羇旅於州郡，[22]身愈據職，[23]家彌窮困，卒離飢寒之災，[24]有喪元子之禍。[25]

[1]【李賢注】老子《德經》之詞也（德經，殿本作“道德經”；詞，殿本作“辭”）。言可貴可賤，皆非道真。玉貌碌碌，爲人所貴，石形落落，爲人所賤，賤既失矣，貴亦未得。言當處才不才之閒。【今注】不碌碌如玉落落如石：馬王堆帛書《老子》乙本：“是故不欲禄禄如玉，硌硌若石。”碌碌，玉石美好貌。落落，粗劣貌。

[2]【李賢注】風興雲蒸，言相須也。東方朔《誡子書》曰：“聖人之道，一龍一蛇，形見神藏，與物變化，隨時之宜，無有常處。”化音協韻音花。【今注】風興雲蒸：又作“風起雲蒸”，比喻

事物迅猛興起，聲勢浩大。　一龍一蛇：比喻時隱時顯，變化莫測。　翱翔：迴旋高飛。

［3］【今注】臧：通“藏”。

［4］【今注】屈申：猶屈伸，指進退。

［5］【李賢注】《史記》司馬談之詞也（詞，殿本作“辭”）。言法度是非，皆隨時俗。物所趨則向之，所舍則違之，所謂隨時之義也。【今注】業：業用，依次采用。　趣舍：即取舍。

［6］【今注】常務：時常致力於。

［7］【今注】闊略：粗疏。　案，抄小，紹興本、殿本作“杪小”。杪（miǎo）小，微小。

［8］【李賢注】放蕩縱逸，不拘恒俗也。

［9］【今注】恬然：安然，不在意。　肆志：快意，隨心，縱情。

［10］【李賢注】顧猶及也。俶儻，卓異貌也。【今注】俶儻：卓異不凡。《史記》卷八三《魯仲連列傳》：“好奇偉俶儻之畫策”，《索隱》按：《廣雅》云“俶儻，卓異也”。《正義》：俶，天歷反。

［11］【今注】喟然：感嘆。

［12］【李賢注】遭，遇也。【今注】案，哀嘆生不逢時。

［13］【李賢注】棲遲猶偃息也。【今注】棲遲：滯留。《毛詩·北山》：“棲遲偃仰。”

［14］【今注】抑心折節：抑制内心，强自克制，改變平素志行。

［15］【今注】悽：悽切。

［16］【李賢注】言食厚禄不當求小利也。《禮記》曰：“畜馬千乘，不察於雞豚。伐冰之家不畜牛羊。”伐冰謂卿大夫以上，以其喪祭得賜冰（冰，大德本作“水”），故言伐冰也（冰，大德本作“水”）。《韓詩外傳》曰：“天子不言多少，諸侯不言利害，大夫不言委積，四馬之家不恃雞豚之息（四，大德本、殿本作

‘駟’），伐冰之家不恃牛羊之入”也。【今注】伐冰之家：卿大夫以上的貴族之家。古代卿大夫以上喪祭得以用冰。冰，大德本作“水”。　利：利入，指收益。　息：滋養，生長。

［17］【李賢注】《韓詩外傳》曰：“千乘之君不通貨財，委積之臣不操市井之利，是以貧窮有所歡，而孤寡有所措”也。【今注】委積：積聚，儲備。　案，探，大德本、殿本作“操”。

［18］【今注】歷位：任職，在職。

［19］【今注】案，《論語·微子》：“君子之仕也，行其義也。道之不行也，已知之矣。”

［20］【今注】時務：時勢。

［21］【今注】身求：爲自身謀求、考慮。

［22］【李賢注】言不可兼也。【今注】羇旅：寄居異鄉。《左傳》莊公二十二年“羈旅之臣”，杜預注：“羈，寄也；旅，客也。”

［23］【今注】擄：占據，占有。

［24］【今注】卒：最終。　離：遭受。

［25］【今注】元子：首子。即長子。

先將軍葬渭陵，哀帝之崩也，營之以爲園。[1]於是以新豐之東，鴻門之上，壽安之中，[2]地埶高敞，四通廣大，南望酈山，[3]北屬涇渭，[4]東瞰河華，[5]龍門之陽，三晉之路，[6]西顧酆鄗，周秦之丘，宮觀之墟，[7]通視千里，[8]覽見舊都，遂定塋焉。[9]退而幽居。[10]蓋忠臣過故墟而歔欷，孝子入舊室而哀歎。[11]每念祖考，[12]著盛德於前，垂鴻烈於後，[13]遭時之禍，[14]墳墓蕪穢，春秋蒸嘗，昭穆無列。[15]年衰歲暮，悼無成功，[16]將西田牧肥饒之野，[17]殖生產，修孝道，營宗廟，廣祭祀。

然後闔門講習道德，[18]觀覽乎孔老之論，[19]庶幾乎松喬之福。[20]上隴阪，[21]陟高岡，[22]游精宇宙，流目八紘。[23]歷觀九州山川之體，追覽上古得失之風，愍道陵遲，[24]傷德分崩。夫覩其終必原其始，[25]故存其人而詠其道。疆理九野，經營五山，眇然有思陵雲之意。[26]乃作賦自厲，[27]命其篇曰"顯志"。[28]顯志者，言光明風化之情，昭章玄妙之思也。[29]其辭曰：

[1]【李賢注】奉世爲右將軍，即衍之曾祖，故言"先將軍"。渭陵，元帝陵，在長安北五十里。哀帝義陵在長安北四十六里。奉世墓入義陵塋中，所以衍不得入葬而別求也。【今注】先將軍：馮奉世，字子明，上黨潞（今山西潞城市）人。西漢大臣，官至執金吾。傳見《漢書》卷七九。　渭陵：西漢元帝的陵墓，位於今陝西咸陽市渭城區周陵鎮新莊村東南。　案，漢哀帝劉欣，崩於元壽二年（前1）。

[2]【李賢注】太上皇思東歸，乃遷豐邑人於此立縣，故曰新豐。鴻門，阪名。《前書音義》曰："在新豐東十七里，舊大道北下阪口。"【今注】新豐：縣名。漢高祖十年（前197）以驪邑縣改名，治所在今陝西西安市臨潼區東北陰盤城。　鴻門：在今陝西西安市臨潼區東。　壽安：在今河南宜陽縣東南。

[3]【今注】酈山：位於今陝西西安市臨潼區城南。

[4]【今注】涇渭：涇水和渭水。

[5]【今注】瞰：遠望。　河華：黄河和華山。

[6]【李賢注】龍門，河所經，今絳州縣也。三晉謂韓、趙、魏也。【今注】龍門：龍門山，在今陝西韓城市與山西河津市之間。　三晉：泛指韓、趙、魏故地。

［7］【李賢注】酆、鄗，二水名，周文王都酆，武王都鄗。秦本封在隴西秦縣，周平王東遷以後，秦始有岐周之地（周，大德本作"州"），故總言周秦之丘。丘亦墟也。【今注】酆：在今陝西西安市長安區西北灃河西岸。　鄗：在今陝西西安市。　丘：廢墟，故墟。

［8］【今注】通視：遍視，通覽。

［9］【李賢注】衍墓在今新豐縣南四里。

［10］【今注】幽居：隱居。

［11］【李賢注】《史記》曰，箕子朝周過殷墟，感生禾黍，箕子傷之，欲哭則不可，欲泣爲其近婦人，乃作《麥秀》之詩。殷人聞之，皆爲流涕。《禮記·檀弓》曰"反哭升堂，反諸其所作也。入室，反諸其所養也。反而亡焉，失之，哀於是爲甚"也。【今注】歔欷：抽噎，嘆息。　舊室：泛指出生或曾經居住的老屋。

［12］【今注】祖考：泛指父祖之輩。生曰父，死曰考。

［13］【今注】鴻烈：宏大的功業。

［14］【今注】案，此句指：馮衍之祖父馮參爲人剛正不阿，不屈節於王氏五侯，親族十七人卒死於非罪。

［15］【李賢注】司馬相如賦曰："墳墓蕪穢而不修。"父爲昭，子爲穆，昭南面，穆北面也。【今注】蕪穢：荒蕪，雜草叢生。　蒸嘗：或作"烝嘗"，秋曰嘗，冬曰烝。指古代按季節在宗廟舉行的祭祀。後泛指祭祀。　昭穆：古代宗廟裏祖先牌位的排列次序，始祖居中，父子以下相遞爲昭穆，昭位於左，穆位於右。這裏是説没有應有的次序。

［16］【今注】悼：哀悼。

［17］【今注】田牧：農牧生産。　肥饒：肥沃富饒。

［18］【今注】闔門：關閉門户。　講習：講議研習。

［19］【今注】孔老之論：指孔子、老子的學説。

［20］【李賢注】《列仙傳》，赤松子，神農時雨師也。服水

玉，能入火不燒（不，大德本作“自”）。常止西王母石室中，能隨風上下。王子喬，周靈王太子晉也。好吹笙，作鳳鳴，游伊洛之閒，道人浮丘公接以上嵩高山，遂仙去也。【今注】庶幾：或許可以，表示希望或推測。

［21］【今注】隴阪：隴山，位於今陝西隴縣和甘肅静寧、清水、鎮原縣境。《漢書·地理志下》注引應劭曰：“天水有大坡，名曰隴阪。”

［22］【今注】陟：登上。　高岡：高的山脊。

［23］【李賢注】《尹文子》曰：“四方上下曰宇。”《蒼頡篇》曰：“舟輿所届曰宙。”《淮南子》曰：“九州之外乃有八寅，八寅之外乃有八紘”也。【今注】游精：游神，游心。　流目：瀏覽，放眼觀看。　八紘：八方極遠之地。

［24］【今注】愍：憐憫、哀憐。　陵遲：敗壞，衰敗。

［25］【今注】覩：即“睹”。

［26］【李賢注】疆，界也。理，正也。《詩》曰：“我疆我理。”九野謂九州之野。經營猶往來。五山即五岳也。【今注】疆理：劃分，治理。《左傳》成公二年：“先王疆理天下，物土之宜，而布其利。”杜預注：“疆，界也；理，正也。”　九野：猶九州。五山：五嶽，中嶽嵩山、東嶽泰山、西嶽華山、南嶽衡山、北嶽恒山。　眇然：高遠之意。

［27］【今注】厲：同“礪”。勉勵。

［28］【今注】命：通“名”。

［29］【今注】昭章：昭著，顯著。又作“昭彰”。

開歲發春兮，百卉含英。[1]甲子之朝兮，汨吾西征。[2]發軔新豐兮，裴回鎬京。[3]陵飛廉而太息兮，登平陽而懷傷。[4]悲時俗之險阸兮，哀好惡之無常。[5]棄衡石而意量兮，隨風波而飛揚。[6]紛綸流於權利兮，親靁同而妒異；獨耿介而慕古兮，豈時人之所憙？[7] 沮先聖之成論兮，懇名賢之高風；忽道德之珍麗兮，務富貴之樂耽。[8] 遵大路而裴回兮，履孔德之窈冥；固衆夫之所眩兮，孰能觀於無形？[9] 行勁直以離尤兮，羌前人之所有；内自省而不慚兮，遂定志而弗改。[10] 欣吾黨之唐虞兮，[11] 愍吾生之愁勤；[12] 聊發憤而揚情兮，[13] 將以薄夫憂心。[14] 往者不可攀援兮，來者不可與期；病没世之不稱兮，願横逝而無由。[15]

[1]【李賢注】開、發，皆始也。《爾雅》曰："春爲發生。"卉，草也。《楚詞》曰（詞，殿本作"辭"）："獻歲發春兮。"【今注】含英：花含苞未放。

[2]【李賢注】君子舉事尚早，故以朝言之。汩，行貌。《楚詞》曰（詞，殿本作"辭"）："汩吾南征。"汩音于筆反（于，大德本作"千"）。【今注】朝：早上。

[3]【李賢注】軔，止車木也。將行，故發之。【今注】發軔：出發，啓程。　裴回：即徘徊。

[4]【李賢注】飛廉，觀名。武帝元封二年立於長安，上有銅飛廉，因以名焉。《前書音義》曰："飛廉，神禽，能致風氣，有角而蛇尾（而，大德本作'有'），文如豹文。"平陽，縣名，故城在今岐州岐山縣西南。【今注】飛廉：宫觀名。《三輔黄圖·觀》："飛廉觀在上林，武帝元封二年作。飛廉，神禽能致風氣者，身似鹿，頭如雀，有角而蛇尾，文如豹。武帝命以銅鑄置觀上，因以爲名。"　太息：謂久畜氣而長嘆。　平陽：縣名。治所在今山西臨汾市西南金殿。

[5]【李賢注】時既險薄，所以好惡不同。《楚詞》曰"悲時

俗之迫阨”也。（詞，殿本作“辭”）【今注】險陒：艱難困厄。

［6］【李賢注】衡，秤衡也。三十斤爲鈞，四鈞爲石。言時人棄衡石以意測量，諭背法度也。隨風波而飛揚，言無志操也。【今注】衡石：稱重量的器物。比喻法度。

［7］【李賢注】言時俗溺於權利也。同己則親之，異己則妒之，今己不與之同，所以見惡也。【今注】紛綸：忙碌，忙亂。　靁同：指隨聲附和。　耿介：正直不阿。　憙：古“喜”字。

［8］【李賢注】沮，敗也。䫉，陵也。耽亦樂也。言時人之行如此。【今注】沮：敗壞，敗亂。　成論：定論。　䫉：陵越。大德本作“邈”，殿本作“邈”。　高風：高尚的風操。　珍麗：珍奇美麗。　樂耽：歡樂，快樂。

［9］【李賢注】遵，循也。大路，大道也。《老子》曰：“大道泛兮。”又曰：“孔德之容，窈兮冥兮，其中有精。”又曰：“大象無形。”孔之爲言空也。窈冥謂幽玄也。道以空爲主，故無物而不容。時俗眩於名利，孰能觀大象無形矣（矣，大德本、殿本作“哉”）？【今注】孔德：大德，盛德。孔，大也。　窈冥：深遠，玄奥。　固：副詞，指原來、本來。　眩：迷惑，迷亂。　孰：誰。

［10］【李賢注】離，遭也。尤，過也。羌，語發聲也。言古人有爲勁直行而遭尤過者，有之矣，即屈原、賈誼之流也。衍内自省察，不慙於古人，遂守志不改也。【今注】勁直：即耿直，剛强正直。　離尤：遭罪，遭禍。　羌：連詞，表並列關係。　案，《楚辭·離騷》：“進不入以離尤兮，退將復脩吾初服。”

［11］【今注】黨：遵循、法效。　唐虞：唐堯和虞舜的並稱。古代盛世。《論語·泰伯》：“唐虞之際，於斯爲盛。”

［12］【今注】愍，同“憫”。　愁勤：憂苦勤勞。

［13］【今注】聊：姑且。　發憤：發奮振作。

［14］【李賢注】傷己不逢堯舜也。薄（殿本作“蕩”），散

也。【今注】案，薄，殿本作“蕩”。

［15］【李賢注】言唐虞往，不可攀援而及，將來賢哲，又不可豫期。所病終身之後，名譽不稱；又願縱横遠逝，而其路無由也。《論語》孔子曰：“君子疾没世而名不稱焉。”【今注】案，語出《論語·衛靈公》：“君子疾没世而名不稱焉。” 由：道也。《史記》卷八四《屈原賈生列傳》：“易初本由兮，君子所鄙。”《集解》王逸曰：“由，道也。”《正義》：“本，常也。鄙，恥也。言人遭世不道，變易初行，違離光道，君子所鄙。”

陟雍畤而消摇兮，超略陽而不反。念人生之不再兮，悲六親之日遠。[1]陟九嵕而臨嶻嶭兮，聽涇渭之波聲。[2]顧鴻門而歔欷兮，[3]哀吾孤之早零。何天命之不純兮，信吾罪之所生；傷誠善之無辜兮，齎此恨而入冥。[4]嗟我思之不遠兮，豈敗事之可悔？雖九死而不眠兮，恐余殃之有再。淚汍瀾而雨集兮，氣滂浡而雲披；心怫鬱而紆結兮，意沈抑而内悲。[5]

［1］【李賢注】雍，縣名，屬右扶風，故城在今岐州雍縣南。畤者止也，神靈之所止也。《史記》曰，秦并天下，祠雍四畤，漢加黑帝，謂之五畤。消摇猶觀望也。超，過也。略陽，縣名，屬天水郡，今隴州隴城縣也。六親，夫婦、父子、兄弟也。【今注】雍畤：古代祭祀五方天帝的祭壇。雍，縣名。秦時屬内史，漢時屬右扶風。治所在今陝西寶鷄市鳳翔區南。 消摇：即逍遥。 略陽：在今甘肅秦安縣東北。

［2］【李賢注】嶻嶭，山，一名嵳峩，在今三原縣北。嶻音才結反，嶭音五結反。【今注】九嵕（zōng）：山名。在今陝西禮泉

縣東北。　嵏嶭：山名。在今陝西涇陽、三原縣交界。　涇渭：指涇水和渭水。

［3］【今注】顧：回首，回視。

［4］【李賢注】零，落也。吾孤早零，即上所謂"喪元子"者也。子既早殀，未有邪僻，故云誠善。辜，罪也。冥謂地也。齎恨入冥，言死有餘恨也。【今注】早零：早死。　不純：即不常。《楚辭·九章·哀郢》"皇天之不純命兮"，劉永濟注："純，常也。""不常，反乎天道也，猶言失常道也。"　誠善：誠實善良。　齎：懷抱。　入冥：指死亡。

［5］【李賢注】言已往者託於貴戚之權，幾陷誅戮之罪，此由我思慮不深遠。已敗之事，悔之無及，雖復九死而目不瞑，言怨恨之深也。《楚詞》曰："雖九死其猶未悔。"眠即瞑也。今縱飭躬自勗，又恐殃禍至再，所以淚落意沈，氣憤心結也。【今注】嗟：哀嘆。　敗事：指早先與外戚交通被貶黜。　九死：猶萬死，形容處於極其危險的境地。　余殃：指後患。　汍瀾：泪急流貌。　雨集：如雨一樣密集。　滂浡：即磅礴，廣大貌。　怫鬱而紆結：指內心憤懣而鬱積不暢。　沈抑：亦作"沉抑"，猶抑鬱。

瞰太行之崟峩兮，觀壺口之峥嶸；悼丘墓之蕪穢兮，恨昭穆之不榮。[1]歲忽忽而日邁兮，壽冉冉其不與；恥功業之無成兮，赴原野而窮處。[2]昔伊尹之干湯兮，七十説而乃信；臯陶釣於雷澤兮，賴虞舜而後親。無二士之遭遇兮，抱忠貞而莫達；率妻子而耕耘兮，委厥美而不伐。[3]韓盧抑而不縱兮，騏驥絆而不試；獨慷慨而遠覽兮，非庸庸之所識。[4]卑衛賜之阜貨兮，高顏回之所慕；重祖考之洪烈兮，故收功於此路。[5]循四時之代謝兮，[6]

分五土之刑德；相林麓之所産兮，嘗水泉之所殖。修神農之本業兮，採軒轅之奇策；追周棄之遺教兮，軼范蠡之絶迹。[7]陟隴山以踰望兮，眇然覽於八荒；風波飄其並興兮，情惆悵而增傷。[8]覽河華之泱漭兮，望秦晉之故國。憤馮亭之不遂兮，愠去疾之遭惑。[9]

[1]【李賢注】太行山在上黨南，壺口山在上黨東。衍之遠祖馮亭爲韓上黨守，以上黨降趙，趙封亭三萬户，號華陽君。死因葬上黨，其墓在今潞州上黨縣西。衍在關中，遥相望之，即序所謂“通視千里，覽見舊都”者也。嵯峨，高大貌。崢嶸，深邃貌。【今注】瞰：遠望。　嵳峩：高峻貌。　壺口：位於今山西吉縣西部南村坡下。　崢嶸：深邃貌。　昭穆：泛指宗族。

[2]【李賢注】與猶待也。《楚詞》曰（詞，殿本作“辭”）：“日忽忽其將暮。”又曰：“老冉冉其將至。”功業無成，情多憂憤，故赴原野而窮居（殿本“居”字後有“也”字）。【今注】忽忽：急速貌。　冉冉：漸進貌。

[3]【李賢注】伊尹名摯，負鼎俎以干湯。七十説而乃信，謂年七十説湯乃得信也。皇甫謐《帝王記》曰：“伊摯豐下兑上，色黑而短，僂身而下聲，年七十而不遇。湯聞其賢，設朝禮而見之，摯乃説湯致於王道（致，大德本、殿本作‘至’）。”信音申。《吕氏春秋》曰：“舜陶於河濱，漁於靁澤。”今言皋陶，未詳。靁澤在今濮州靁澤縣東也。【今注】伊尹：商湯之阿衡（宰相），佐湯滅夏桀。　干：求取，謀求。　湯：商湯，滅夏建商，商朝開國君主。　皋陶：爲虞舜的司法官。　雷澤：古澤名。即雷夏。在今山東菏澤市東北，現已淤塞。　二士之遭遇：指伊尹、皋陶早年不得志，一爲奴隸，一爲陶工。　委：委棄。　厥：代詞。

這裏指自己。 伐：顯露，彰明。

［4］【李賢注】《戰國策》曰，齊欲伐魏，淳于髡謂齊王曰："韓盧，天下之壯犬也。"《淮南子》曰："絆騏驥而求千里。"衍喻己有高才而不申，所以獨慷慨遠覽，非庸庸之徒所能識也。識，協韻音志。【今注】韓盧：戰國時韓國的良犬，色黑。 縱：放也。 騏驥：駿馬，千里馬。 試：任用。 慷慨：情緒激昂。 庸庸：平庸之人。

［5］【李賢注】卑，賤也。阜，積也。衍賤子貢貨殖，慕顔回樂道，所以不從流俗，專心貞固者，以其祖考功業隆大，若苟求富貴，恐致點辱，故於此路收功也。【今注】衞賜：姓端木，名賜，字子貢。孔子的學生。衞人，故稱衞賜，善貨殖。 阜貨：厚積財貨。 顔回：即顔淵，孔子的學生，能够安貧樂道。 洪烈：偉大的功業。 收功：獲取成功。 此路：即安貧樂道，獨善其身之路。

［6］【今注】代謝：交替，更迭。

［7］【李賢注】《周禮》五土，一曰山林，二曰川瀆，三曰丘陵，四曰墳衍，五曰原隰。《家語》曰："地東西爲緯，南北爲經。山爲積德，川爲積刑。"《穀梁傳》曰："林屬於山曰麓。"《周禮》曰："山林動物宜毛，植物宜皁。"《淮南子》曰："汾水濁宜麻，濟水和宜麥，河水調宜菽，洛水輕利宜禾，渭水多力宜黍，江水肥宜稻。"《管子》曰："四七二十八尺而至於泉，其水白而甘，宜黍秫。三七二十一尺而至於泉，其水黄而有臭，宜大菽與麥。二七一十四尺至於泉，其味鹹，宜稻與麥。"此嘗水泉之所殖也。《周易》曰："神農氏斲木爲耜，揉木爲耒，耒耜之利以教天下，蓋取諸益。"《周書》曰："神農之時，天雨粟，神農耕而種之。"軒轅，黄帝也。《大戴禮》曰："黄帝時播百穀草木（大德本、殿本'播'字後有'種'字），節用水火財物，人得其利。"周棄，帝嚳之子。爲兒之時，其游戲好種樹麻菽，及成人，遂好耕農，

相地之宜，人皆法則之。帝堯聞之，舉棄爲農師，天下得其利，故言遺教。軼，過也。范蠡，南陽人，事越王句踐，苦身勠力，竟滅吴報恥。既而以爲大名之下，難以久居，乃與其私屬乘舟浮海以行，變姓名，適齊爲鴟夷子皮，之陶爲朱公，終身不返。是絶迹也。【今注】刑德：古人以刑爲陰克，以德爲陽克，附會五行生克之説。今馬王堆漢墓帛書出土有《刑德》甲、乙本，可供參考。　林麓：猶山林。　殖：滋生。　神農：炎帝，姜姓，中國遠古傳説中的太陽神。發明農具，教人稼穡、製陶、紡織及用火，被後世尊爲"農業之神"。　軒轅：黄帝，姓公孫，中國遠古華夏民族的共主，被後世尊爲"人文初祖"。　周棄：帝堯的農官，被後世奉爲農神后稷。

［8］【李賢注】踰猶遥也，古字通。八荒，八方荒遠之地。【今注】隴山：又稱隴坻或隴阪，在今陝西隴縣至甘肅平涼市。　踰望：遥望，遠望。

［9］【李賢注】馮亭以上黨降趙，秦破趙於長平而亭死，故言不遂。愠，怨也。馮去疾爲秦丞相，胡亥元年，用趙高計（計，大德本作"請"），始皇大臣咸見誅戮，無遺脱者，是遭惑也。亭及去疾皆衍之先，故遠懷憤怨也。泱音烏朗反。漭音莽。【今注】泱漭：水勢浩瀚。　馮亭：馮衍的先祖，曾爲韓國上黨守。　不遂：不成功。

流山岳而周覽兮，[1]徇碣石與洞庭；浮江河而入海兮，泝淮濟而上征。[2]瞻燕齊之舊居兮，歷宋楚之名都；哀群后之不祀兮，痛列國之爲墟。[3]馳中夏而升降兮，[4]路紆軫而多艱；講聖哲之通論兮，心愊憶而紛紜。[5]惟天路之同軌兮，或帝王之異政；堯舜煥其蕩蕩兮，禹承平而革命。[6]并日夜而幽思兮，終悇憛而洞疑；高陽邈其超遠兮，世孰可與論兹？[7]訊夏啓於甘澤兮，傷帝典之始傾；頌成康之載德兮，詠南風之歌聲。[8]思唐虞之晏晏兮，揖稷契與爲朋；苗裔紛其條暢兮，至湯武而勃興。[9]昔三后之純粹兮，每季世而窮禍；弔夏桀於南巢兮，哭殷紂於牧野。[10]詔伊尹於亳郊兮，享吕望於酆洲；功與日月齊光兮，名與三王争流。[11]

[1]【今注】流：周流，周游。 周覽：遍覽。

[2]【李賢注】碣石，海畔山也，在今平州東（東，大德本作“中”）。洞庭，湖名也，中有洞庭山，在今岳州西南。衍既不同流俗，情多憤怨，故假言涉歷江山，周流河海。屈原云“吾將遠逝以自適，路脩遠以周流”之類也。【今注】徇：巡視。 碣石：山名。今河北樂亭縣西南的大碣山，相傳已沉入海底。 洞庭：湖名。在今湖南省北部，長江南岸。 浮：乘舟而行。 泝：即“溯”。 淮濟：指淮水、濟水。

[3]【李賢注】燕都，今薊縣也。齊都營丘，今臨淄縣也。宋都睢陽，今宋州也。楚初都丹陽（丹，大德本作“舟”），在歸州；後都郢，在今荆州；至考烈王爲秦所逼，又徙都壽春，今壽州也。不祀言皆絶也，臧文仲曰“咎陶、庭堅不祀”也。【今注】瞻：看，望。 群后：諸侯，指上述燕、齊、宋、楚之國君。

[4]【今注】中夏：華夏，中國。

[5]【李賢注】紆軫猶盤曲也。愊憶猶鬱結也。紛紜猶眘亂也。愊音普逼反。【今注】紆軫：迂曲。 案，哲，大德本作“者”。 通論：通達的言論。 愊憶：憤怒，悲傷。 紛紜：雜亂無序。

［6］【李賢注】惟，思也。言思上天之路，軌躅則同，而帝王政教參差有異。班固曰："仰天路而同軌。"《白虎通》曰："德合天者稱帝，仁義合者稱王。"故言異政也。焕，文章貌。蕩蕩，政化平暢貌。《論語》孔子曰："唯天爲大，唯堯則之，焕乎其有文章，蕩蕩乎人無能名焉。"堯舜同道，故兼言之。舜禪位於禹，禹承堯舜之後而改制度，禪子，故曰承平革命也。【今注】天路：猶天道，上天的法則。　或：通"惑"。　焕：光亮，鮮明。　蕩蕩：廣大，博大。

［7］【李賢注】孔子曰："吾嘗終日不食，終夜不寢，以思。"《楚詞》云："心悇憛而懷惑。"廣蒼云："悇憛，禍福未定也。"悇音它乎反，憛音它紺反。本或作"侘傺"，侘音丑加反，傺音丑制反，未定也。高陽，帝顓頊之號也。洞亦不定也。《史記》曰："虚愒洞疑（愒，大德本作'惕'）。"又曰："高陽氏沈深而有謀（沈，殿本作'忱'），疏通而知事。"以有其謀而疏通（有其，殿本作"其有"），故欲與之論事。【今注】幽思：深思，沉思。　悇憛：憂愁貌。《楚辭·東方朔》："心悇憛而煩冤兮，蹇超摇而無冀。"王逸注："悇憛，憂愁貌也。"　洞疑：惶恐疑慮。洞，通"恫"。　高陽：顓頊，姬姓，高陽氏，黄帝的孫子，五帝之一。

［8］【李賢注】訊，問也。啓，禹子也。《尚書》曰："啓與有扈戰于甘之野（大德本、殿本'戰'前有'大'字）。"孔安國注云："有扈與夏同姓，恃親而不恭，故啓征之於甘野。"甘野在今鄠縣。啓既德薄，同姓相攻，故傷帝典之傾也。《易》曰："德積載。"《史記》曰："成康之際，天下安寧，刑錯三十餘年而不用。"《周南》《召南》，謂國風之首篇。歌文王之德，故詠之也，非舜南風之歌。【今注】夏啓：夏朝國君，夏禹之子。　甘澤：甘野之澤。故址在今陝西西安市鄠邑區。　帝典：指《尚書·大禹謨》。　成康：即周成王、周康王。

［9］【李賢注】《尚書·考靈耀》曰："放勛欽明文塞晏晏

（塞，大德本、殿本作‘思’）。”鄭玄注曰：“寬容覆載謂之晏。”稷名棄，爲堯后稷。契爲堯司徒。契十四葉孫號湯，滅夏桀而王有天下。后稷十六葉孫周武王，滅殷紂而王天下。勃，盛貌也。《左傳》曰：“其興也勃焉。”【今注】晏晏：和悅，和柔。　稷契：后稷和契的並稱，上古賢臣。　苗裔：子孫後代，遠孫。　條暢：繁衍茂盛。

［10］【李賢注】三后，夏、殷、周也。惜其不能始終純茂，每至末代，必窮其災禍。湯放桀於南巢，武王滅紂於牧野，周之季葉（葉，大德本作“業”），幽王爲西戎所殺也。《離騷》曰：“昔三后之純粹，何桀紂之昌披！”南巢，地名，廬州巢縣也。孔安國曰：“牧野，紂近郊三十里地名”也，在今衞州也。【今注】三后：夏禹、商湯、周文王。　純粹：樸實淳厚。　季世：末世。　窮禍：即大禍。　夏桀：夏朝末代國君，帝發之子，鳴條之戰，兵敗被俘，被放逐於南巢。　南巢：古地名。在今安徽巢湖市。　殷紂：商朝末代國君，帝乙之少子，牧野之戰，兵敗自焚而死。　牧野：古地名。在今河北淇縣。

［11］【李賢注】詔，召也。亳，湯都。在京兆杜陵亭（“在京兆杜陵亭”六字，殿本在“文王所都”後）。呂望，周太師，翼周滅殷者也。酆，文王所都，水中可居曰洲也。【今注】亳郊：商朝都城郊外。

楊朱號乎衢路兮，墨子泣乎白絲；知漸染之易性兮，怨造作之弗思。[1]美《關雎》之識微兮，愍王道之將崩；拔周唐之盛德兮，捃桓文之譎功。[2]忿戰國之遘禍兮，憎權臣之擅彊；黜楚子於南郢兮，執趙武於湨梁。[3]善忠信之救時兮，[4]惡詐謀之妄作；[5]聘申叔於陳蔡兮，禽荀息於虞號。[6]誅犁鉏之介聖兮，討臧倉之愬知；嫫子反於彭城兮，爵管仲於夷儀。[7]疾兵革之寖滋兮，苦攻伐之萌生；沈孫武於五湖兮，斬白起於長平。[8]惡叢巧之亂世兮，毒從横之敗俗；流蘇秦於洹水兮，幽張儀於鬼谷。[9]澄德化之陵遲兮，烈刑罰之峭峻；燔商鞅之法術兮，燒韓非之説論。[10]誚始皇之跋扈兮，投李斯於四裔；滅先王之法則兮，禍寖淫而弘大。[11]援前聖以制中兮，矯二主之驕奢；饁女齊於絳臺兮，饗椒舉於章華。[12]摛道德之光耀兮，匡衰世之眇風；襃宋襄於泓谷兮，表季札於延陵。[13]摭仁智之英華兮，激亂國之末流；觀鄭僑於溱洧兮，訪晏嬰於營丘。[14]日曀曀其將暮兮，獨於邑而煩惑；夫何九州之博大兮，迷不知路之南北。[15]駟素虯而馳騁兮，乘翠雲而相佯；就伯夷而折中兮，得務光而愈明。[16]款子高於中野兮，遇伯成而定慮；欽真人之德美兮，淹躊躇而弗去。[17]意斟愖而不澹兮，俟回風而容與；求善卷之所存兮，遇許由於負黍。軔吾車於箕陽兮，秣吾馬於潁滸；聞至言而曉領兮，還吾反乎故宇。[18]

[1]【李賢注】《淮南子》曰："楊子見逵路而哭之，爲其可以南，可以北，傷其本同而未異也（未，大德本，殿本作'末'）。"《墨子》曰"墨子見染絲，歎曰，染於蒼則蒼，染於黄則黄，五入之則爲五色，故染不可不慎。非獨絲也，國亦有染，湯染伊尹，紂染惡來"也。先王正道，規摹有常，苟生穿鑿，則

岐路競起，故墨子知漸染之易性，楊朱悲造作之弗思。【今注】楊朱：字子居，魏國人（鄭賓于《楊朱傳略》考證，其爲秦人），道家楊朱學派創始人，主張“貴己”“重生”，其説散見於《列子》《孟子》《韓非子》等。　衢路：岔道　墨子：名翟，戰國初期宋國人，墨家學派創始人，主張“兼愛”“非攻”“尚賢”等。　白絲：純白色的繭絲。　漸染：漸積沾染。《楚辭》東方朔《七諫·沉江》：“日漸染而不自知兮，秋毫微哉而變容。”王逸注：“稍積爲漸，汙變爲染。”

［2］【李賢注】薛夫子《韓詩章句》曰：“詩人言雎鳩貞絜，以聲相求，必於河之洲，蔽隱無人之處。故人君動静，退朝入于私宫，妃后御見，去留有度。今人君内傾於色，大人見其萌，故詠《關雎》，説淑女，正容儀也。”《方言》曰：“捃，取也。譎，詐也。”齊桓公、晉文公俱有霸功。孔子曰：“晉文公譎而不正，齊桓公正而不譎。”時周衰政亂，桓文能統率諸侯，翼戴天子，故取其一切之功也。【今注】關雎：《詩·周南》之一篇。　識微：指看到事物的苗頭而能察知它的本質和發展趨勢。　周唐：指西周及唐堯。　捃：采，選取。　桓文：齊桓公和晉文公的並稱。　譎功：詐功。

［3］【李賢注】周室衰微，七國交争，是爲戰國。時吴楚僭號皆稱王，孔子修《春秋》，以蠻夷大者不過子，故皆黜曰子。又《春秋》稱“公會晉、宋、衛、鄭、曹、莒、邾、薛、杞于溴梁，戊寅，大夫盟”。《公羊傳》曰：“諸侯皆在，言大夫盟何？信在大夫。何言乎信在大夫？遍刺天下之大夫也。曷爲遍刺天下之大夫？君若綴旒然。”趙武，晉卿趙文子也。時晉爲盟主，文子，晉之正卿，而爲不臣之行，故欲執之也。溴，水名，在河内軹縣東南，至温入河。《爾雅》曰：“梁莫大於溴梁。”溴音古覓反。【今注】遘禍：構造禍亂。遘，猶“構”。　擅彊：即恃强。　楚子：春秋時期楚王，因楚君始封子爵，故稱。　南郢：即郢都，在今湖北江

陵縣。　湨（jú）梁：地名。爲湨水之梁，在今河南濟源市東南半里許。

［4］【今注】善：贊賞。

［5］【今注】妄作：無知而任意胡爲。

［6］【李賢注】申叔，楚莊王時賢臣申叔時者也。《左傳》，陳夏徵舒弒靈公，楚莊王伐陳，殺夏徵舒，滅陳爲縣。申叔時諫莊王曰："夏徵舒殺其君，其罪大矣，討而戮之，君之義也。諸侯之從，曰討有罪也。今縣陳，貪其富也。以討召諸侯而以貪終之，無乃不可乎？"王曰："善哉，吾未之聞也。"乃復封陳。聘謂問之也。時惟在陳，而兼言蔡者，蓋以陳蔡相近，因連言之也。荀息，晉大夫。《左傳》曰，晉荀息請以屈產之乘，垂棘之璧，假道於虞以伐虢。公曰："是吾寶也。"對曰："若得道於虞，猶外府也。"乃假道於虞以滅虢，師還遂襲虞，滅之。【今注】聘：訪問。案，申叔時諫莊王，事見《左傳》襄公十年。　陳蔡：陳國和蔡國之間。　禽：通"擒"。　荀息：春秋時晉國的大夫。　虞虢：虞國和虢國，西周初年分封的諸侯國。假虞伐虢，事見《左傳》僖公二年。

［7］【李賢注】犁鉏，齊大夫。介猶間也。《韓子》曰："仲尼爲政於魯，道不拾遺，齊景公患之。犁鉏曰：'去仲尼猶吹毛耳。君何不遺魯公以女樂，以驕其意。魯君樂之，必怠於政，仲尼必諫，諫而不聽，必輕絶魯。'景公曰：'善。'乃令犁鉏以女樂遺魯，哀公樂之，果怠於政，仲尼諫不聽，遂去之。"孟子曰："魯平公將出，嬖人臧倉請曰：'它日君出，必命有司所之。今已駕矣，敢請。'公曰：'吾將見孟子。'倉曰：'君何爲輕身以先於匹夫者。以爲賢乎？禮義由賢者出，孟子後喪踰前喪，君無見焉。'公曰：'諾。'樂正子見孟子曰：'君將來見，嬖人有臧倉者沮君，是以不來。'孟子曰：'吾之不遇魯侯，天也。臧氏之子焉能使予不遇（殿本"遇"後有"哉"字）！'"愬猶譖也。知謂

明於事也。子反，楚大夫也，名側。案“譔”字吕忱音仕眷反，勉也。《東觀記》作“譏”字。此雖作“譔”，蓋亦譏刺之意也。《春秋經》書“宋人及楚人平”。《公羊傳》曰：“外平不書，此何以書？貶。曷爲貶？平者在下。”何休注云：“譏子反、華元專盟不受君命，故貶之。”然則子反違命盟，蓋以平宋城下而言。彭城者，彭城宋之邑，故舉以言之。《左傳》，宋大夫魚石等出奔楚。楚伐宋，取彭城以封魚石。宋人圍彭城，楚子重救彭城伐宋。此言子反，蓋衍誤也。如曰不然，或别有所據。管仲，齊桓公之相，名夷吾。夷儀，邢邑也。翟人滅邢，管仲輔齊桓公築夷儀以封邢，邢遷如歸，於是天下諸侯知桓公之不爲己動也，是故天下歸之。唯能用管夷吾而霸功立。事見國語。以其能輔主成業（主，大德本作“王”），故就夷儀而爵賞也。【今注】犂鉏：春秋時期齊國大夫，曾離間孔子離開魯國。　介：離間。　聖：指孔子。事見《韓非子·内儲説下》。　討：討伐。　臧倉：魯平公寵愛的小臣。事見《孟子·梁惠王下》。　愬：誹謗。　譔：譏諷。　子反：即公子側，羋姓，熊氏，名側，字子反。春秋時期楚國司馬，楚莊王之弟。　彭城：宋國的城邑，故址在今江蘇徐州市。　爵：封爵。事見《國語·齊語》。　管仲：姬姓，管氏，名夷吾，字仲，潁上（今安徽潁上縣）人。輔佐齊桓公稱霸。傳見《史記》卷六二。　夷儀：邢國之邑。故址在今河北邢臺市西南。

［8］【李賢注】寖，漸也。孫武，吴王闔廬將也。善用兵。《越絶書》曰：“太湖周三萬六千頃。”虞翻云：“太湖有五道，故謂之五湖。”隔湖、洮湖、射湖、貴湖及太湖爲五湖，並太湖之小支，俱連太湖，故太湖兼得五湖之名，在今湖州東也。《史記》曰，白起，郿人也。事秦昭王，以上將軍擊趙於長平，前後阬斬首虜四十五萬。長平，地名，在今澤州也。【今注】寖滋：漫延。　萌生：初生，發生。　沈：沈祀，古代祭川澤曰沈。因向水中投祭品，故名。　孫武：字長卿，春秋末期齊國人，由齊入吴，經伍

子胥推薦，爲吴王闔閭將，大敗楚軍。著《孫子兵法》十三篇，今見尹灣漢墓簡牘《孫子兵法》（《吴孫子》）。　白起：戰國秦國郿縣（今陝西眉縣常興鎮百家村）人，楚國白公勝後裔，秦國名將。傳見《史記》卷七三。　長平：戰國時期趙國城邑。在今山西高平市西北。

［9］【李賢注】叢，細也。毒，恨也。關東爲從，關西爲横。蘇秦，洛陽人也。師事鬼谷先生。爲從説，説關東六國爲從親以畔秦，會於洹水之上，刳白馬而盟。張儀，魏人也。與蘇秦同師。爲關西横説，説關西六國令事秦。皆尚誣詐，不遵道德。洹水出汲郡林慮縣。鬼谷，谷名，即鬼谷先生所居地，在今洛州洛陽城北。“叢”或作“聚”，義亦通。【今注】叢巧：詐僞小術。　毒：痛恨。　從横：縱横家。從事政治游説活動的謀士，如蘇秦、張儀。　蘇秦：字季子，洛陽（今河南洛陽市）人。戰國時期縱横家。傳見《史記》卷六九。　洹水：古水名。今名安陽河，發源於山西黎城縣，經河南林慮山，流經安陽市入衛河。　張儀：魏國安邑（今山西萬榮縣）人，戰國時期縱横家。傳見《史記》卷七〇。　鬼谷：古地名。在今河南嵩縣南九十里雲夢山一帶。

［10］【李賢注】陵遲言積替也。澄猶清也。烈，慘也。商鞅姓公孫氏。好刑名之學。事秦孝公，變法令，使人什伍相司，犯禁相連坐，不告姦者要斬，告姦者與斬敵同賞，匿姦者與降敵同罰，人有二男以上不分異者倍其罰。行之四年，秦人富彊。韓非，韓之諸公子也，亦好刑名法術之學。口吃不能言，著書作孤憤、五蠹、内外儲、説難，十餘萬言，皆尚法術，少仁恩。並見《史記》。【今注】澄：澄清，使明清。　德化：猶德教。　烈：慘烈。　峭峻：嚴厲苛刻。　商鞅：姬姓，公孫氏，衛國國君後裔，後因有功封商邑，故又稱公孫鞅、衛鞅、商鞅。主持秦國變法，奠定秦國富强基礎。　韓非：戰國末期韓國（今河南新鄭市）人，法家思想的集大成者，後世稱“韓子”“韓非子”。

［11］【李賢注】誚，責也。跋扈猶彊梁也。李斯，上蔡人。爲秦丞相，上書曰："今諸生不師今而學古，惑亂黔首，臣請非秦記皆燒之，天下敢有藏《詩》、《書》、百家語者皆燒之。令下三十日不燒，黥爲城旦。"制曰："可。"是滅先王之法則。【今注】誚：責備，譴責。 跋扈：驕橫放縱貌。 李斯：楚國上蔡（今河南上蔡縣）人，師從荀卿，入秦輔佐嬴政，完成統一。 四裔：猶四夷，泛指邊遠蠻荒的地方。 法則：制度，法度。 寖淫：漫延。

［12］【李賢注】援，引也。矯，正也。饁，餉也。女齊，晉大夫司馬侯也。絳，晉國所都。《國語》曰："晉平公爲九層之臺。"又曰："叔向見司馬侯之子，撫而泣曰：'自其父之死，吾蔑與事君矣。昔者其父始之我終之，我始之夫子終之，無不可者。'"是女齊事君必有規諫，必諫作臺，但書典散亡，無以言耳。椒舉，楚大夫伍舉也。饗，宴也。章華，臺名，在南郡華容縣。《楚語》曰："靈王爲章華之臺，與椒舉升。王曰：'臺美乎？'對曰：'臣聞國君服寵以爲美，安人以爲樂，不聞其以土木之崇高爲美。先君莊王爲匏居之臺，高不過望國氣（氣，殿本作"氛"），大不過容宴豆，用不煩官府，人不廢時務。今君爲此臺，國人疲焉，財用盡焉，臣不知其美。'"二主謂晉楚之君。"二"或作"亡"。【今注】制中：猶言執中。謂恪守中正之道，無過與不及。《禮記·仲尼燕居》："夫禮，所以制中也。" 矯：糾正，矯正。 二主：指晉平公和楚靈王。 饁：饗，用酒食招待。 女齊：汝叔齊，春秋晉國大夫司馬侯。 絳臺：春秋時期，晉平公在國都絳（今山西絳縣）所建之高臺。絳，在今山西絳縣。 章華：章華臺，位於今湖北潛江市龍灣一帶。

［13］【李賢注】摛，布也。眇，微也。《公羊傳》曰："宋公及楚戰于泓之陽，楚人濟泓而來。有司曰：'追其未畢濟而擊之。'宋公曰：'不可。吾聞之也，君子不厄人於險。吾雖亡國之餘，寡

人不忍行也。’既濟未畢陳，有司復曰：‘請擊之。’宋公曰：‘不可。吾聞君子不鼓不成列。’已陳，然後擊之，宋師大敗。故君子大其不鼓不成列，臨大事而不忘大禮，以爲文王之戰亦不過此。”季札，吴王壽夢之少子也，封於延陵。昆弟四人，札最少而賢。壽夢卒，諸兄欲立之，札棄其室而耕，乃捨之。泓音烏萌反。【今注】摛（chī）：傳布，舒展。　光耀：光彩，榮耀。　匡：糾正，匡正。　眇風：衰頹的風氣。　褒：褒獎。　宋襄：宋襄公，春秋宋國國君。　泓：水名。在今河南柘城縣東北。宋楚弘水之戰，見《左傳》襄公二十六年。　季札：姬姓，吴氏，名札。吴王壽夢第四子，多次退讓王位。後周游列國，宣揚禮樂。　延陵：縣名。漢時改爲毗陵，故址在今江蘇常州市。

［14］【李賢注】摭，拾也。鄭僑，鄭大夫公孫僑也。溱、洧，鄭二水名。《鄭詩》曰：“溱與洧瀏其清矣。”晏嬰，齊大夫晏平仲也。《爾雅》曰：“水出其左曰營丘。”齊有營丘。周衰政亂，子產、晏嬰皆有賢行輔其君也。事見《左傳》《國語》。【今注】摭：拾取，摘取。　英華：言花木之美。　激：阻擋水流。　鄭僑：姬姓，公孫氏，名僑，字子產，春秋時期鄭國人，輔佐鄭簡公、鄭定公。執政期間，崇恭儉，作封恤，立謗政，鑄刑書，給鄭國帶來了新氣象。　溱（zhēn）洧（wěi）：溱水和洧水，鄭國的兩條河流。溱水發源於今河南新密市，洧水發源於今河南登封市。　晏嬰：晏子，名嬰，字仲，夷維（今山東萊州市）人，春秋時期齊國大夫。　營丘：古地名。在今山東淄博市臨淄區西北。

［15］【李賢注】曀曀，陰晦貌也。《詩》曰：“曀曀其陰。”《楚詞》曰（詞，殿本作“辭”）：“回朕車以復路，反行迷之未遠。”【今注】曀曀：形容陰沉昏暗。　於邑：亦作“於悒”，憂鬱煩悶貌。　煩惑：煩悶疑惑。　九州：泛指天下。《尚書·禹貢》分中國爲冀州、兖州、青州、徐州、揚州、荆州、豫州、梁州、雍州。說法不一，《爾雅·釋地》有幽州、營州而無青州、梁州；

《周禮·夏官·職方》有幽州、并州而無徐州、梁州。

［16］【李賢注】四馬曰駟。虯，龍之無角者也。《楚詞》曰（詞，殿本作"辭"）："駟玉虯以乘鷖兮。"《爾雅》曰："馬高八尺爲龍。"司馬相如曰："駟蒼螭兮六素虯。"相佯猶逍遥也。伯夷，孤竹君之子，周武王時義士，不食周粟，隱於首陽山。楊雄《反騷》曰："將折中乎重華。"《列仙傳》曰："務光者，夏時人也。殷湯伐桀，因光而謀，光曰：'非吾事也。'至殷武丁時，武丁欲以爲相，光不從，遂投於梁山。"衍退不仕，與務光辭相倖，事相得，故曰愈明愈猶益也。【今注】駟：古代一車套四馬。　素虯（qiú）：白色的龍馬。　馳騁：縱馬疾馳。　翠雲：碧雲。　相佯：徘徊，盤桓。　伯夷：子姓，名允，商末孤竹國君長子，殷商始祖契的後代。孤竹國君遺命叔齊即位，叔齊讓位伯夷，兩人均不受命，一起投奔西岐。周武王滅商，天下宗周，伯夷、叔齊耻食周粟，餓死首陽山。　折中：謂事理有不同者，執其兩端而折其中。

［17］【李賢注】《莊子》曰："伯成子高，唐虞時爲諸侯，至禹爲天子，乃去而耕。禹往見之，曰：'堯理天下，吾子立爲諸侯。堯授舜，舜授予，子去而耕，其故何也？'子高曰：'昔堯理天下，至公無私，不賞而人勸，不罰而人畏。今子賞而不勸，罰而不威，德自此衰，刑自此作。夫子盍行，無留吾事。'耕而不顧。"款，誠也。真人即謂子高。躊躇猶躑躅也。《東觀記》曰"高"字作"喬"（殿本無"曰"字），謂仙人王子喬也，義亦通。【今注】款：款待。　子高：即《莊子·天地》篇所載"伯成子高"，唐虞時人。　中野：原野之中。　伯成：案，此亦《莊子·天地》篇所載"伯成子高"，伯成、子高當爲二人。　定慮：猶定志。　欽：敬佩，欽佩。　真人：泛指"成仙之人"。道家稱存養本性或修真得道的人。　淹：淹留，久也。　躊躇：徘徊不前。

［18］【李賢注】斟愖猶遲疑也。澹，定也。俟，待也。容與

猶從容也。《莊子》曰："舜以天下讓善卷，善卷曰：'吾日出而作，日入而息，逍遥天地之閒，吾何以天下爲哉?'遂入深山，莫知所終。"許由字武仲。堯時高士，隱居箕山。堯以天下讓由，由不受，惡聞其言，遂洗耳於潁水。負黍，亭名，在洛州陽城縣西南，許由墓在其南。秣謂食馬以粟。《字林》曰："滸，水涯也。"愖音市林反，或作"堪"字。【今注】斟愖：遲疑。　澹：恬淡、安定。　俟：等待。　回風：即旋風。《楚辭·九章·悲回風》："悲回風之摇蕙兮，心冤結而内傷。"　容與：從容閑舒貌。　善卷：堯舜時的隱者，事見《莊子·讓王》。　許由：堯時的隱者，事見《莊子·逍遥遊》。　負黍：古地名。在今河南登封市大金店鎮南城子村西南。　軔：停止，阻止。　箕陽：箕山之陽。箕山，在今山東鄄城縣。　秣：餵馬。　潁滸：潁水之濱。滸，水邊。　至言：極高明的話。　曉領：明了，領會。

覽天地之幽奧兮，統萬物之維綱；究陰陽之變化兮，昭五德之精光。[1]躍青龍於滄海兮，豢白虎於金山；鑿巖石而爲室兮，託高陽以養仙，神雀翔於鴻崖兮，玄武潛於嬰冥；伏朱樓而四望兮，採三秀之華英。[2]纂前修之夸節兮，曜往昔之光勳；披綺季之麗服兮，揚屈原之靈芬。[3]高吾冠之岌岌兮，長吾佩之洋洋；飲六醴之清液兮，食五芝之茂英。[4]

［1］【李賢注】自此以下，既反故宇，乃欲尋覽天地，究極陰陽。幽奥謂深邃也。維綱猶宗指也。五德，五行之德也。施之於物，則爲金、木、水、火、土；施之於人，則爲仁、義、禮、智、信也。【今注】幽奥：深邃，深奥。　維綱：綱紀，法度。

究：探究，探索。　五德：五行之德，對應仁、義、禮、智、信。今見出土文獻馬王堆漢墓帛書《五行》及郭店楚簡《五行》，可參看。

［2］【李賢注】天有二十八宿，成龍虎龜鳳之形。在地爲四靈，東方爲青龍，西方爲白虎，南方爲朱雀，北方爲龜蛇。豢，養也。金山，西方之精也。神雀謂鳳也。玄武謂龜蛇。位在北方，故曰玄；身有鱗甲，故曰武。嬰冥猶晦昧，所謂幽都也（都，大德本作“者”）。衍既反故宇，欲鑿巖石爲室，託高明之處以養神仙，又假言龍虎之疇在於四面（又，大德本作“久”），爲其威援也。《前書》曰：“仙人好樓居。”故云伏朱樓而四望也。《楚詞》曰（詞，殿本作“辭”）：“採三秀於山閒。”王逸曰：“謂芝草也。”《東觀記》及衍集“秀”字作“奇”，“英”字作“靈”。次下云“食五芝之茂英”，此若是“芝”，不宜重説，但不知三奇是何草也。范改“奇”爲“秀”（范，大德本作“苑”），恐失之矣。【今注】躍：騰躍。　青龍：東方七宿角、亢、氐、房、心、尾、箕的總稱。　滄海：謂東海。　豢（huàn）：豢養。　白虎：西方七宿奎、婁、胃、昴、畢、觜、參的總稱。　金山：西方之山。西方和五行之金相配。　鑿：挖掘，開鑿。　託：寄託，請託。　高陽：高而向陽之地。　神雀：即朱雀，指鳳凰。南方七宿井、鬼、柳、星、張、翼、軫的總稱。　鴻崖：即懸崖。　玄武：北方七宿斗、牛、女、虚、危、室、壁的總稱。　嬰冥：指北方幽静深遠之地。　朱樓：富麗華美的樓閣。　案，《文選》卷一一王仲宣《登樓賦》注及卷二八謝玄暉《鼓吹曲》注並作“采三秀之華英”。

［3］【李賢注】纂，繼也。前修猶前賢也。夸，大也。《楚詞》曰（詞，殿本作“辭”）：“謇吾法夫前修。”又曰：“紛獨有此夸節。”往昔光勳謂衍之先人有功勞於前代，去疾、子明之類也。己今繼往賢之高節，所以光曜也。綺季，四皓之一也。《前

書》曰，四皓隨太子入侍，鬚眉皓白，衣冠甚偉。《楚漢春秋》曰："四人冠韋冠，佩銀環，衣服甚鮮"，故言麗服也。《楚詞》曰（詞，殿本作"辭"）："畦留夷與揭車，雜杜衡與芬芷。"屈原皆喻身有令德，故衍欲揚其靈芬也。【今注】纂：繼承。　前修：前賢。　夸節：大節，高尚的節操。　曜：光大。　光勳：光耀偉績。　綺季：漢初隱士，"商山四皓"之一，也叫綺里季。　屈原：羋姓，屈氏，名平，字原，楚國丹陽（今湖北秭歸縣）人，戰國時期楚國詩人、政治家。主要作品有《離騷》《九歌》《九章》《天問》等。傳見《史記》卷八四。　靈芬：神異的芬芳。比喻美德。

［4］【李賢注】岌岌，高貌。洋洋，美也。《楚詞》曰（詞，殿本作"辭"，本注下同）："高余冠之岌岌，長吾佩之陸離（陸，大德本作'六'）。"王逸注云："傷己懷德不用，故高冠長佩，尊其威儀，整斯服飾，以異於衆也。"六醴，蓋六氣也。《楚詞》曰："餐六氣而飲沆瀣。"《茅君内傳》曰："句曲山上有神芝五種：一曰龍仙芝，似交龍之相負，服之爲太極仙卿。弟二名參成芝（弟，大德本作'第'，本注下同），赤色有光，其枝葉如金石之音，折而續之即復如故，服之爲太極大夫。弟三名燕胎芝，其色紫，形如葵，葉上有燕象，光明洞澈，服一株拜爲太清龍虎仙君。弟四名夜光芝，其色青，其實正白如李，夜視其實如月，光照洞一室，服一株爲太清仙官。弟五名曰玉芝，剖食拜三官正真御史（真，殿本作'員'）。"【今注】高：增高，擡高。　岌岌：高貌。　洋洋：美善。　六醴：猶六氣。　五芝：五種靈芝。《神農本草經》："赤芝，一名丹芝；黄芝，一名金芝；白芝，一名玉芝；黑芝，一名玄芝；紫芝，一名木芝。"

揵六枳而爲籬兮，築蕙若而爲室；播蘭芷於中廷兮，列杜衡於外術。[1]攢射干雜蘼蕪兮，搆木蘭與新夷；光扈扈而煬燿兮，紛郁郁而暢美；華芳曄其發越兮，時恍忽而莫貴；非惜身之埳軻兮，憐衆美之憔悴。[2]游精神於大宅兮，抗玄妙之常操；處清静以養志兮，實吾心之所樂。[3]山峨峨而造天兮，林冥冥而暢茂；鸞回翔索其群兮，鹿哀鳴而求其友。[4]誦古今以散思兮，[5]覽聖賢以自鎮；嘉孔丘之知命兮，大老聃之貴玄；德與道其孰寶兮？名與身其孰親？陂山谷而間處兮，守寂寞而存神。[6]夫莊周之釣魚兮，辭卿相之顯位；於陵子之灌園兮，似至人之髣髴。蓋隱約而得道兮，羌窮悟而入術；離塵垢之窈冥兮，配喬、松之妙節。[7]惟吾志之所庶兮，固與俗其不同；既俶儻而高引兮，願觀其從容。[8]

[1]【李賢注】自此以下，説籬宇廷除，皆樹芬芳卉木，喻己立身行道，依仁履義，猶屈原"扈江蘺與薜芷，紉秋蘭以爲佩"之類也。揵，立也。枳，芬木也。《晏子》曰："江南爲橘，江北爲枳。"枳之爲木，芳而多刺，可以爲籬。此云"六枳"（云，大德本作"爲"），《東觀記》作"八枳"。案：《周書·小開篇》曰"嗚呼！汝何敬非時？何擇非德？德枳維大人，大人枳維公，公枳維卿，卿枳維大夫，大夫枳維士，登登皇皇，維在（在，殿本作'國'，殿本'維'字前有'□'）國枳維都，都枳維邑，邑枳維家，家枳維欲無疆"。言上下相維，遞爲藩蔽也。其數有八，與《東觀記》同，此爲六。蕙，香草也。杜，杜若也。蘭即澤蘭也。芷，白芷也，一名苻離，一名葯。杜衡，其狀若葵，其臭如蘼蕪。術，路也。【今注】揵（qián）：樹立。　六枳：謂枳樹編的六藩籬。《本草經》"所謂枳實也。枳可以爲籬"。宋洪邁《容齋隨筆》稱，《周書》亦非八枳，"予詳考之，乃九枳也"。清

李慈銘《越縵堂讀書記》稱，《周書》所用枳爲助詞，此借枳爲則也，“後人不解，誤以爲枳棘之枳，如《後漢書·馮衍傳》捷六枳而爲籬兮，章懷注六枳，《東觀記》作八枳，因引德枳維大人云云。案衍作《顯志賦》，自此句以下徧及蕙若蘭芷杜衡射干蘼蕪木蘭新夷，皆言草木之香者，偏滿庭室，此自屈《騷》以後，每有斯比，此則六枳自爲橘枳無疑。章懷亦先云，枳芬木也，六八字筆劃小異，何足致辯，而引《逸周書》以解之，謬亦甚矣。蓋語助本無定義，古人從便書之，亦猶今之譯各國語者，止取對音，不求本字，故自來承用助辭，多出假借。”　蕙若：即蕙草與杜若。　蘭芷：指蘭草與白芷。　中廷：即廷中。　杜衡：亦作“杜蘅”，一種草本植物，形狀像向日葵。　術：邑中之道。

［2］【李賢注】攢，聚也。射干，烏翼也。蘼蕪似蛇狀而香，其根即芎藭也。木蘭，樹也。香味俱似桂而皮薄。新夷亦樹也，其花甚香。扈扈，光彩盛也。暢，通也。郁郁，香氣也。曄，盛也。發越，氣傍射也。司馬相如曰：“煌煌扈扈，照曜巨野。”又曰：“郁郁菲菲，衆香發越。”恍忽猶輕忽也（忽，殿本作“惚”）。《楚詞》曰（詞，殿本作“辭”）：“然埳軻而留滯。”王逸曰：“埳軻，不遇也。”衍被擯斥沈淪，猶草木之漚鬱芬芳，遇風霜而零落也。夷音協韻異。美音協韻媚。【今注】攢：聚集。　射干：多年生草本，又名“鳶尾”，根可入藥。　蘼蕪：芎藭的苗，葉有香氣。　搆：結成，連結。　木蘭：香木名。皮似桂而香，狀如楠樹。　新夷：香草名。即辛夷。　扈扈：光彩鮮明。　煬燿：照耀。　郁郁：香氣濃密。　暢美：旺盛美好。　芳曄：茂美。　發越：散發。　恍忽：即“恍惚”，輕視，忽視。　莫貴：不以之爲貴。　埳軻：坎坷。

［3］【李賢注】大宅謂天地。抗，舉也。老子曰：“玄之又玄，衆妙之門。”樂音五孝反。【今注】大宅：指天地，宇宙。　抗：堅持。　玄妙：深奥微妙。　常操：不變的操守。黄石公《素書·

安禮》："上無常操，下多疑心。"

［4【李賢注】此言所居之處，山林飛走之狀也。索，求也。《詩》曰"求其友聲"也。【今注】峨峨：高貌。　造：詣也。冥冥：幽暗深遠。　暢茂：旺盛繁茂。　鸞：傳說中鳳凰一類的鳥。　回翔：盤旋飛翔。　索：求。

［5］【今注】散思：抒發情思。

［6］【李賢注】鎮，重也。古之聖賢，多固窮以守道，故覽之以自鎮也。孔子曰："五十而知天命。"又曰："不知命無以爲君子。"玄者，幽寂之謂也。老子曰："萬物莫不尊道而貴德。"又曰："道者萬物之奥也（奥，大德本作'臭'），善人之所寶。"又曰："名與身孰親?"陂謂傍其邊側也。陂音丘義反。《史記》曰："陂山通道"是也。道以寂寞爲主，神不外營，故常存也。鎮，協韻竹人反。閒音閑。【今注】自鎮：猶自重。　孔丘：孔子，名丘，字仲尼。　知命：知天命。　老聃：老子，名耳，字聃。　貴玄：重視玄妙之"道"。　寶：貴重。　親：親近。　陂：靠近。

［7］【李賢注】《莊子》曰："莊子釣於濮水，楚王使大夫二人往見焉。曰：'願以境内累也。'莊子持竿不顧。曰：'吾聞楚有神龜，死已三千歲矣，王以巾笥而臧之廟堂之上。爲此龜者，寧死留骨而貴乎？寧其生而曳尾塗中乎?'使者曰：'寧生曳尾塗中。'《莊子》曰：'往矣，吾將曳尾於塗中。'"《列女傳》曰："於陵子終賢，楚王欲以爲相，使使者往迎之。子終出謝使者，遂與妻俱逃而爲人灌園。"孟子曰，客居於陵，故曰於陵子也。至人守真養志，言髣髴似之也。二子雖病一時（雖，大德本作"離"），而聲流萬古。蓋隱居困約，而反得道之精。窮棲悟理，入賢人之術，離塵垢之窈冥也。超然高邁，配松、喬之妙節也。【今注】莊周：即莊子，名周。道家學派的代表人物。　顯位：高位。　於陵子：即陳子仲，因居於陵，故稱於陵子仲，戰國時的隱

者，見《戰國策·齊策四·齊王使使者問趙威後》。於陵，古地名，在今山東鄒平縣東南。　灌園：澆水灌園。　案，似，大德本作“以”。　髣髴：謂隱隱約約，不真切的樣子。　隱約：隱身守約。　羌：連詞，表轉折關係，猶“反而”。　窮悟：徹然大悟。　窈冥：陰暗貌。《文選》左思《魏都賦》：“雷雨窈冥而未半，皦日籠光於綺寮。”吕向注：“窈冥，陰暗也。”　喬松：王子喬、赤松子，傳説中的兩位仙人。

[8]【李賢注】庶幾守道，與俗不同。俶儻猶卓異也。凡言觀者，非在己之言。從容猶在後也。衍雖擯斥當年，身窮志沮，而令問期於不朽（問，大德本、殿本作“聞”），聲芳縣諸日月，故曰願觀其從容。【今注】所庶：所願。　俶儻：卓異不凡。

顯宗即位，[1]又多短衍以文過其實，[2]遂廢於家。

[1]【今注】顯宗：東漢明帝劉莊。

[2]【今注】短：謂指摘過失。　文過其實：文辭浮夸，不切實際。

衍娶北地女任氏爲妻，[1]悍忌，不得畜媵妾，[2]兒女常自操井臼，[3]老竟逐之，遂埳壈於時。[4]然有大志，不戚戚於賤貧。[5]居常慷慨歎曰：[6]“衍少事名賢，經歷顯位，懷金垂紫，揭節奉使，[7]不求苟得，[8]常有陵雲之志。[9]三公之貴，[10]千金之富，不得其願，不概於懷。[11]貧而不衰，賤而不恨，年雖疲曳，猶庶幾名賢之風。[12]修道德於幽冥之路，以終身名，爲後世法。”居貧年老，卒于家。所著賦、誄、銘、説、問交、德誥、慎情、[13]書記説、自序、官録説、策五十篇，[14]肅宗甚重其文。子豹。

[1]【今注】北地：郡名。治馬嶺縣（今甘肅環縣東南馬嶺鎮）。

[2]【李賢注】悍，急也。【今注】悍忌：蠻橫猜忌。 媵（yìng）妾：古代嫁女以姪、娣相從，姪、娣相當於媵妾的地位。

[3]【今注】案，探，大德本作“操”。 井臼：水井和石臼，這裏泛指操持家務。

[4]【李賢注】衍集載衍《與婦弟任武達書》曰：“天地之性，人有喜怒，夫婦之道，義有離合。先聖之禮，士有妻妾，雖宗之眇微，尚欲踰制。年衰歲暮，恨入黄泉，遭遇嫉妒（妒，大德本作‘如’），家道崩壞，五子之母，足尚在門（在，大德本作‘其’）。五年已來，日甚歲劇，以白爲黑，以非爲是，造作端末，妄生首尾，無罪無辜，讒口嗷嗷。亂匪降天，生自婦人。《青蠅》之心，不重破國，妒嫉之情（妒嫉，殿本作‘嫉妬’），不憚喪身。牝雞之晨，唯家之索（唯，殿本作‘維’，大德本作‘維’），古之大患，今始於衍。醉飽過差，輒爲桀紂，房中調戲，布散海外，張目抵掌，以有爲無。痛徹倉天，毒流五臧，愁令人不賴生，忿令人不顧禍。入門著床（著，殿本作‘着’），繼嗣不育，紡績織紝，了無女工（了，大德本、殿本作‘子’），家貧無僮，賤爲匹夫，故舊見之，莫不悽愴，曾無憫惜之恩。唯一婢，武達所見，頭無釵澤，面無脂粉，形骸不蔽，手足抱土。不原其窮，不揆其情，跳梁大叫，呼若入冥，販糖之妾，不忍其態。計婦當去久矣，念兒曹小，家無它使，哀憐姜、豹，當爲奴婢（當，大德本、殿本作‘常’）。惻惻焦心，事事腐腸，訩訩籍籍，不可聽聞（聞，大德本作‘問’）。暴虐此婢，不死如髮，半年之閒，膿血橫流。婢病之後，姜竟舂炊，豹又觸冒泥塗，心爲愴然。縑縠放散，冬衣不補，端坐化亂，一縷不貫。既無婦道，

又無母儀，忿見侵犯，恨見狼藉，依倚鄭令，如居天上。持質相劫（劫，大德本作‘劾’），詞語百車，劍戟在門，何暇有讓？百弩環舍，何可彊復？舉宗達人解說，詞如循環，口如布轂，縣幡竟天，擊鼓動地，心不爲惡，身不爲摇。宜詳居錯，且自爲計，無以上書告訴相恐。狗吠不驚，自信其情。不去此婦，則家不寧；不去此婦，則家不清；不去此婦，則福不生；不去此婦，則事不成。自恨以華盛時不早自定，至於垂白家貧身賤之日，養癰長疽，自生禍殃。衍以室家紛然之故，捐棄衣冠，側身山野，絶交游之路，杜仕官之門（官，大德本、殿本作‘宦’），闔門不出，心專耕耘，以求衣食，何敢有功名之路哉！”【今注】埳壈（lǎn）：不遇貌。

［5］【今注】戚戚：憂懼貌。《漢書》卷八七上《揚雄傳上》曰：“（雄）不汲汲於富貴，不戚戚於貧賤，不修廉隅以徼名當世。”

［6］【今注】慷慨：情緒激昂。

［7］【李賢注】金謂印也，紫謂綬也。揭，持也，音求謁反。【今注】懷金垂紫：懷揣金印佩掛紫綬，形容顯貴。　節：符節。

［8］【今注】苟得：非義而取。

［9］【今注】陵雲之志：即凌雲之志，形容志向遠大。

［10］【今注】三公：指太尉、司徒、司空。

［11］【李賢注】概猶屑也。金或作乘。

［12］【李賢注】曳猶頓也。【今注】疲曳：衰弱疲敝。　庶幾：希望，但願。

［13］【李賢注】衍集有問交一篇，慎情一篇。

［14］【李賢注】衍集見有二十八篇。【今注】案，馮衍現存作品：《顯志賦》《揚節賦》《上書陳事》《上疏自陳》《説廉丹》《復説廉丹》《計説鮑永》《説吴漢》《遺田邑書》《詣鄧禹箋》《説鄧禹書》《與鄧禹書》《與陰就書》《又與陰就書》《與婦弟任武達書》《與宣孟書》《刀陽銘》《刀陰銘》《杖銘》《車銘》《席前右

銘》《席後右銘》《杯銘》《爵銘》《銘》《德誥》《問交》《慎情》。參見《全後漢書》與《漢魏六朝百三名家集》。

豹字仲文，年十二，母爲父所出。[1]後母惡之，嘗因豹夜寐，欲行毒害，豹逃走得免。敬事愈謹，而母疾之益深，時人稱其孝。[2]長好儒學，以《詩》《春秋》教麗山下。[3]鄉里爲之語曰："道德彬彬馮仲文。"[4]舉孝廉，[5]拜尚書郎，[6]忠勤不懈。每奏事未報，常俯伏省閤，[7]或從昏至明。肅宗聞而嘉之，使黄門持被覆豹，[8]敕令勿驚，[9]由是數加賞賜。是時方平西域，以豹有才謀，拜爲河西副校尉。[10]和帝初，數言邊事，奏置戊己校尉，[11]城郭諸國復率舊職。遷武威太守，[12]視事二年，河西稱之，復徵入爲尚書。[13]永元十四年，卒於官。

[1]【今注】出：趕走。

[2]【李賢注】衍《與宣孟書》曰："居室之義，人之大倫。思厚歡和之節，樂定金石之固。又自傷前遭不良，比有去兩婦之名。事誠不得不然，豈中心之所好哉！"觀其書意，似此妻又見出之。

[3]【李賢注】麗音力之反。【今注】麗山：一作"驪山""酈山"，在今陝西西安市臨潼區東南。

[4]【李賢注】《論語》曰："文質彬彬，然後君子。"鄭玄注："彬彬，雜半貌也。"【今注】彬彬：謂文質彬彬，指文質兼備。

[5]【今注】孝廉：漢代選拔人才的一種方式。孝謂孝子，廉指廉潔之士。最初，孝、廉各自獨立爲一門。漢武帝采納董仲舒建議，於元光元年（前134）初令郡國舉孝、廉各一人。其後多混同

連稱，因而合爲一科，所舉也不僅限於孝者和廉吏。舉孝廉一般按年進行，郡國每年向中央推舉一至二人。被舉者大都先除授郎中。

［6］【今注】尚書郎：漢尚書臺屬官，掌文書期會，東漢時分三公曹、吏部曹、民曹、客曹、二千石曹、中都官曹，分曹署事。蔡質《漢儀》曰："尚書郎初從三署詣臺試，初上臺稱守尚書郎，中歲滿稱尚書郎，三年稱侍郎。客曹郎主治羌胡事，劇遷二千石或刺史，其公遷爲縣令，秩滿自占縣去，詔書賜錢三萬與三臺祖餞，餘官則否。治嚴一月，準謁公卿陵廟乃發。御史中丞遇尚書丞、郎，避車執板住揖，丞、郎坐車舉手禮之，車過遠乃去。尚書言左右丞，敢告知如詔書律令。郎見左右丞，對揖無敬，稱曰左右君。丞、郎見尚書，執板對揖，稱曰明時。見令、僕射，執板拜，朝賀對揖。"本書卷三三《鄭弘傳》："舊制，尚書郎限滿補縣長令史丞尉。"

［7］【今注】案，省閤，聚珍本作"省門"。

［8］【今注】黄門：黄門侍郎，給事黄門侍郎的省稱。秦漢時期郎官給事在黄闥之内者，稱黄門侍郎。西漢時爲加官，多以重臣、外戚子弟、公主婿爲之。東漢時成爲有具體職掌的官職，侍從皇帝左右，傳宣詔令等。魏晉以後，因掌管機要，備皇帝顧問，職位甚重。給黄門郎，全稱"給事黄門侍郎"，東漢合併"黄門侍郎"與"給事黄門"而置。掌侍從左右、關通内外，與侍中平省尚書奏事，因出入禁中，故職任顯要。初無員數，獻帝定爲六人，秩六百石。一度改名侍中侍郎，旋復故。《太平御覽》卷七〇七引《東觀記》作"小黄門"。《東觀記》："馮豹每奏事未報，常服省閤下，或從昏至明。天子默使小黄門持被覆之，曰：'勿驚之。'"

［9］【今注】敕令：誡令，命令。

［10］【今注】河西副校尉：西域都護屬官。

［11］【今注】戊己校尉：西漢元帝初元元年（前 48）始置，掌管西域屯田事務，屬官有丞、司馬各一人，候五人，秩比六百石。《漢書》卷九《元帝紀》師古注："戊己校尉者，鎮安西域，無

常治處，亦猶甲乙等各有方位，而戊與己四季寄王，故以名官也。時有戊校尉，又有己校尉。一説，戊己位在中央，今所置校尉處三十六國之中，故曰戊己也。”

［12］【今注】武威：郡名。治姑臧（今甘肅武威市涼州區）。

［13］【今注】尚書：秦置尚書令。尚，主也。漢因之，銅印青綬。武帝用宦者，更爲中書謁者令。成帝去中書謁者令官，更以士人爲尚書令。後漢衆務，悉歸尚書，三公但受成事而已。尚書令主贊奏事，總領紀綱，無所不統。與司隸校尉、御史中丞朝會皆專席而坐，京師號曰“三獨坐”。故公爲令、僕射者，朝會不陛奏事。天子封禪，則尚書令奉玉牒檢兼藏封之禮。

論曰：夫貴者負埶而驕人，才士負能而遺行，其大略然也。二子不其然乎！[1]馮衍之引挑妻之譬，[2]得矣。[3]夫納妻皆知取詈己者，[4]而取士則不能。何也？豈非反妒情易，[5]而恕義情難。[6]光武雖得之於鮑永，猶失之於馮衍。[7]夫然，義直所以見屈於既往，守節故亦彌阻於來情。嗚呼！[8]

［1］【李賢注】《史記》曰：“魏太子擊逢文侯之師田子方，引車下道。子方不爲禮。太子擊曰：‘富貴者驕人乎？貧賤者驕人乎？’子方曰：‘貧賤者驕人耳。夫諸侯驕人則失其國，大夫驕人則失其家。貧賤者行不合，言不用，則去之楚、越，若脱躧然，奈何同之哉？’”士負能而遺行也。負，恃也。【今注】負埶：依仗權勢。　驕人：傲視他人。　負能：依仗能力。　遺行：行爲不檢點，品德有缺點。　然：代詞。如此，這樣。

［2］【今注】譬：比喻，比方。

［3］【今注】得：恰當。

［4］【今注】詈：罵。

［5］【今注】妒情：嫉妒之情。

［6］【今注】義情：恩義，情義。

［7］【李賢注】自此已上皆華嶠之詞（已，大德本作“以”）。

［8］【李賢注】衍爲更始舉哀，既降，執義守直。既行之於己，光武屈而不用，故言義直所以見屈於既往也。則守節之人，見衍被黜，彌阻難於將來。【今注】義直：忠義正直。　彌：益，更加。　來情：將來的情況。

贊曰：譚非讖術，[1]衍晚委質。[2]道不相謀，詭時同失。[3]體兼上才，榮微下秩。[4]

［1］【今注】非：誹，指責。

［2］【今注】委質：臣服，歸附。

［3］【李賢注】詭，違也，言二人之道不相同，俱以違時咸被擯斥也。

［4］【今注】榮：顯榮，榮耀。　下秩：官職低。秩，秩禄。

後漢書　卷二九

列傳第十九

申屠剛　鮑永 子昱　郅惲

申屠剛字巨卿，扶風茂陵人也。[1]七世祖嘉，[2]文帝時爲丞相。[3]剛質性方直，常慕史鰌、汲黯之爲人。[4]仕郡功曹。[5]

[1]【今注】扶風：政區名。即右扶風。相當於郡級。因地屬西漢長安京畿地區，故不稱郡。治長安縣（今陝西西安市西北）。茂陵：縣名。西漢制度以每一帝王陵之所在地設一縣，故於建元二年（前139）以武帝陵之守陵户及周圍附近地區置茂陵縣。治所在今陝西興平市東北。

[2]【今注】嘉：即申屠嘉。西漢官吏。爲人正直清廉。初隨劉邦征伐項羽、從擊黥布，爲都尉。文帝時先遷御史大夫，後爲丞相。景帝時欲誅殺鼂錯未成，嘔血而死。傳見《漢書》卷四二，《史記》卷九六《張丞相列傳》有附傳。案，申屠嘉，《漢書》本傳載其梁（今陝西韓城市南）人，可見申屠氏後遷往今陝西興平市東北。

［3］【今注】文帝：西漢文帝劉恒，公元前 180 年至前 157 年在位。廟號太宗，謚號孝文。紀見《史記》卷一〇、《漢書》卷四。

［4］【李賢注】《史記》曰，史鰌字子魚，衛大夫也。《論語》孔子曰："直哉史魚，邦有道如矢，邦無道如矢。"《前書》，汲黯字長孺。武帝時爲主爵都尉，好直諫，時人謂之"汲直"。【今注】史鰌：春秋時衛國大夫，以正直敢諫著稱。　汲黯：字長孺，濮陽（今河南濮陽市華龍區西南）人。西漢武帝時位列九卿，敢於面對皇帝直言勸諫。傳見《史記》卷一二〇、《漢書》卷五〇。案，《東觀漢記》傳九《申屠剛傳》此句下有"涉獵書記，果于行義"句。

［5］【今注】郡功曹：官名。漢制，郡守屬吏有功曹，爲郡守自選之屬吏中地位較高者，主選署功勞，議論賞罰，爲郡守的左右手。秩百石。

平帝時，[1]王莽專朝多猜忌，[2]遂隔絶帝外家馮、衛二族，不得交宦，剛常疾之。[3]及舉賢良方正，[4]因對策曰：[5]

［1］【今注】平帝：西漢平帝劉衎，公元前 1 年至 5 年在位。紀見《漢書》卷一二。

［2］【今注】王莽專朝多猜忌：大德本、殿本"專"後有"政"字，可從。　王莽：字巨君。孝元皇后之弟子。平帝即位，年僅九歲，元后以太皇太后臨朝稱制，以王莽爲大司馬，委政於莽，號安漢公。平帝死，以孺子嬰爲帝，王莽自稱攝皇帝。三年後自稱皇帝，改國號爲新。史稱王莽篡漢。公元 9 年至 23 年在位。傳見《漢書》卷九九。

［3］【李賢注】馮謂馮昭儀，平帝祖母也。衛謂衛姬，平帝母也，號中山太后。王莽專政，馮、衛二族皆不得至京師交通仕

宦。見《前書》。【今注】外家：外祖父母家，舅家。　馮衛：即馮昭儀與衛姬。事均見《漢書》卷九七下《外戚傳下》。　交宦：與仕宦交往。

[4]【今注】賢良方正：漢代選拔人才的科目之一。西漢文帝時，由郡國推舉"賢良方正能直言極諫者"，爲其始。賢良，指品德高尚；方正，指品行端正。

[5]【今注】對策：古代考試時把有關政事、經義寫在簡册上，讓應考者回答，稱對策。自漢代起作爲取士考試的一種形式。

臣聞王事失則神祇怨怒，[1]姦邪亂正，故陰陽謬錯。此天所以譴告王者，欲令失道之君，曠然覺悟，懷邪之臣，懼然自刻者也。[2]今朝廷不考功校德，[3]而虚納毁譽，數下詔書，張設重法，抑斷誹謗，禁割論議，罪之重者，乃至腰斬。傷忠臣之情，挫直士之鋭，殆乖建進善之旌，縣敢諫之鼓，[4]闢四門之路，明四目之義也。[5]

[1]【今注】神祇：指天神與地神。

[2]【李賢注】懼，驚也，音紀住反。刻猶責也。

[3]【今注】考功校德：考察核實功業與德行。

[4]【李賢注】旌，幡也（幡，殿本作"旛"）。《淮南子》曰："禹縣鐘鼓磬鐸（鐘，大德本、殿本作'鍾'，本注下同），置鞀，以待四方之士。爲幡曰：'教導寡人以道者擊鼓（導，殿本作"道"），喻以義者擊鐘，告以事者振鐸，語以憂者擊磬，有獄訟者摇鞀。'"《帝王紀》曰："堯置敢諫之鼓。"【今注】案，惠棟《後漢書補注》卷八："《逸禮·保傅篇》曰：'立進善之旌，懸誹謗之木，建招諫之鼓。'《鄧析子·轉辭篇》曰：'堯置敢諫之

鼓，舜立誹謗之木，湯有司直之人，武有戒慎之銘。’”實際上二者指的是要廣開言路，善言納諫。

［5］【李賢注】孔安國注《尚書》曰，開闢四方之門未開者，謂廣致衆賢也。明四目，謂廣視於四方，使下無擁塞也（擁，殿本作“壅”）。【今注】闢四門之路明四目之義：見《尚書·堯典》：“月正元日，舜格于文祖，詢于四岳，闢四門，明四目，達四聰。”指廣開言路，虛納賢才。

臣聞成王幼少，[1]周公攝政，聽言下賢，均權布寵，無舊無新，唯仁是親，[2]動順天地，舉措不失。然近則召公不悦，遠則四國流言。[3]夫子母之性，天道至親。今聖主幼少，[4]始免繦緥，[5]即位以來，至親分離，外戚杜隔，恩不得通。且漢家之制，雖任英賢，猶援姻戚。親疏相錯，杜塞間隙，誠所以安宗廟，重社稷也。今馮、衛無罪，久廢不録，或處窮僻，不若民庶，誠非慈愛忠孝承上之意。夫爲人後者，自有正義，至尊至卑，其埶不嫌，是以人無賢愚，莫不爲怨，姦臣賊子，以之爲便，不諱之變，[6]誠難其慮。今之保傅，[7]非古之周公。周公至聖，猶尚有累，何況事失其衷，不合天心者哉？昔周公先遣伯禽守封於魯，以義割恩，寵不加後，[8]故配天郊祀，三十餘世。[9]霍光秉政，[10]輔翼少主，[11]修善進士，名爲忠直，而尊其宗黨，摧抑外戚，[12]結貴據權，至堅至固，終没之後，受禍滅門。[13]方今師傅皆以伊、周之位，[14]據賢保之任，以此思化，則功何不至？不思其危，則禍何不到？損益之際，孔父攸歎，[15]持滿之戒，老氏所慎。[16]蓋功冠天下者不安，威震人主者不全。今承衰亂之後，繼重敝之世，公家屈竭，賦斂重數，苛吏奪其時，貪夫侵其財，百姓困乏，疾疫夭命。盜賊群輩，且以萬數，軍行衆止，竊號自立，[17]攻犯京師，燔燒縣邑，[18]至乃訛言積弩入宫，宿衛驚懼。自漢興以來，誠未有也。國家微弱，姦謀不禁，六極之效，危於累卵。[19]王者承天順地，典爵主刑，[20]不敢以天官私其宗，[21]不敢以天罰輕其親。[22]陛下宜遂聖明之德，昭然覺悟，遠述帝王之迹，近遵孝文之業，[23]差五品之屬，納至親之序，[24]亟遣使者徵中山太后，[25]置之别宫，令時朝見。又召馮、衛二族，裁與冗職，[26]使得執戟，親奉宿衛，以防未然之符，以抑患禍之端。上安社稷，下全保傅，内和親戚，外絶邪謀。

［1］【今注】成王：即周成王。周武王之子。事見《史記》卷四《周本紀》。

［2］【李賢注】《尚書大傳》曰："武王入殷，周公曰：'各安其宅，各田其田，無故無新，唯仁之親。'"

［3］【李賢注】《尚書》曰："周公爲師，相成王爲左右，召公不悦。"言周公既還政成王，宜其自退，今復爲相，故不悦也。四國謂管、蔡、商、奄也。成王幼小，周公攝政，四國流言曰："公將不利於孺子。"【今注】召公：姬姓，名奭。與周公一起輔佐周成王，故有"召公爲保，周公爲師"之稱。事見《尚書·君奭》

《史記·周本紀》。案，王先謙《後漢書集解》引劉攽曰：“注云周公爲師，相成王，爲左右。案，文少‘召公爲保’四字。”

[4]【今注】聖主：即漢平帝。案，王先謙《後漢書集解》：“先謙曰：官本‘小’作‘少’。”

[5]【李賢注】免，離也。平帝即位時年九歲，故云始免繈緥。《前書音義》曰：“繈，落也。緥，被也。”“緥”或作“褓”也。

[6]【今注】不諱之變：不可避免的變故。這裏指有人作亂，推翻帝王的統治。

[7]【今注】保傅：古代輔導天子及諸侯子弟的官員稱保傅。暗指王莽。

[8]【李賢注】伯禽，周公旦之子也。周公相成王，先封伯禽於魯，令就國守封。後謂伯禽也。周公身既尊寵，不令伯禽復加榮貴，以自挹損也。《東觀記》曰：“昔周公豫防禍首，先遣伯禽守封於魯，離斷至親（離，殿本誤作‘雖’），以義割恩，使己尊寵，不加其後。”

[9]【李賢注】自伯禽至頃公，爲楚考烈王所滅，凡三十四公。魯以周公大聖之後，故郊祀配天，一如天子之禮。【今注】配天郊祀：指讓祖先配享郊天祭祀。一般衹有天子的祖先纔能享受這種禮儀。因周公被尊爲聖人，故他的後嗣可享有這種特殊的禮遇。三十餘世：魯國國君自伯禽始，到魯頃公被楚考烈王所滅，共傳位三十四代。

[10]【今注】霍光：字子孟，河東平陽（今山西臨汾市西南）人。霍去病之弟。西漢武帝死後，他與桑弘羊等受遺詔立昭帝爲嗣。昭帝時爲八歲，霍光以大司馬大將軍輔政。昭帝死，他又立昌邑王劉賀爲帝，不久又廢，迎立武帝曾孫劉詢爲帝。先後輔政二十年。傳見《漢書》卷六八。

[11]【今注】少主：即漢昭帝劉弗陵。公元前87年至前74年

在位。紀見《漢書》卷七。

[12]【李賢注】昭帝時霍光輔政，其子禹及兄孫雲、山等皆中郎將、奉車都尉，昆弟諸婿皆奉朝請，給事中，唯昭帝外家趙氏無一在位者。【今注】案，大德本、殿本“尊”後有“崇”字。

[13]【李賢注】霍光薨後，其子禹，宣帝時爲大司馬，謀反發覺，禹腰斬，母顯及諸女昆弟皆棄市。

[14]【今注】伊周：指伊尹與周公。伊尹，商湯大臣。助商滅夏，綜理國政。關於伊尹故事，版本較多。清華簡中也有一些與伊尹有關的材料。（參見孟祥才《伊尹形象的歷史呈現》，《海岱學刊》2017 年第 1 期；劉夫德《伊尹新論》，《南都學壇》2018 年第 6 期）

[15]【李賢注】《説苑》曰：“孔子讀《易》至《損》《益》，則喟然而歎。子夏問曰：‘夫子何爲歎？’孔子曰：‘夫自損者益，自益者缺，吾是以歎之矣。’”

[16]【李賢注】老子曰：“持而盈之，不如其已。”已，止也，言執滿必傾，不如止也。

[17]【李賢注】興軍而行，擁衆而止，無畏憚於危亡也。【今注】軍行衆止：成群結隊地行走停留。指毫無懼怕心理。　竊號自立：盜用皇帝的名號，自立爲王。

[18]【李賢注】謂平帝元始三年，陽陵人任横等自稱將軍，盜武庫兵，攻官寺（官，殿本誤作“宫”），出囚徒也。【今注】案，事見《漢書》卷一二《平帝紀》。

[19]【李賢注】《尚書大傳》曰“貌之不恭厥極惡，言之不從厥極憂，視之不明厥極疾，聽之不聰厥極貧，心之不睿厥極凶短折，皇極不建厥極弱”也。【今注】六極：六種凶惡的事，即早死、疾病、憂愁、貧窮、邪惡、懦弱。參見《尚書·洪範》。

[20]【今注】典爵主刑：典爵，主管爵位，指有權獎賞。主刑，主管刑罰，指有權處罰。

[21]【今注】天官：這裏泛指朝廷的官位。

[22]【今注】天罰：這裏泛指朝廷的處罰。

[23]【李賢注】文帝即位，使將軍薄昭迎薄太后於代。剛欲使平帝迎中山太后至京師者也（殿本無“者”字，可從）。

[24]【李賢注】五品，五常之教也。《尚書》舜命契曰：“汝作司徒，敬敷五教。”《左傳》史克曰：“舜舉八元，使布五教于四方；父義，母慈，兄友，弟恭，子孝。”【今注】差：區别，分别。　五品：即五倫，指父、母、兄、弟、子。按照封建社會標準，要父義、母慈、兄友、弟恭、子孝。

[25]【今注】中山太后：即衛姬。西漢平帝的母親。

[26]【李賢注】冗，散也。

書奏，莽令元后下詔曰：“剛所言僻經妄説，[1]違背大義。其罷歸田里。”[2]

[1]【李賢注】元后，元帝后，王莽之姑也。【今注】元后：傳見《漢書》卷九八。

[2]【今注】田里：指故里、故鄉。案，宋文民《後漢書考釋》曰：“詔書云令下，《春秋》之筆法也。《漢書·王莽傳》用令字有三處：‘又太后不宜省小事，令太后下詔’‘舜等即共令太后下詔’‘意不在哀，令太后詔議其服’；《元后傳》亦有一處：‘迺令太后四時車駕，巡狩四郊。’《文心彫龍·史傳》云：貶在片言，《微聖》云：《春秋》一字以褒貶。”（上海古籍出版社1995年版，第115頁）

後莽篡位，剛遂避地河西，[1]轉入巴、蜀，往來二十許年。[2]及隗囂據隴右，[3]欲背漢而附公孫述。[4]剛説之曰："愚聞人所歸者天所與，人所畔者天所去也。伏念本朝[5]躬聖德，舉義兵，龔行天罰，[6]所當必摧，[7]誠天之所福，非人力也。將軍本無尺土，孤立一隅，宜推誠奉順，與朝并力，上應天心，下疇人望，爲國立功，可以永年。[8]嫌疑之事，聖人所絶。以將軍之威重，遠在千里，動作舉措，可不慎與？今璽書數到，委國歸信，欲與將軍共同吉凶。布衣柜與，[9]尚有没身不負然諾之信，況於萬乘者哉！[10]今何畏何利，久疑如是？卒有非常之變，上負忠孝，下愧當世。[11]夫未至豫言，固常爲虚，及其已至，又無所及，是以忠言至諫，希得爲用。誠願反覆愚老之言。"[12]囂不納，遂畔從述。

[1]【今注】避地河西：指申屠剛投奔隗囂，爲持書侍御史。河西，泛指黄河以西地區，今甘肅一帶（一説指河西五郡：武威、金城、張掖、酒泉、敦煌）。

[2]【今注】案，許，殿本作"餘"，是。

[3]【今注】隗囂：字季孟，天水成紀（今甘肅静寧縣西南）人。傳見本書卷一三。　隴右：地區名。泛指隴山以西地區，相當今甘肅隴山、六盤山以西，黄河以東一帶。

[4]【今注】公孫述：字子陽，扶風茂陵（今陝西興平市東北）人。曾自立爲蜀王，進稱天子。傳見本書卷一三。

[5]【李賢注】謂光武也。【今注】伏念：下對上陳述意見時用的敬辭。

[6]【今注】龔行天罰：言謹行天罰。龔，殿本誤作"共"。

[7]【今注】案，惠棟《後漢書補注》卷八："當猶向也。"

[8]【李賢注】《今文尚書》曰"立功立事，可以永年"也。

［9］【今注】案，桓，紹興本、大德本、殿本作“相”，可從。

［10］【李賢注】《烈士傳》曰：“羊角哀、左伯桃二人爲死友，欲仕於楚，道阻，遇雨雪不得行，飢寒，自度不俱生。伯桃謂角哀曰：‘俱死之後，骸骨莫收，内手捫心，知不如子。生恐無益而棄子之能，我樂在樹中。’角哀聽之，伯桃入樹中而死。楚平王愛角哀之賢，以上卿禮葬伯桃。角哀夢伯桃曰：‘蒙子之恩而獲厚葬，正苦荊將軍冢相近。今月十五日，當大戰以決勝負。’角哀至期日，陳兵馬詣其冢，作三桐人，自殺，下而從之。”此歿身不負然諾之信也。

［11］【李賢注】言從漢何畏，附蜀何利，而久疑不決（決，大德本誤作“涣”）。

［12］【今注】案，王先謙《後漢書集解》引王補曰：“剛明天人之理，與郅惲上書王莽相似。是時，班彪著《王命論》，馬援與陽廣書欲以譬曉隗囂，然皆遜此至誠。”

建武七年，[1]詔書徵剛。剛將歸，與囂書曰：“愚聞專己者孤，拒諫者塞，孤塞之政，亡國之風也。雖有明聖之姿，猶屈己從衆，故慮無遺策，舉無過事。夫聖人不以獨見爲明，而以萬物爲心。順人者昌，逆人者亡，此古今之所共也。將軍以布衣爲鄉里所推，廊廟之計，既不豫定，[2]動軍發衆，又不深料。今東方政教日睦，[3]百姓平安，而西州發兵，[4]人人懷憂，騷動惶懼，莫敢正言，群衆疑惑，人懷顧望。非徒無精鋭之心，其患無所不至。夫物窮則變生，事急則計易，其埶然也。夫離道德，逆人情，而能有國有家者，[5]古今未有也。將軍素以忠孝顯聞，是以士大夫不遠千里，慕樂德義。今苟欲決意徼幸，此何如哉？夫天所祐者順，人所助者信。[6]如未蒙祐助，令小人受塗地之禍，[7]毁壞終身之德，敗亂君臣之節，污傷父子之恩，[8]衆賢破膽，[9]可不慎哉！”囂不納。剛到，拜侍御史，[10]遷尚書令。[11]

[1]【今注】建武：東漢光武帝劉秀年號（25—56）。案《資治通鑑》卷四二《漢紀》世祖光武皇帝建武六年《考異》曰：“本傳云七年徵剛。按明年囂已臣公孫述，必不用詔書。當在此年。”

[2]【李賢注】廊，殿下屋也；廟，太廟也。國事必先謀於廊廟之所也。【今注】廊廟之計：國家大計。廊，殿四周的走廊。廟，即太廟。古代帝王和大臣議論朝政的地方。故用廊廟代指朝廷。案，廊廟，大德本誤作“廟堂”。

[3]【今注】東方：指劉秀建立的東漢政權。

[4]【今注】西州：今四川盆地。此處代指公孫述。

[5]【今注】有國有家者：指諸侯大夫。諸侯的封地叫國，大夫的封地稱家。

[6]【李賢注】《易·繫詞》之言也（詞，大德本、殿本作“辭”，是）。

[7]【今注】塗地之禍：慘死的災禍。

[8]【李賢注】不從光武，是亂君臣之節也。遣子恂入質而背之，是傷父子之恩也。

[9]【今注】破膽：喻十分驚恐。

[10]【今注】侍御史：官名。西漢時爲御史大夫屬官，掌受公卿奏事，監察文武官員等，秩六百石。王莽時改侍御史爲執法。東漢復舊，於糾彈本職之外，常奉命出使州郡，巡行風俗，督察軍旅，職權頗重。

[11]【今注】尚書令：官名。秦及漢初爲尚書署長官，掌收發文書，隸少府，初秩六百石。西漢武帝之後，職權稍重，爲宮廷

機要官員，升秩千石。東漢爲尚書臺長官，兼具宫官、朝官職能。秩位雖低，但總領政務。如以公任其職，增秩至二千石。案，惠棟《後漢書補注》卷八："《東觀記》'蹇蹇多直言，無所屈撓'。《續漢書》云剛在尚書，數犯顏正色，百僚憚之。"

光武嘗欲出游，[1]剛以隴、蜀未平，不宜宴安逸豫。[2]諫不見聽，遂以頭軔乘輿輪，帝遂爲止。[3]

[1]【今注】光武：東漢光武帝劉秀，公元25年至57年在位。紀見本書卷一。

[2]【今注】宴安逸豫：貪圖享樂。

[3]【李賢注】軔，謂以頭拄車輪也（拄，紹興本作"枝"；大德本、殿本作"止"，是）。王逸注《楚詞》曰（逸，大德本誤作"巡"；詞，殿本作"辭"，是）："輿（紹興本、大德本、殿本作'軔'，是），止輪木也。"【今注】軔：阻礙車輪不讓其轉動的木頭。這裏用作動詞，即阻止車輪轉動。案，惠棟《後漢書補注》卷八："《太元》云'車軔馬止，不可以行。'馮衍賦云'軔吾車于箕陽則軔，爲止義也'。王逸音刃。《説文》曰：軔，礙車也，從車，刃聲。止本作支，或作搘。"

時内外群官，多帝自選舉，加以法理嚴察，[1]職事過苦，尚書近臣，至乃捶撲牽曳於前，[2]群臣莫敢正言。剛每輒極諫，又數言皇太子宜時就東宫，[3]簡任賢保，以成其德，帝並不納。以數切諫失旨，數年，出爲平陰令。[4]復徵拜太中大夫，[5]以病去官，卒於家。

[1]【今注】法理：法律條文。

[2]【今注】捶撲：鞭打，杖擊。　牽曳：拖帶，牽拉。案，王先謙《後漢書集解》："王補曰：尚書近臣，至捶撲、牽曳於前，其明代廷杖之作俑乎。"

[3]【今注】皇太子：漢明帝劉莊。

[4]【今注】平陰：縣名。治所在今河南孟津縣東。

[5]【今注】太中大夫：官名。亦作大中大夫。秦、西漢初位居諸大夫之首。武帝太初元年（前104）以後次於光禄大夫，秩比千石。掌顧問應對。東漢秩千石，後期權任漸輕。

鮑永字君長，上黨屯留人也。[1]父宣，[2]哀帝時任司隸校尉，[3]爲王莽所殺。[4]永少有志操，習歐陽《尚書》。[5]事後母至孝，妻嘗於母前叱狗，而永即去之。[6]

[1]【李賢注】屯留，今潞州縣也。【今注】上黨：郡名。治長子縣（今山西長子縣西南）。　屯留：縣名。治所在今山西長治市屯留區。案，王先謙《後漢書集解》引洪亮吉曰："《前書·鮑宣傳》宣既被刑，廼徙之上黨，遂家于長子，此云屯留，或永後復從長子徙耳。"

[2]【今注】宣：鮑宣，字子都，渤海高城（今河北鹽山縣東南）人。西漢名儒。哀帝時爲諫大夫、司隸校尉。平帝時，王莽秉政，被迫自殺。傳見《漢書》卷七二。

[3]【今注】哀帝：西漢哀帝劉欣，公元前7年至前1年在位。紀見《漢書》卷一一。　司隸校尉：官名。西漢武帝征和四年（前89）始置，秩二千石。初掌管在中央諸官府服役的徒隸，後職掌京都百官及三輔等地區的犯法者，職權威重。成帝元延四年（前9）省，哀帝即位後復置，但稱"司隸"，隸大司空，位比司直。《漢書》卷七二《鮑宣傳》曰："拜宣爲司隸。時哀帝改司隸校尉

但爲司隸，官比司直。”

［4］【李賢注】莽輔政，誅不附己者，故殺宣。【今注】案，惠棟《後漢書補注》卷八：“《潛夫論》曰‘齊有鮑叔世，爲卿大夫。晉有鮑癸，漢有鮑宣，累世忠直。’魏文帝《列異傳》曰‘故司隸校尉上黨鮑子都少時舉上計掾于道中，遇一書生獨行無伴，卒得心痛。子都下車爲掩摩，奄忽而亡，不知姓氏。有素書一卷，銀十鉼。即賣一鉼，以資殯殮，餘銀及素書著腹上，埋之。謂曰：若子魂靈有知，當令子家知子在此，今使命不獲久留，遂辭而去。京師有駿馬，隨之人莫能得近，唯子都得近。子都歸行，失道。遇一關内侯家，日暮往宿，見主人呼奴通刺，奴出見馬，入白侯曰：外客盜騎。昔所失駿馬。侯曰：鮑子都，上黨高士，必應有語。問曰：若此乃吾昔年無故失之，君何以致此馬。子都曰：昔上計遇一書生，卒死道中，具述其事。侯乃驚愕，曰：此吾兒也。侯迎喪，開槨，視銀書如言。侯乃舉家，詣嗣。上薦子都，聲名遂顯。辟公府、侍御史、豫州牧、司隸校尉。至子永，孫昱，並爲司隸。其在公，皆復乘駿馬，故京師歌之曰：鮑氏驄三入司隸，再入公馬，雖疲行步工。棟案，宣本渤海高城人，後爲司隸被刑，乃徙之上黨，遂家長子。今宣始爲上計掾而云上黨高士者，非實録也。”

［5］【李賢注】歐陽生字和伯，千乘人。受《尚書》於伏生。見《前書》。【今注】歐陽尚書：據《漢書》卷八八《儒林傳》載，歐陽生字和伯，千乘（今山東高青縣東南）人。事伏生，授兒寬。寬又授歐陽生子，世世相傳。由是《尚書》世有歐陽氏學。

［6］【李賢注】去音丘吕反。【今注】案，惠棟《後漢書補注》卷八：“宣妻，桓氏女。見《列女傳》。”

初爲郡功曹。莽以宣不附己，欲滅其子孫。都尉路平承望風旨，[1]規欲害永。太守苟諫擁護，召以爲吏，常置府中。永因數爲諫陳興復漢室，翦滅篡逆之策。諫每戒永曰："君長幾事不密，[2]禍倚人門。"永感其言。及諫卒，自送喪歸扶風。路平遂收永弟升。太守趙興到，[3]聞乃歎曰："我受漢茅土，[4]不能立節，[5]而鮑宣死之，豈可害其子也！"敕縣出升，復署永功曹。時有矯稱侍中止傳舍者，[6]興欲謁之。永疑其詐，諫不聽而出，興遂駕往，永乃拔佩刀截馬當匈，乃止。[7]後數日，莽詔書果下捕矯稱者，永由是知名。舉秀才，[8]不應。

[1]【今注】都尉：官名。郡軍事長官。秦、西漢初設郡尉。景帝中元二年（前148）改名都尉。秩比二千石。協助太守典章軍事，維護治安。惠棟《後漢書補注》卷九："《風俗通》云'漢有上黨都尉露平'。露當作路。"

[2]【今注】幾事不密：重要的政事不保密。《周易·繫辭》："幾事不密則害成。"幾，本意爲"初"，引申爲"機"。

[3]【今注】案，太守，殿本作"大守"。

[4]【李賢注】王者封五色土爲社，封諸侯則各割其方面土與之，燾以黄土，苴以白茅，使歸立社也。【今注】茅土：指受封爲王侯。古代帝王祭祀土地神的神壇用五色土建成，分封諸侯時，按封地所在的方向取壇上的一色土，用茅包裹，叫作茅土，交給受封者在封國内立社。

[5]【今注】立節：樹立節操。這裏指爲君王效忠。

[6]【今注】侍中：官名。秦朝始置，西漢爲加官。侍從皇帝左右。王莽秉政，復令與宦官同止禁中。東漢置爲正式職官，秩比二千石。　傳舍：客舍、驛舍。惠棟《後漢書補注》卷九："《風俗通》曰諸侯及使者有傳信，乃得舍于傳耳。今刺史行部車號傳車，從事督郵。"

[7]【李賢注】當匈，以韋爲之也。【今注】當匈：在他面前。匈，通“胸”。惠棟《後漢書補注》卷九：“袁宏《紀》永當州門，拔佩刀，截鞅輿爲還車。”

[8]【今注】秀才：古代選拔人才的科目之一。又稱“茂才”。選拔秀才自西漢武帝元封四年（前107）開始，由各郡國每年推舉秀才一人。

更始二年徵，[1]再遷尚書僕射，[2]行大將軍事，[3]持節將兵，[4]安集河東、并州、朔部，[5]得自置偏裨，[6]輒行軍法。永至河東，因擊青犢，[7]大破之，更始封爲中陽侯。[8]永雖爲將率，而車服敝素，爲道路所識。[9]

[1]【今注】更始：兩漢之際更始政權建立者劉玄年號（23—25）。劉玄號更始將軍，被擁立爲天子，建元曰更始，傳見本書卷一一。

[2]【今注】尚書僕射：官名。秦置，屬少府。西漢因之，爲尚書令副職，主文書啓封。秩六百石。東漢爲尚書臺次官，職權益重。

[3]【今注】行：某職缺而未補，由另外的官兼職代理，多以職位低的人替代較高的職務。　大將軍：官名。戰國時設，兩漢因之。地位因人而異，與三公相上下，與丞相相當。自西漢武帝時起領録尚書事，外主征戰，内秉國政，權勢超過丞相。東漢多以貴戚擔任，位在三公之上。

[4]【今注】持節：節，皇帝的符節。持節標示接受王命。

[5]【今注】河東：地區名。在今山西西南部。　并州：西漢武帝時所置十三刺史部之一，屬地相當今山西大部和内蒙古、河北的一部分地區。　朔部：朔方刺史部的簡稱。泛指朔方刺史部所屬

地區，轄境約當今内蒙古河套地區、山西西部沿黄河一綫、陝西北部和寧夏大部分地區。案，《東觀漢記·鮑永傳》言“將兵安集河東”，《後漢紀》卷三《光武皇帝紀》云“初，更始遣將軍鮑永撫河東，北及并州”，二者均未提及“朔部”。

［6］【今注】偏裨：指偏將與裨將，均爲副官。《東觀漢記·鮑永傳》云“時永得置偏裨將五人”。

［7］【今注】青犢：西漢末一支農民起義軍的稱號。

［8］【李賢注】中陽，縣，屬西河郡，今汾州孝義縣也。【今注】中陽：縣名。西漢置，治所在今山西中陽縣。

［9］【李賢注】《東觀記》曰：“永好文德，雖行將軍，常衣皁襜褕，路稱鮑尚書兵馬（馬，大德本、殿本作‘馬’，是）。”俗本或有“馬”上加“不”者（馬，紹興本、大德本、殿本作“爲”，是），誤也。【今注】案，《後漢紀》卷三《光武皇帝紀》云“永好文德，雖爲將帥，常儒服從事”。

時赤眉害更始，[1]三輔道絶。[2]光武即位，遣諫議大夫儲大伯，[3]持節徵永詣行在所。[4]永疑不從，乃收繫大伯，[5]遣使馳至長安。既知更始已亡，乃發喪，出大伯等，封上將軍列侯印綬，[6]悉罷兵，但幅巾與諸將及同心客百餘人詣河内。[7]帝見永，問曰：“卿衆所在？”永離席叩頭曰：“臣事更始，不能令全，誠慙以其衆幸富貴，故悉罷之。”[8]帝曰：“卿言大！”而意不悦。[9]時攻懷未拔，[10]帝謂永曰：“我攻懷三日而兵不下，關東畏服卿，可且將故人自往城下譬之。”即拜永諫議大夫。至懷，乃説更始河内太守，於是開城而降。[11]帝大喜，[12]賜永洛陽商里宅，[13]固辭不受。

［1］【今注】赤眉：西漢末樊崇等領導的農民起義軍，因用赤色塗眉做記號，故稱赤眉。

［2］【今注】三輔：地區名。京畿地區的合稱。西漢景帝二年（前155）分内史爲左右内史，與主爵中尉（尋改主爵都尉）同治京城長安城中，所轄皆爲京畿之地，故合稱“三輔”。武帝時，左右内史、主爵都尉分别改名爲左馮翊、京兆尹、右扶風。轄境相當於今陜西關中地區。案，“赤眉害更始，三輔道絶”事見本書卷一一《劉玄傳》。

［3］【李賢注】《風俗通》曰：“儲姓，齊大夫儲子之後也。”【今注】諫議大夫：官名。秦置。專掌論議。西漢初廢，武帝時改置諫大夫。東漢光武帝復置諫議大夫。掌侍從顧問、參諷謀議。名義上隸光禄勳。秩六百石。　儲大伯：《後漢紀》卷三《光武皇帝紀》云“儲伯”。

［4］【今注】行在所：指天子巡行所至之地。

［5］【李賢注】《東觀記》曰“封大伯所持節於晉陽傳合壁中，遣信人馳至長安”也。【今注】案，王先謙《後漢書集解》引劉攽曰：“傳‘合’當作‘舍’。”宋文民《後漢書考釋》云：“《御覽》卷六一八引《續漢書》：‘封節傳舍壁中。’正作傳舍，劉説是。”（第115頁）

［6］【今注】上將軍：官名。戰國時置，爲督軍征戰的主帥。漢時亦置，位極尊。掌國家兵權。

［7］【李賢注】幅巾謂不著冠，但幅巾束首也（束，殿本誤作“束”）。【今注】幅巾：古代男子用絹一幅束髮，稱爲幅巾。這裏作動詞用。　河内：郡名。治懷縣（今河南武陟縣西南）。

［8］【李賢注】幸，希也。【今注】幸：僥倖。

［9］【今注】案，《資治通鑑》卷四〇《漢紀》世祖光武皇帝建武二年胡三省注：“帝雖謂永言大，而以其降晚，意懷不悦也。”

［10］【今注】懷：縣名。治所在今河南武陟縣西南。

［11］【今注】案，《東觀漢記》卷九《鮑永傳》曰：“至懷，謂太守曰：‘足下所以堅不下者，未知孰是也。今聖主即位，天下以定，不降何待？’”《資治通鑑》卷四〇《漢紀》世祖光武皇帝建武二年《考異》案：“光武未都洛陽以前屢幸懷，又祠高祖於懷宮，並無更始河内太守據懷事。《本紀》亦無攻懷一節。”

［12］【李賢注】《東觀記》曰：“永説下懷，上大喜，與永對食。”

［13］【李賢注】《東觀記》曰：“賜洛陽上商里宅。”陸機《洛陽記》曰：“上商里在洛陽東北，本殷頑人所居，故曰上商里宅也。”【今注】案，北魏楊衒之《洛陽伽藍記》卷五《城北》載：“洛陽城東北有上商里，殷之頑民所居處也。高祖名聞義里。遷京之始，朝士住其中，迭相譏刺，竟皆去之。唯有造瓦者止其内，京師瓦器出焉。世人歌曰：‘洛城東北上商里，殷之頑民昔所止。今日百姓造瓮子，人皆棄去住者恥。’”上商里，在今河南偃師市西北漢魏故城東北。

時董憲裨將屯兵於魯，[1]侵害百姓，乃拜永爲魯郡太守。[2]永到，擊討，大破之，降者數千人。唯别帥彭豐、虞休、皮常等各千餘人，[3]稱“將軍”，不肯下。頃之，孔子闕里無故荆棘自除，[4]從講堂至于里門。永異之，[5]謂府丞及魯令曰：“方今危急而闕里自開，斯豈夫子欲令太守行禮，助吾誅無道邪？”乃會人衆，修鄉射之禮，[6]請豐等共會觀視，欲因此禽之。豐等亦欲圖永，乃持牛酒勞饗，而潛挾兵器。永覺之，手格殺豐等，禽破黨與。帝嘉其略，封爲關内侯，[7]遷楊州牧。[8]時南土尚多寇暴，永以吏人痍傷之後，[9]乃緩其銜轡，[10]示誅彊横而鎮撫其餘，百姓安之。會遭母憂，去官，悉以財産與孤弟子。

［1］【今注】董憲：東海（今山東郯城縣）人。東漢初豪强。更始長安政亂，董憲起兵東海。光武帝建武三年（27），梁王劉永擅立其爲海西王。建武六年，兵敗被斬殺。事見本書卷一《光武帝紀》、卷一二《劉永傳》。

［2］【今注】魯郡：治魯縣（今山東曲阜市）。

［3］【今注】别帥：主力軍之外的軍隊的將領。　案，虞休，殿本作“虞林”。

［4］【李賢注】闕里解見《明紀》。【今注】案，本書卷二《明帝紀》李賢注曰：“孔子宅在今兖州曲阜縣故魯城中歸德門内闕里之中，背洙面泗，矍相圃之東北也。”闕里，相傳爲孔子向學生講學的地方。在洙水與泗水之間。東漢則稱孔子故里爲闕里。

［5］【今注】案，惠棟《後漢書補注》卷八：“《連叢子》云：鮑府君謂孔子建曰：‘爲之奈何？’對曰：‘庠序之儀廢來久矣，今誠修之，民必觀焉，且憲豐爲盜或聚或散，非有堅固部曲也，若行饗射之禮，内爲禽之之備，外示以簡易憲等，無何依衆觀化，可因而縛也。’府君從之，用格憲等。”

［6］【今注】鄉射之禮：古人以射選士的一種禮儀。多於春秋兩季在學校舉行。

［7］【今注】關内侯：秦置二十等爵，漢沿襲。關内侯爲第十九級。一般關内侯無具體封土而享受租税收入。

［8］【今注】州牧：官名。西漢武帝時分全國爲十三州部，各置刺史監察諸郡，秩六百石。成帝綏和元年（前8）更名州牧，秩二千石，位次九卿。後多有反複。東漢時逐漸演變爲州一級行政長官。

［9］【今注】痍傷：創傷。這裏指遭受傷害。

［10］【李賢注】銜轡，喻法律以控御人也。《説苑》曰：“理

國譬若張琴，大絃急則小絃絶矣，故急於其銜轡者，非千里之御也（御，大德本、殿本作‘馭’）。”【今注】銜轡：馬嚼子與繮繩。這裏代指法律。

建武十一年，徵爲司隸校尉。帝叔父趙王良尊戚貴重，[1]永以事劾良大不敬，[2]由是朝廷肅然，莫不戒慎。乃辟扶風鮑恢爲都官從事，[3]恢亦抗直不避彊禦。帝常曰：“貴戚且宜斂手，以避二鮑。”[4]其見憚如此。[5]

[1]【今注】趙王良：劉良，字次伯。光武帝劉秀九歲而孤，養於叔父良。建武二年（26），封良爲廣陽王。五年，徙爲趙王。十三年，降爲趙公。十七年，死於京師。傳見本書卷一四、《東觀漢記》卷七。

[2]【李賢注】《東觀記》曰“時良從送中郎將來歙喪還，入夏城門中，與五官將軍相逢，道迫，良怒，召門候岑尊，叩頭馬前。永劾奏良曰‘今月二十七日，車駕臨故中郎將來歙喪還，車駕過，須臾趙王良從後到，與右中郎將張邯相逢城門中，道迫狹，叱邯旋車，又召候岑尊詰責，使前走數十步。案良諸侯藩臣，蒙恩入侍，知尊帝城門候吏六百石，而肆意加怒，令叩頭都道，奔走馬頭前。無藩臣之禮，大不敬’”也。【今注】案，此事見《東觀漢記》卷一四《鮑永傳》。王先謙《後漢書集解》引劉攽曰：“注‘五官將軍’。案，五官無將軍之稱，蓋‘軍’字本是‘車’字。”

[3]【今注】鮑恢：事亦見本書卷二七《王良傳》。都官從事：官名。爲司隸校尉屬官，由其自辟除。秩僅百石。權勢頗重，掌監察舉劾百官。

[4]【今注】案，王先謙《後漢書集解》：“周壽昌曰：《東觀

記》作詔策曰貴戚云云。《御覽》三百七十引作京師語曰貴戚斂手，避二鮑。案此作帝語爲是，此不得有詔策，亦非京師語也。”

［5］【今注】案，惠棟《後漢書補注》卷八：“《續漢書》云：永性矜嚴、公正，百僚忌難，每朝各加戒慎也。”

永行縣到霸陵，[1]路經更始墓，引車入陌，[2]從事諫止之。永曰：“親北面事人，寧有過墓不拜！雖以獲罪，司隸所不避也。”遂下拜，哭盡哀而去。西至扶風，椎牛上苟諫冢。[3]帝聞之，意不平，問公卿曰：“奉使如此何如？”太中大夫張湛對曰：[4]“仁者行之宗，忠者義之主也。[5]仁不遺舊，忠不忘君，行之高者也。”帝意乃釋。

［1］【今注】行縣：到轄縣巡視。　霸陵：縣名。屬京兆尹。治所在今陝西西安市東。因其地有文帝劉恒霸陵，故名。

［2］【李賢注】墓在今萬年縣東北。南北爲阡，東西爲陌。【今注】陌：田間小路。南北方向的叫阡，東西方向的叫陌，統稱阡陌。

［3］【今注】椎牛：殺牛。

［4］【今注】張湛：字子孝，扶風平陵（今陝西咸陽市西北）人。他陳諫帝王之失，常乘白馬，帝每見湛，輒言“白馬生且復諫矣”。建武七年（31），以病乞身，拜光禄大夫，代王丹爲太子太傅。建武十七年郭后廢，因稱疾不朝，拜太中大夫。傳見本書卷二七。案，據本書《張湛傳》，當是光禄大夫，太中二字誤，拜太中大夫已在稱疾不朝之後也。

［5］【今注】案，《東觀漢記》卷一四《鮑永傳》則作“仁者，百行之宗；忠者，禮義之主也”。

后大司徒韓歆坐事，[1]永固請之不得，以此忤帝意，出爲東海相。[2]坐度田事不實，[3]被徵，諸郡守多下獄。永至城皋，[4]詔書逆拜爲兖州牧，[5]便道之官。[6]視事三年，病卒。子昱。

[1]【李賢注】建武十五年歆坐直言免也。【今注】大司徒：官名。三公之一，助天子掌管行政事務。東漢光武帝建武二十七年(51)，改名"司徒"。 韓歆：字翁君，南陽（今河南南陽市）人。好直言。建武十三年沛郡太守韓歆爲大司徒，十五年坐非帝讀隗囂書而被免，後不得已與子自殺。事見本書卷二六《侯霸傳》。

[2]【今注】東海相：東海，王國名。治郯縣（今山東郯城縣北）。相，爲王國最高行政長官，秩二千石。掌民政。西漢成帝後，位職如郡守。

[3]【今注】坐度田事不實：建武十五年光武帝在全國範圍内發動了一次大規模的"度田"鬬争，諸多郡守皆因"度田不實"而"下獄死"，還引發了一場激烈的武装鬬争。所謂度田，包括兩個方面的内容：一是丈量土地，二是清查户口。目前，學術界認爲，"度田令"是嚴格推行的，没有因兵長大姓的叛亂而停止，並獲得了完全的成功，不僅有效地整頓了社會秩序，强化了國家對人口土地的控制，而且肅清了軍閥割據的潛在勢力，革除了秦漢以來在田税徵收方式上的某些積弊，有效地穩定了東漢初年的政局。(參見高敏《"度田"鬬争與光武中興》，《南都學壇》1996年第1期；臧知非《劉秀"度田"新探》，《蘇州大學學報》1997年第2期；曹金華《劉秀"度田"史實考論》，《史學月刊》2001年第6期；袁延勝《東漢光武帝"度田"再論——兼論東漢户口統計的真實性問題》，《史學月刊》2010年第8期)

[4]【今注】城皋：縣名。治所在今河南滎陽市新北汜水鎮。

[5]【今注】案，逆拜，大德本、殿本均作"迎拜"。 兖州：

西漢武帝元封五年（前106）置，爲十三刺史部之一。約當今山東西南部及河南東部地區。東漢時治昌邑縣（今山東巨野縣東南）。

［6］【李賢注】《東觀記》詔書迎下永曰“君晨夜冒犯霜露，精神亦已勞矣。以君帷幄近臣，其以永爲兗州牧”也。【今注】案，事亦見《東觀漢記》卷一四《鮑永傳》。　之官：到官，上任。案，惠棟《後漢書補注》卷八：“漢律曰吏二千石以上告歸，歸寧不過在所者。便道之官，無問永未至行在，令便道之官者，優之也。”

論曰：鮑永守義於故主，[1]斯可以事新主矣。[2]恥以其衆受寵，斯可以受大寵矣。若乃言之者雖誠，而聞之未譬，[3]豈苟進之悦，[4]易以情納，持正之忤，難以理求乎？[5]誠能釋利以循道，[6]居方以從義，[7]君子之槩也。[8]

［1］【今注】故主：指更始帝。

［2］【今注】新主：光武帝。

［3］【李賢注】譬猶曉也。

［4］【今注】苟進之悦：一般地討别人歡心。

［5］【李賢注】言諂曲則易入，剛直則難進也。

［6］【今注】釋利：放棄追求私利。

［7］【李賢注】方，直也。【今注】居方：保持正直。

［8］【今注】槩：楷模，榜樣。

昱字文泉。[1]少傳父學，客授於東平。[2]建武初，太行山中有劇賊，大守戴涉聞昱鮑永子，[3]有智略，乃就謁，請署守高都長。[4]昱應之，遂討擊群賊，誅其渠帥，[5]道路開通，由是知名。後爲沘陽長，[6]政化仁愛，境内清淨。[7]

[1]【今注】案，《太平御覽》卷四一八引《東觀漢記》則言“字文淵”。王先謙《後漢書集解》認爲，這是避唐高祖李淵諱而改。《北堂書鈔》卷六一引《續漢書》云“昱字守文”。

[2]【今注】客授：客居教授。 東平：侯國名。西漢宣帝甘露二年（前52）改大河郡置，治無鹽縣（今山東東平縣東南）。東漢屬兖州。

[3]【今注】案，大守，殿本作“太守”。 戴涉：冀州清河（今河北清河縣東南）人。東漢光武帝建武十五年（39）關内侯戴涉爲大司徒，二十年下獄死。本書卷一下《光武帝紀下》李賢注引《古今注》曰：“坐入故太倉令奚涉罪。”本書卷二三《竇融傳》載：“二十年，大司徒戴涉坐所舉人盜金下獄。”本書卷二七《張湛傳》李賢注曰：“涉字叔平，冀州清河人也，坐所舉人盜金下獄。”本書卷四五《袁安傳》李賢注曰：“大司徒涉坐殺太倉令，下獄死。”諸説各異。當是戴涉舉太倉令奚涉，奚涉因盜金被戴涉所殺，戴涉因而坐罪下獄死。

[4]【李賢注】高都，縣，屬上黨郡，故城在今澤州也。【今注】案，請，大德本誤作“諸”。 署守：署，代理；守，試用。漢代官員正式任命前必先試用一年，稱爲守。試用期滿考試合格後則授予實職，稱爲真。有時級别低的官員代理較高的職官也叫守。 高都長：高都，縣名。治所在今山西晉城市。長，即縣長。秦制，萬户以上爲令，減萬户爲長，漢代因之。秩五百石至三百石。

[5]【今注】渠帥：頭目，首領。

[6]【今注】沘陽：縣名。治所在今河南泌陽縣。

[7]【李賢注】《東觀記》曰：“沘陽人趙堅殺人繫獄，其父母詣昱，自言年七十餘唯有一子，適新娶，今繫獄當死，長无種

類，涕泣求哀。昱憐其言，令將妻入獄，解械止宿（大德本脱'械'字），遂任身有子。"

荆州刺史表上之，[1]再遷，中元元年，[2]拜司隸校尉。詔昱詣尚書，使封胡降檄。[3]光武遣小黄門問昱有所怪不？[4]對曰："臣聞故事通官文書不著姓，又當司徒露布，[5]怪使司隸下書而著姓也。"帝報曰："吾故欲令天下知忠臣之子復爲司隸也。"昱在職，[6]奉法守正，有父風，[7]永平五年，[8]坐救火遲，免。

[1]【今注】荆州：西漢武帝時所置十三刺史部之一。東漢治漢壽縣（今湖南常德市東北）。　刺史：官名。西漢武帝元封五年（前106）始置。分全國爲十三部，各部置刺史一人，秩六百石。無治所，奉詔巡行諸郡，省察治政。成帝綏和元年（前8）更名州牧，秩二千石。哀帝建平二年（前5）復舊制，元壽二年（前1）又改名州牧。東漢建武十一年（35）省。十八年仍置，秩六百石。有固定治所，成爲比郡高一級的地方行政長官。除監察外，又有選舉、劾奏等，有權干預地方行政，還擁有領兵之權。案，此荆州刺史或爲郭賀，事見本書卷二六《蔡茂傳》。

[2]【今注】中元：亦稱建武中元，東漢光武帝劉秀年號（56—57）。

[3]【李賢注】檄，軍書也，若今之露布也。【今注】降檄：徵召投降的文書。

[4]【今注】小黄門：官名。東漢始置，名義上屬少府，秩六百石。位次中常侍，高於中黄門。侍從皇帝左右，收受尚書奏事，傳宣帝命。和帝之後，權勢漸重。案，據袁宏《後漢紀》卷一一《孝章皇帝紀上》，此小黄門指宗廣。

［5］【李賢注】《漢官儀》曰“群臣上書，公卿校尉諸將不言姓。凡制書皆璽封，尚書令重封。唯赦贖令司徒印，露布州郡”也。【今注】露布：本指不緘封的文書，後多指捷報、檄文。案，王先謙《後漢書集解》引惠棟曰：“注言赦令、贖令，司徒印封也。”宋文民《後漢書考釋》云：“中華書局校點本注文作如上句逗。案注文二令字義皆同，故下令字句當如此句逗：唯赦、贖令，司徒印露布州郡。”（第116頁）

［6］【今注】案，在，大德本誤作“布”。

［7］【今注】案，王先謙《後漢書集解》引何焯曰：“謂昱父永繼父宣爲司隸，復居宣位也。”

［8］【今注】永平：東漢明帝劉莊年號（58—75）。

後拜汝南太守。[1]郡多陂池，歲歲決壞，年費常三千餘萬。昱乃上作方梁石洫，[2]水常饒足，溉田倍多，人以殷富。

［1］【今注】汝南：西漢高祖四年（前203）置，治上蔡縣（今河南上蔡縣西南）。東漢徙治平輿縣（今河南平輿縣北）。

［2］【李賢注】洫，渠也。以石爲之，猶今之水門也。【今注】方梁：周圍的堤壩。

十七年，代王敏爲司徒，[1]賜錢帛什器帷帳，[2]除子得爲郎。[3]建初元年，[4]大旱，穀貴。肅宗召昱問曰：[5]“旱既大甚，[6]將何以消復災眚？”[7]對曰：“臣聞聖人理國，三年有成。[8]今陛下始踐天位，刑政未著，如有失得，何能致異？但臣前在汝南，典理楚事，[9]繫者千餘人，恐未能盡當其罪。先帝詔言，[10]大獄一起，冤者過半。又諸徙者骨肉離分，孤魂不祀。一人呼嗟，王政爲虧。宜一切還諸徙家，[11]蠲除禁錮，興滅繼絶，死生獲所。[12]如此，和氣可致。”帝納其言。[13]

[1]【今注】王敏：本書卷二《明帝紀》載“（永平十六年）六月丙寅，大司農西河王敏爲司徒”，“（十七年）二月乙巳，司徒王敏薨。三月癸丑，汝南太守鮑昱爲司徒”。李賢注引《漢官儀》曰：“敏字叔公，并州隰城人也。”

[2]【今注】什器：日常生活用具。《史記》卷一《五帝本紀》“作什器於壽丘”《索隱》：“什器，什，數也。蓋人家常用之器非一，故以十爲數，猶今云‘什物’也。”《正義》引顔師古曰：“軍法，伍人爲伍，二伍爲什，則共器物，故謂生生之具爲什器。”

[3]【今注】案，王先謙《後漢書集解》引劉攽曰：“案後皆作德字，義無兩子名得德者，知此字誤。”又引惠棟曰：“袁宏《紀》得作德，郎作黄門侍郎。”

[4]【今注】建初：東漢章帝劉炟年號（76—84）。

[5]【今注】肅宗：東漢章帝劉炟，公元75年至88年在位。紀見本書卷三。

[6]【今注】案，大甚，大德本、殿本作“太甚”，是。

[7]【今注】案，《資治通鑑》卷四六《漢紀》肅宗孝章皇帝建初元年胡三省注：“消復者，消去災異而復其常。”

[8]【李賢注】《論語》孔子曰：“如有用我者，期月而已可也，三年乃有成功。”（見《論語·子路》）

[9]【李賢注】永平十三年，楚王英謀反，連坐者在汝南，昱時主劾之也（劾，大德本誤作“刻”）。【今注】楚事：指楚王劉英謀反之事。見本書卷四二《楚王英傳》。

[10]【今注】案，先，大德本誤作“光”。

[11]【今注】案，家，殿本作“家屬”，是。

[12]【今注】獲所：得到合理的處置。獲，大德本誤作“護”。

[13]【李賢注】《東觀記》曰：“時司徒辭訟久者至十數年，比例輕重，非其事類，錯雜難知。昱奏定《辭訟》七卷，《決事都目》八卷，以齊同法令，息遏人訟也。”【今注】案，惠棟《後漢書補注》卷八：“袁宏《紀》曰：上即詔坐淮陽事者，令歸本郡。注‘《辭訟》七卷’，《陳寵傳》曰寵爲昱撰《辭訟比》七卷，《決事科條》，皆以事類相從。昱奏上之。其後公府奉以爲法。注‘《決事都目》八卷’，《晉書·刑法志》云司徒鮑公撰嫁娶詞訟爲法，比都目，鄭衆《周禮注》曰八成者行事有八篇，若今決事比。”

四年，代牟融爲太尉。[1]六年，薨，年七十餘。

[1]【今注】牟融：字子優，北海安丘（今山東安丘市西南）人。傳見本書卷二六。案，據本書卷三《章帝紀》載，建初四年（79）春二月庚寅，太尉牟融薨。五月甲戌，司徒鮑昱爲太尉。而《藝文類聚》卷四九引《東觀漢記》曰：“光武二十三年，太尉鮑昱兼衛尉。”鮑昱拜司隸校尉前曾任太尉，還是後世史家的一種追述，有待更多材料論證。

子德，修志節，有名稱，[1]累官爲南陽太守。[2]時歲多荒災，唯南陽豐穰，吏人愛悦，號爲神父。時郡學久廢，德乃修起横舍，[3]備俎豆黻冕，[4]行禮奏樂。又尊饗國老，[5]宴會諸儒。百姓觀者，莫不勸服。[6]在職九年，徵拜大司農，[7]卒于官。

［1］【今注】名稱：聲望。案，惠棟《後漢書補注》卷八："上云徐子得爲郎，《法雄傳》作得。此又作德。《張衡集》云南陽太守鮑得。則得即德。故諸傳或作得或作德也。"

［2］【今注】累官：連續做官，積功升官。　南陽：郡名。治宛縣（今河南南陽市卧龍區）。

［3］【李賢注】横，學也，字又作"黌"。【今注】横舍：學校。案，惠棟《後漢書補注》卷八："張衡，南陽文學。《儒林》贊曰：南陽太守上黨鮑得，愍文學之弛廢，懷儒林之陵遲，乃命匠修而新之，崇肅肅之儀，揚濟濟之化。"

［4］【今注】俎豆：祭祀時盛牛羊等祭品的禮器。俎，木製的几。豆，盛食物的器皿。　黻冕：古代大夫以上祭祀時穿戴的禮服禮帽。這裏泛指禮服禮貌。案，黻，殿本作"黼"。

［5］【今注】國老：告老退職的卿大夫。

［6］【今注】勸服：因敬佩而受到鼓勵。

［7］【今注】大司農：官名。西漢武帝太初元年（前104）改大農令置。秩中二千石，位列九卿。掌管全國租賦收入和國家財政開支。新莽先後改名羲和、納言。東漢復故，機構減省，置丞、部丞各一員。屬官有太倉、平準、導官三令丞，餘皆罷省。

子昂，字叔雅，有孝義節行。初，德被病數年，昂俯伏左右，衣不緩帶；[1]及處喪，毁瘠三年，[2]抱負乃行；服闋，[3]遂潛于墓次，[4]不關時務。舉孝廉，[5]辟公府，[6]連徵不至，[7]卒於家。

［1］【今注】緩帶：松緩衣帶，指從容舒適。

［2］【今注】毁瘠：哀傷過度而消瘦。

［3］【今注】服闋：服喪期滿。古喪禮規定，父母死後，服喪三年，期滿除服，稱服闋。

［4］【今注】墓次：墓旁守喪的住所。

［5］【今注】孝廉：漢代推舉人才的一種科目。孝，指孝順。廉，指廉潔。每年由郡推舉孝廉各一人，東漢時舉孝廉爲求仕進的必由之路。

［6］【今注】公府：三公府。中央一級機構。

［7］【今注】案，王先謙《後漢書集解》曰："《文選》盧諶《贈劉琨詩》注引《謝承書》云：'節士鮑昂，有鴻漸浮雲之志。'"

郅惲字君章，[1]汝南西平人也。[2]年十二失母，居喪過禮。及長，理《韓詩》《嚴氏春秋》，[3]明天文歷數。[4]

［1］【今注】案，郅惲事又見汪文臺輯華嶠《後漢書》卷一、袁宏《後漢紀》卷七，《風俗通義·過譽》亦略載其事。

［2］【李賢注】《潛夫論》曰："周先姞氏封於燕，河東有郅都，汝南有郅君章。"音與古姞同，而其字異。然《前書音義》郅音之日反。【今注】西平：縣名。治所在今河南西平縣西。

［3］【李賢注】韓，韓嬰也。作《詩內外傳》。嚴，嚴彭祖也。受《公羊》於眭孟（眭，大德本誤作"睦"），專門教授。見《儒林傳》。【今注】韓詩：漢初列入學官的三家《詩》之一，因出自燕人韓嬰而得名。韓嬰，文帝時爲博士。著《韓詩內轉》《外傳》等，現僅存《韓詩外傳》。參見《史記》卷一二一《儒林列傳》、《漢書》卷八八《儒林傳》。　嚴氏春秋：嚴彭祖，字公子，東海下邳（今江蘇睢寧縣西北）人。西漢宣帝時爲博士。與顏安樂俱事眭孟。由是《公羊春秋》有顏、嚴之學。見《漢書·儒林傳》。

［4］【今注】案，歷，大德本、殿本作"曆"，是。

王莽時，寇賊群發，惲乃仰占玄象，[1]歎謂友人曰："方今鎮、歲、熒惑並漢分翼、軫之域，[2]去而復來，漢必再受命，福歸有德。如有順天發策者，必成大功。"時左隊大夫逯並素好士，[3]惲説之曰："當今上天垂象，智者以昌，愚者以亡。昔伊尹自鬻輔商，立功全人。[4]惲竊不遜，敢希伊尹之蹤，應天人之變。明府儻不疑逆，[5]俾成天德。"並奇之，使署爲吏。惲不謁，曰："昔文王拔吕尚於渭濱，[6]高宗禮傅説於巖築，[7]桓公取管仲於射鉤，[8]故能立弘烈，就元勳。未聞師相仲父，而可爲吏位也。[9]非闚天者不可與圖遠。君不授驥以重任，[10]驥亦俛首裹足而去耳。"[11]遂不受署。

［1］【今注】玄：指天。《周易·坤卦》有"天玄地黄"。

［2］【李賢注】《爾雅》曰："中央鎮星，東方歲星，南方熒惑。"翼、軫者，南方鶉尾之宿，楚之分野。《孔演圖》曰（孔演，大德本作"演孔"）："卯金刀，名爲劉，中國東南出荆州。"故爲漢分也。【今注】鎮：星名。即土星，又作"填星"。　歲：星名。即木星。　熒惑：星名。即火星。　案，並漢，大德本、殿本作"並在漢"。　翼軫：二十八宿中南方朱雀七宿中的兩宿。古人把天上的星宿和地上的州域聯繫起來看，使它們互相對應，認爲翼、軫分是楚國、荆州的分星，這就是所謂分野的觀念。

［3］【李賢注】王莽以潁川爲左隊，郡守爲大夫。逯，姓；並，名也（也，大德本誤作"姓"）。《風俗通》曰："逯，秦邑也，其大夫氏焉。"逯音録。【今注】左隊大夫：王莽託古改制，改潁川爲左隊，郡守爲大夫。潁川，郡名。治陽翟縣（今河南禹州市）。　逯並：《漢書》卷九九中《王莽傳中》有著武將軍逯並，

後封同風侯，爲大司馬；卷八四《翟義傳》云將作大匠蒙鄉侯逯並，爲橫壄將軍。

[4]【李賢注】鬻，自衒賣也。《史記》曰，伊尹欲干湯而無因，乃爲有莘氏媵臣（媵臣，指陪諸侯女出嫁的大夫），負鼎俎以滋味説湯，乃任以國政也。【今注】案，伊尹事見《史記》卷三《殷本紀》。　全人：保全人民。

[5]【今注】明府：對太守牧尹的尊稱。　疑逆：因疑惑而反對。

[6]【今注】文王拔吕尚於渭濱：文王，即周文王姬旦。西周的奠基人，曾受封爲西伯。吕尚，即姜子牙。周初爲姜姓部族之長，字望。助周武王滅商，成王時受封於齊。傳説吕尚曾釣於渭水之濱，文王外出打獵遇到他，和他談論，很是欣賞，共乘車而歸，立爲師，委以國事。案，此事見《史記》卷三二《齊太公世家》。

[7]【今注】高宗禮傅説於巖築：高宗，商王武丁。傅説，輔佐商王武丁，與伊尹齊名。據説，傅説出身微賤，在傅巖從事版築（打墻建房子）。武丁夢得聖人，名曰説。在群臣中遍尋不得，後派人四處尋訪，結果在野外發現了傅説，以禮相待，舉以爲相。案，此事見《史記·殷本紀》。

[8]【今注】桓公取管仲於射鉤：桓公，齊桓公小白。管仲，名夷吾，字仲。春秋政治家。他先助公子糾與公子小白争位，曾射中小白的衣帶鉤。後經鮑叔牙推舉，齊桓公任命其爲上卿，輔佐齊桓公，推行改革，使齊桓公成爲春秋的第一個霸主。案，此事見《史記》卷三二《齊太公世家》、卷六二《管晏列傳》。

[9]【李賢注】師，吕望也。相，傅説也。仲父，管仲也。

[10]【今注】案，任，大德本誤作"在"。

[11]【李賢注】惲以驥自喻，因自稱驥。《史記》曰，吴兵入郢，申包胥走秦求救，晝夜馳驅，足腫蹠盭，裂裳裹足，鵠立秦庭。盭音戾。【今注】案，宋文民《後漢書考釋》曰："《史記》

言申包胥赴秦求救之事凡三：一見《秦紀》：'楚大夫申包胥來告急，七日不食，日夜哭泣。'一見《楚世家》：'昭王之出郢也，使申包胥請救於秦，秦以車五百乘救楚。'一見《伍子胥傳》：'申包胥走秦告急，求救於秦，秦不許，包胥立於秦廷，晝夜哭，七日七夜不絶。'皆無注文所引。蓋注文非一人手筆，所引諸書，乖謬時見，此又一例也。又《淮南子·修務訓》云：'曾蔭重胝，七日七夜，至於秦廷，鶴跱而不食，晝吟宵哭。'與《史記》所記又不同，注文近之。"(第116頁)

西至長安，乃上書王莽曰："臣聞天地重其人，惜其物，故運機衡，垂日月，[1]含元包一，甄陶品類，[2]顯表紀世，圖録豫設。[3]漢歷久長，孔爲赤制，[4]不使愚惑，殘人亂時。智者順以成德，愚者逆以取害，神器有命，[5]不可虚獲。上天垂戒，欲悟陛下，令就臣位，轉禍爲福。[6]劉氏享天永命，陛下順節盛衰，[7]取之以天，還之以天，可謂知命矣。若不早圖，是不免於竊位也。[8]且堯舜不以天顯自與，故禪天下，[9]陛下何貪非天顯以自累也？天爲陛下嚴父，臣爲陛下孝子。父教不可廢，[10]子諫不可拒，惟陛下留神。"莽大怒，即收繫詔獄，劾以大逆。猶以惲據經讖，難即害之，使黄門近臣脅惲，令自告狂病恍忽，[11]不覺所言。惲乃瞋目詈曰："所陳皆天文聖意，非狂人所能造。"遂繫須冬，會赦得出，乃與同郡鄭敬南遁蒼梧。[12]

[1]【李賢注】機衡，北斗也。

[2]【李賢注】《前書·志》曰："太極元氣，合三爲一。"謂

三才未分，包而爲一。甄也者，陶人旋轉之輪也。言天地造化品物，如陶匠之成衆品者也。

［3］【李賢注】表，明也；紀，年也。言天豫設圖録之書，顯明帝王之年代也。

［4］【李賢注】言孔丘作緯，著歷運之期，爲漢家之制。漢火德尚赤，故云爲赤制，即《春秋感精符》云"墨、孔生爲赤制"是也。【今注】案，關於火德説，參見《漢書》卷一《高帝紀》贊、《漢書·郊祀志》贊。

［5］【今注】神器：這裏指帝位。

［6］【李賢注】上天垂戒，謂鎮、歲、熒惑並在漢分也。

［7］【李賢注】享，受也。永，長也。漢家受天長命，運祚未絶，勸莽當順其時之盛衰，衰則取之，盛則還之。

［8］【李賢注】竊，盗也。孔子曰："臧文仲其竊位者歟（歟，殿本作'與'）?"【今注】案，兔，紹興本、大德本、殿本作"免"，是。

［9］【李賢注】堯舜盛德，天之所顯，猶不自與，以位禪人。言堯之禪舜，舜禪於禹也。【今注】案，關於堯舜禪讓之制，出土文獻有不同呈現。參見李存山《反思經史關係：從"啓攻益"説起》（《中國社會科學》2003年第3期）、羅新慧《〈容成氏〉〈唐虞之道〉與戰國時期禪讓學説》（《齊魯學刊》2003年第6期）。

［10］【今注】案，不可廢，殿本作"不敢廢"，是。

［11］【今注】案，恍忽，大德本、殿本作"恍惚"，是。

［12］【李賢注】遁，隱也。蒼梧，山名也。《山海經》曰，南方蒼梧之丘，蒼梧之川，其中有九疑山焉，舜之所葬也。在今永州唐興縣東南。【今注】蒼梧：郡名。治廣信縣（今廣西梧州市）。

建武三年，又至廬江，[1]因遇積弩將軍傅俊東徇揚州。[2]俊素聞惲名，乃禮請之，上爲將兵長史，[3]授以軍政。惲乃誓衆曰：[4]“無掩人不備，窮人於厄，不得斷人支體，裸人形骸，放淫婦女。”俊軍士猶發冢陳尸，掠奪百姓。惲諫俊曰：“昔文王不忍露白骨，[5]武王不以天下易一人之命，[6]故能獲天地之應，剋商如林之旅。[7]將軍如何不師法文王，而犯逆天地之禁，多傷人害物，虐及枯尸，取罪神明？今不謝天改政，無以全命。願將軍親率士卒，收傷葬死，哭所殘暴，以明非將軍本意也。”從之，百姓悦服，所向皆下。

［1］【今注】廬江：郡名。治舒縣（今安徽廬江縣西南）。

［2］【今注】積弩將軍：雜號將軍名。漢置，掌征伐。　傅俊：字子衛，潁川襄城（今河南襄城縣）人。傳見本書卷二二。　揚州：西漢武帝時所置十三刺史部之一。東漢時治歷陽縣（今安徽和縣）。

［3］【今注】將兵長史：官名。將軍府置長史，爲事務長官，有的領兵，稱將兵長史。

［4］【今注】誓衆：告誡。

［5］【李賢注】解見《順紀》。【今注】案，此事見《吕氏春秋·孟冬紀》：“周文王使人抇池，得死人之骸，吏以聞於文王，文王曰：‘更葬之。’吏曰：‘此無主矣。’文王曰：‘有天下者，天下之主也。有一國者，一國之主也。今我非其主也？’遂令吏以衣棺更葬之。天下聞之曰：‘文王賢矣，澤及髊骨，又況於人乎！’”

［6］【李賢注】《吕氏春秋》曰：“武王伐紂，至鮪水，紂使膠鬲候周，問武王曰：‘何日至？’武王曰：‘將以甲子日至。’膠鬲行，天大雨，日夜不休，武王疾行不輟。軍吏諫之。武王曰：‘吾疾行以救膠鬲之死也。’”【今注】案，此事見《吕氏春秋·慎大覽》，注文有删改。

［7］【李賢注】天地之應（應，殿本作“忠”），謂夜雨止、畢陳、白魚入舟之類。剋，勝也。商，殷號也。旅，衆也。如林，言衆多。《尚書》曰：“武王伐紂，紂率其旅若林，會於牧野。”

七年，俊還京師，而上論之。[1]惲恥以軍功取位，遂辭歸鄉里。縣令卑身崇禮，請以爲門下椽。[2]惲友人董子張者，父先爲鄉人所害。[3]及子張病，將終，惲往候之。子張垂殁，視惲，歔欷不能言。惲曰：“吾知子不悲天命，而痛讎不復也。子在，吾憂而不手；子亡，吾手而不憂也。”[4]子張但目擊而已。[5]惲即起，將客遮仇人，取其頭以示子張。子張見而氣絶。惲因而詣縣，以狀自首。令應之遲，[6]惲曰：“爲友報讎，吏之私也。奉法不阿，君之義也。虧君以生，非臣節也。”趨出就獄。令跣而追惲，不及，遂自至獄，令拔刃自向以要惲曰：“子不從我出，敢以死明心。”[7]惲得此乃出，因病去。

［1］【李賢注】上音時掌反。【今注】上論之：向上表其功。

［2］【今注】案，椽，殿本作“掾”。門下掾，漢置。爲州郡屬吏，掌録門下衆事。下屬有門下史、門下書佐。

［3］【李賢注】《東觀記》曰“子張父及叔父爲鄉里盛氏一時所害”也。

［4］【李賢注】言子在，吾憂子仇未能報，而不須手自揮鋒；子若亡，吾直爲子手刃仇人（底本無“爲”，據紹興本、大德本、殿本補），更不須心懷憂也。【今注】案，王先謙《後漢書集解》曰：“惠棟曰：袁宏《紀》載惲語曰：‘吾知子不悲天命，長短而痛心，二父讐不復也。’二父，謂父及叔父。蘇輿曰：‘手謂手殺

之。'《宋書·薛安都傳》'小子無宜適卿往與手，甚快。'《通鑑》宇文化及揚言曰：'何用持此物出亟還與手。'與此手字義並同。"

[5]【李賢注】目擊謂孰視之也。莊子曰"目擊而道存"也。

[6]【李賢注】縣令不欲其自首詣獄，故應對之緩也。

[7]【李賢注】惲若不去（去，大德本、殿本作"出"，是），欲自刺以明心也。【今注】案，刃，殿本作"刀"，是。

久之，太守歐陽歙請爲功曹。[1]汝南舊俗，十月饗會，百里内縣皆齎牛酒到府讌飲。時臨饗禮訖，歙教曰："西部督郵繇延，[2]天資忠貞，稟性公方，摧破姦凶，不嚴而理。今與衆儒共論延功，顯之于朝。太守敬嘉厥休，牛酒養德。"主簿讀書教，[3]户曹引延受賜。[4]惲於下坐愀然前曰："司正舉觥，[5]以君之罪，告謝于天。案延資性貪邪，外方内員，[6]朋黨構姦，罔上害人，所在荒亂，怨慝並作。明府以惡爲善，股肱以直從曲，此既無君，又復無臣，惲敢再拜奉觥。"歙色慚動，不知所言。門下掾鄭敬進曰："君明臣直，功曹言切，明府德也，可無受觥哉？"歙意少解，曰："實歙罪也，敬奉觥。"[7]惲乃免冠謝曰："昔虞舜輔堯，四罪咸服，[8]讒言弗庸，孔任不行，[9]故能作股肱，帝用有歌。[10]惲不忠，孔任是昭，[11]豺虎從政，[12]既陷誹謗，又露所言，[13]罪莫重焉。請收惲、延，以明好惡。"歙曰："是重吾過也。"[14]遂不讌而罷。惲歸府，稱病，延亦自退。

[1]【今注】歐陽歙：字正思，樂安千乘（今山東高青縣）

人。《尚書》學博士，名儒。後爲大司徒，坐事下獄死。傳見本書卷九七上。此太守，指其任汝南太守。

［2］【李賢注】繇姓，咎繇之後。繇音遥。【今注】督郵：漢始置。爲郡太守的重要佐吏。秩六百石。除督送郵書外，還代表郡太守督察所屬地區，糾舉違法，宣達教令等。東漢每郡分爲東西南北中五部，故稱五部督郵。每部置督郵一人，掌其事。

［3］【今注】主簿：戰國始置，掌文書簿籍。自漢代起，中央和地方官署多置此官，負責文書簿籍，掌管印鑒等事。　案，讀書教，據袁宏《後漢紀》、應劭《風俗通》，衍“書”字。

［4］【今注】户曹：官署名。漢置。三公府衆分掌某方面事務的機構稱曹，户曹爲諸曹之一，掌民户、祠祀、農桑。郡縣也置户曹，其職事略同公府户曹，其長官稱掾，副稱史。

［5］【李賢注】愀，變色貌。司正，主禮儀者。觥，罰爵也，以角爲之。《詩·小雅》曰：“兕觥其觩，旨酒思柔。”觥音古横反。【今注】愀：形容神色變得嚴肅或不愉快。　案，與，紹興本、大德本、殿本作“舉”，是。

［6］【李賢注】言延外示方直而内實柔弱也。孔子曰：“色厲而内荏。”

［7］【李賢注】遂受罰也。

［8］【李賢注】《左傳》曰：“舜臣堯，乃流四凶族。”《尚書》曰“乃流共工于幽州（乃，大德本、殿本作‘舜’，是），放驩兜于崇山，竄三苗于三危，殛鯀于羽山，四罪而天下咸服”也。【今注】案，宋文民《後漢書考釋》云：“中華書局校點本注文後舜作乃。案《尚書·舜典》，“流”字上無字，集解本以意增之，中華書局校點本乃字緣上《左傳》而誤衍。”（第117頁）

［9］【李賢注】庸，用也。孔，甚也。任，佞也。【今注】孔任：指奸佞之人。

［10］【李賢注】《尚書》曰：“股肱喜哉！元首起哉！”

［11］【李賢注】昭，顯也。惲自責不忠，故使甚佞之人昭顯也。

［12］【李賢注】豺虎，貪獸，以比繇延也。

［13］【李賢注】露，顯也。又對衆顯言於繇延之罪也（殿本無"於"字，是）。

［14］【李賢注】重，再也。

鄭敬素與惲厚，見其言忤歙，乃相招去，曰："子廷争繇延，君猶不納。延今雖去，其埶必還。[1]直心無諱，誠三代之道。[2]然道不同者不相爲謀，吾不能忍見子有不容君之危，盍去之乎！"惲曰："孟軻以彊其君之所不能爲忠，量其君之所不能爲賊。[3]惲業已彊之矣。障君於朝，[4]既有其直，而不死職，罪也。延退而惲又去，不可。"敬乃獨隱於弋陽山中。[5]居數月，歙果復召延，惲於是乃去，從敬止，漁釣自娱，留數十日。惲志在從政，既乃喟然而歎，謂敬曰："天生俊士，以爲人也。鳥獸不可與同群，[6]子從我爲伊吕乎？將爲巢許，[7]而父老堯舜乎？"[8]敬曰："吾足矣。初從生步重華於南野，[9]謂來歸爲松子，[10]今幸得全軀樹類，[11]還奉墳墓，盡學問道，[12]雖不從政，施之有政，是亦爲政也。[13]吾年耄矣，安得從子？子勉正性命，勿勞神以害生。"惲於是告别而去。敬字次都，清志高世，光武連徵不到。[14]

［1］【李賢注】言歙後必召延也。

［2］【李賢注】三代，夏、殷、周也。《論語》曰："三代之

所以直道而行也。"

[3]【李賢注】孟子對齊宣王曰:"力足以舉百鈞,而不足以舉一羽,明足以察秋毫之末(末,紹興本誤作'未'),而不見輿薪,則王許之乎?"曰:"不(不,大德本、殿本作'否',可從)。"孟子曰:"今恩足以及禽獸,而功不至於百姓者,獨何歟?然則一羽之不舉,爲不用力焉,輿薪之不見,爲不用明焉,百姓之不見保,爲不用恩焉。故王之不王,弗爲也(弗,大德本、殿本作'不'),非不能也。"曰:"不爲者與不能者之形何以異?"曰:"挾太山以趨北海(趨,大德本、殿本作'超',是),語人曰我不能,是誠不能也。爲少者折枝,語人曰我不能,是誠不能也爲長者折枝(大德本、殿本缺'少者折'至'是誠不能也爲'十六字)。語人曰我不爲也(大德本、殿本'不'前有'不能是'三字),非不能也。"此彊其君之所不能爲也。又曰:"惻隱之心,仁之端也;善惡之心(善,大德本、殿本作'羞',是),義之端也;辭讓之心,禮之端也;是非之心,智之端也。人之有是四端也,猶其有四體也。有是四端自謂不能者,自賊者也;謂其君不能者,賊其君者也。"

[4]【李賢注】障,蔽也。君謂歙也。言歙將以牛酒賞繇延,而惲障蔽不聽之(惲,大德本作"輝")。

[5]【李賢注】弋陽,縣,屬汝南郡,《前書》云弋陽山在縣西北也。

[6]【李賢注】《論語》孔子之言。

[7]【今注】案,殿本"許"後有"乎"字,是。

[8]【李賢注】若爲巢父、許由,則以堯、舜爲父老之人也。【今注】案,王先謙《後漢書集解》引萬承蒼曰:"父老堯舜,若曰爲野老於堯舜之世耳,注恐非是。"先謙曰:"萬説得之。《東觀記》父老二字作去。王補云,惲意謂敬能與我爲伊吕,以用世乎。抑將欲爲巢,并以父老終於堯舜時也。庶與敬答語爲合。若從《東

觀記》作去，則謂將爲巢許而去，堯舜以高引也，語意並顯，不須，如注之轉迂。”案，乎，殿本作“也”，是。

［9］【李賢注】步猶尋也。重華，舜字也（重華舜，底本漫漶不清，據紹興本、大德本、殿本補）。南野，謂蒼梧也。

［10］【李賢注】赤松子也。敬以歸鄉隱逸，自謂同之。劉向《列仙傳》曰“赤松子，神農時雨師，至崑崙山，常止西王母石室，隨風上下。炎帝少女追之，得仙俱去”也。

［11］【李賢注】樹類謂有胤嗣。【今注】全軀樹類：保全身體，養育後代。案，袁宏《後漢紀》作“種類”。

［12］【李賢注】敬汝南人，今隱弋陽，不離墳墓。【今注】案，學問，大德本誤作“問學”。

［13］【李賢注】《論語》孔子之言也。言隱遁好道，在家孝悌，亦從政之義也。

［14］【李賢注】《謝沈書》曰：“敬閑居不脩人倫，新遷都尉逼爲功曹。廳事前樹時有清汁，以爲甘露。敬曰：‘明府政未能致甘露，此清木汁耳（清，殿本作“青”，是）。’辭病去，隱處精學蛾陂中。陰就、虞延並辟，不行。同郡鄧敬因折芰爲坐，以荷薦肉，瓠瓢盈酒，言談彌日，蓬廬華門，琴書自娱。光武公車徵，不行。”案：王莽改新蔡縣爲新遷也。

惲遂客居江夏教授，[1]郡舉孝廉，爲上東城門候。[2]帝嘗出獵，[3]車駕夜還，惲拒關不開。帝令從者見面於門間。[4]惲曰：“火明遼遠。”[5]遂不受詔。帝乃迴從東中門入。[6]明日，惲上書諫曰：“昔文王不敢槃于游田，以萬人惟憂。[7]而陛下遠獵山林，夜以繼晝，其如社稷宗廟何？暴虎馮河，[8]未至之戒，[9]誠小臣所竊憂也。”書奏，賜布百匹，[10]貶東中門候爲參封尉。[11]

[1]【今注】江夏：郡名。治西陵縣（今湖北武漢市新洲區西）。

[2]【李賢注】洛陽城東面北頭門也。

[3]【今注】案，嘗，大德本誤作“常”。

[4]【今注】案，惠棟《後漢書補注》卷八：“袁宏《紀》曰：上令從門舉火射帝面，故下云火明遼遠。棟案，漢時城門有離載下帷之禁，以防姦，非故帝令舉火射面也。”

[5]【今注】案，《東觀漢記》卷一四《郅惲傳》“遼”作“燎”。

[6]【李賢注】東面中門也。

[7]【李賢注】槃，樂也。《尚書·無逸》曰“文王不敢槃于游田，以萬人惟政之共”也。【今注】案，意爲文王不敢沉溺於田獵游戲，因爲時刻以百姓爲憂。惟，殿本作“爲”，是。

[8]【今注】暴虎馮（píng）河：喻有勇無謀，冒險行事。暴虎，空手與老虎搏鬭。馮河，徒步過河。

[9]【今注】未至之戒：無人告誡。

[10]【今注】賜布百匹：《東觀漢記·郅惲傳》作“由是上特重之”。

[11]【李賢注】參封，縣，屬琅邪郡。

後令惲授皇太子《韓詩》，[1]侍講殿中。及郭皇后廢，[2]惲乃言於帝曰：“臣聞夫婦之好，父不能得之於子，[3]況臣能得之於君乎？是臣所不敢言。雖然，願陛下念其可否之計，無令天下有議社稷而已。”帝曰：“惲善恕己量主，知我必不有所左右而輕天下也。”[4]

后既廢，而太子意不自安，惲乃説太子曰："久處疑位，上違孝道，下近危殆。昔高宗明君，吉甫賢臣，及有纖介，放逐孝子。[5]《春秋》之義，母以子貴。太子宜因左右及諸皇子引愆退身，奉養母氏，以明聖教，不背所生。"太子從之，帝竟聽許。

［1］【今注】皇太子：劉彊，郭皇后所生。

［2］【李賢注】建武十七年廢。【今注】郭皇后：名聖通。光武帝后。好禮節儉，有母儀之德。其後，以寵稍衰，數懷怨懟。建武十七年（41），遂廢爲中山王太后。建武二十八年去世。紀見本書卷一〇上。

［3］【李賢注】得猶制御也。司馬遷曰："妃匹之愛，君不能得之臣，父不能得之子。況卑下乎？"（司馬遷所言見《史記》卷四九《外戚世家》序。《索隱》："以言夫婦親愛之情，雖君父之尊而不奪臣子所好愛，使移其本意，是不能得也。"）

［4］【李賢注】左右猶向背也。言其齊等。【今注】案，惠棟《後漢書補注》卷八："王幼學曰恕己謂諉其功于己，量主謂揣其意于君。量，平聲。《正誤》曰，恕己謂能推己之心以度人也。棟案，恕己量主，即晁錯所云内恕及人。正誤得之也。"又曰："《七制解》云光武自謂惲知我廢后必無偏徇而輕視天下也。此帝自飾辭。《正誤》曰：案此謂必不偏愛而動搖國本也。太子彊乃郭后所生，恐后既廢，併及太子。"

［5］【李賢注】《家語》曰："曾參妻爲梨蒸不孰（孰，紹興本、大德本、殿本作'熟'，是），因出之，終身不娶。其子請焉。曾參曰：'高宗以後妻殺孝子，尹吉甫以後妻放伯奇，吾上不及高宗，中不比吉甫，知其得免於非乎！'遂不娶。"【今注】高宗：殷高宗武丁。　吉甫：即尹吉甫。周宣王大臣。　纖介：細微。指有人抓住細微的小事加以挑撥。

惲再遷長沙太守。[1]先是長沙有孝子古初,[2]遭父喪未葬，鄰人失火，初匍匐柩上，以身扞火，火爲之滅。惲甄異之，以爲首舉。[3]後坐事，左轉芒長,[4]又免歸，避地教授,[5]著書八篇。以病卒。子壽。

[1]【今注】長沙：郡名。治臨湘縣（今湖南長沙市）。案，王先謙《後漢書集解》引汪文臺曰："《書鈔》七十四引《華嶠書》云惲拜長沙太守，崇教化表異行。"

[2]【今注】古初：惠棟《後漢書補注》卷八："孫愐曰古姓周太王去邠適岐，稱古公，其後氏焉。"

[3]【今注】以爲首舉：推舉爲最孝順的人。

[4]【李賢注】芒，縣，屬沛國，故城在今亳州永城縣北，一名臨睢城。《東觀記》曰"坐前長沙太守張禁多受遺送千萬，以惲不推劾，故左遷"也。【今注】左轉：降職。古人尊崇右，以右爲較尊貴的地位，以左爲較低的地位。 芒：縣名。秦置，屬碭郡。西漢屬沛國。東漢建武中改爲臨淮。治所在今河南永城縣東北。

[5]【李賢注】避地謂隱遁也。《東觀記》曰："芒守丞韓龔受大盜丁仲錢（大，大德本誤作'入'），阿擁之，加笞八百，不死，入見惲，稱仲健。惲怒，以所杖鐵杖捶龔。龔出怨懟，遂殺仲，惲故坐免。"

壽字伯考,[1]善文章，以廉能稱，舉孝廉，稍遷冀州刺史。[2]時冀部屬郡多封諸王，賓客放縱，類不檢節,[3]壽案察之，無所容貸。[4]乃使部從事專住王國,[5]又徙督郵舍王宫外,[6]動静失得，即時騎驛言上,[7]奏王罪及劾傅相，於是藩國畏懼，並爲遵節。視事三年，冀土肅清。三遷尚書令。朝廷每有疑議，常獨進見。肅宗奇其智策，[8]擢爲京兆尹。[9]郡多彊豪，姦暴不禁。三輔素聞壽在冀州，皆懷震竦，各相檢勑，莫敢干犯。壽雖威嚴，而推誠下吏，皆願效死，莫有欺者。以公事免。

［1］【今注】案，考，大德本、殿本誤作"孝"。

［2］【今注】冀州：西漢武帝時所置十三刺史部之一。東漢治高邑縣（今河北柏鄉縣北），後移治鄴縣（今河北臨漳縣西南）。

［3］【李賢注】類猶皆也。【今注】案，宋文民《後漢書考釋》曰："《漢書·尹翁歸傳》：'類常如翁歸言，無有遺脱。'師古曰：'類猶率也。'類，大率，大抵也。"（第117頁）

［4］【今注】容貸：寬恕。

［5］【今注】部從事：漢置。又名州從事，即州刺史的從事。掌督促文書，察舉非法。

［6］【李賢注】近王宫置督郵舍，以察王得失。

［7］【今注】騎驛：傳遞文書的馬、車。

［8］【今注】肅宗：東漢章帝劉炟的廟號。

［9］【今注】京兆尹：官名。西漢京畿地方行政長官之一。武帝太初元年（前104）改右内史置，職掌如郡太守。其地屬京畿，爲"三輔"之一，故不稱郡。因治京師，又得參與朝政，故又有中央官性質。秩中二千石（一説秩二千石），地位高於郡守，位列九卿。東漢遷都洛陽，以三輔陵廟所在，故不改其號，唯改其秩爲二千石。

復徵爲尚書僕射。是時大將軍竇憲以外戚之寵，[1]威傾天下。憲嘗使門生齎書詣壽，有所請託，壽即送詔獄。前後上書陳憲驕恣，引王莽以誡國家。是時憲征匈奴，海内供其役費，而憲及其弟篤、景並起第宅，驕奢非法，百姓苦之。壽以府臧空虚，軍旅未休，遂因朝會譏刺憲等，厲音正色，辭旨甚切。憲怒，陷壽以買公田誹謗，[2]下吏當誅。侍御史何敞上疏理之曰：[3]"臣聞聖王闢四門，開四聰，延直言之路，下不諱之詔，立敢諫之旗，聽歌謡於路，[4]争臣七人，以自鑒照，[5]考知政理，違失人心，輒改更之，故天人並應，傳福無窮。臣伏見尚書僕射郅壽坐於臺上，[6]與諸尚書論擊匈奴，言議過差，[7]及上書請買公田，遂繫獄考劾大不敬。臣愚以爲壽機密近臣，匡救爲職。若懷默不言，其罪當誅。今壽違衆正議，以安宗廟，豈其私邪？又臺閣平事，[8]分争可否，雖唐虞之隆，三代之盛，猶謂諤諤以昌，不以誹謗爲罪。[9]請買公田，人情細過，可裁隱忍。壽若被誅，臣恐天下以爲國家横罪忠直，[10]賊傷和氣，忤逆陰陽。臣所以敢犯嚴威，不避夷滅，觸死瞽言，[11]非爲壽也。[12]忠臣盡節，以死爲歸。臣雖不知壽，度其甘心安之。誠不欲聖朝行誹謗之誅，以傷晏晏之化，[13]杜塞忠直，垂譏無窮。[14]臣敞謬豫機密，言所不宜，罪名明白，當填牢獄，先壽僵仆，萬死有餘。"書奏，壽得減死，論徙合浦。[15]未行，自殺，家屬得歸鄉里。

[1]【今注】竇憲：字伯度，扶風平陵（今陝西咸陽市西北）人。傳見本書卷二三。

[2]【今注】公田：亦稱官田。漢代國家控制大量土地，國有

土地可耕者爲“公田”。公田不可隨意買賣。（參見徐歆毅《漢代公田的經營與使用》，《史學月刊》2016年第3期）

［3］【今注】何敞：字文高，扶風平陵（今陝西咸陽市西北）人。性公正。論議高，多所匡正。傳見本書卷四三。

［4］【李賢注】歌謠謂詩也。禹置敢諫之幡，解已見上。《禮記·王制》曰：“命太師陳詩以觀民風（大德本、殿本無‘以’字）。”鄭玄注云：“陳詩謂采其詩而示之。”【今注】案，古代設置采詩官采集詩歌，其目的是“王者可以觀風俗，知得失，自考正”。

［5］【李賢注】孔子曰，天子有争臣七人。【今注】争臣七人：《孝經·諫諍章》曰：“天子有争臣七人，雖無道不失其天下。”鄭玄注：“七人謂三公及前疑、後承、左輔、右弼。”天子的輔政大臣有三公、四輔，合在一起是七人。“三公”是太師、太傅、太保。“四輔”是前曰疑、後曰丞、左曰輔、右曰弼。争臣，敢於直言規勸的臣僚。《孔子家語·三恕》亦云：“昔者，明王萬乘之國有争臣七人，則主無過舉。”

［6］【今注】臺：尚書臺。尚書治理政務的地方。

［7］【今注】過差：過分，過度。

［8］【今注】臺閣：尚書的别稱。　平事：理事。平，治理。

［9］【李賢注】《史記》趙良謂商君曰：“千人之諾諾，不如一士之諤諤。武王諤諤以昌，殷紂嘿嘿以亡。”（此語見《史記》卷六八《商君列傳》）

［10］【今注】横罪忠直：隨意降罪於忠貞正直大臣。

［11］【今注】觸死：猶言冒死。

［12］【李賢注】《論語》曰“侍於君有三愆（大德本、殿本“君”後有“子”字），未見顔色而言謂之瞽”也。

［13］【李賢注】鄭玄注《尚書考靈耀》云：“道德純備謂之塞，寬容覆載謂之晏。”【今注】晏晏：温順，安和。

［14］【今注】垂譏：留給後人議論指責。

［15］【李賢注】今廣州縣。【今注】合浦：郡名。治合浦縣（今廣西浦北縣南）。案，王先謙《後漢書集解》引劉攽曰："案，今合浦是廉州縣，作'廣'誤。"李賢注誤。

贊曰：鮑永沈吟，[1]晚乃歸正。志達義全，先號後慶。[2]申屠對策，郅惲上書。有道雖直，[3]無道不愚。[4]

［1］【今注】案，沈，殿本作"沉"。

［2］【李賢注】《易》曰"先號咷而後笑"，謂初凶後吉也。【今注】案，《周易·同人》："同人，先號咷而後笑。"

［3］【今注】有道：指政治清明。

［4］【今注】無道：指政治黑暗。

後漢書　卷三〇上

列傳第二十上

蘇竟　楊厚

蘇竟字伯況，扶風平陵人也。[1]平帝世，[2]竟以明《易》爲博士講《書》祭酒。[3]善圖緯，[4]能通百家之言。王莽時，[5]劉歆等共典校書，[6]拜代郡中尉。[7]時匈奴擾亂，北邊多罹其禍，竟終完輯一郡。光武即位，[8]就拜代郡太守，使固塞以拒匈奴。建武五年冬，[9]盧芳略得北邊諸郡，[10]帝使偏將軍隨弟屯代郡。[11]竟病篤，以兵屬弟，詣京師謝罪。拜侍中，[12]數月，以病免。

[1]【今注】扶風：政區名。即右扶風。相當於郡級。因地屬西漢長安京畿地區，故不稱郡。治長安縣（今陝西西安市西北）。平陵：縣名。治所在今陝西咸陽市。

[2]【今注】平帝：西漢平帝劉衎，公元前1年至5年在位。紀見《漢書》卷一二。

［3］【李賢注】王莽置《六經》祭酒，秩上卿，每經各一人，竟爲講《尚書》祭酒。【今注】博士：官名。秦置，漢因之，隸屬九卿之一奉常（太常）。西漢武帝罷黜百家之前，博士治各家之學，其後乃專立儒學一家。掌議政、制禮、藏書、顧問及教授經學、考核人材、奉命出使等。初秩比四百石，後升比六百石。　祭酒：古代貴族大夫饗宴，以長者酹酒祭神，稱祭酒，後漸演爲官名。漢朝多用以稱主管長官，如博士祭酒、侍中祭酒、軍師祭酒等。

［4］【今注】圖緯：指附會經義以占驗術數爲主要内容的書。

［5］【今注】王莽：字巨君。孝元皇后之弟子。平帝即位，年僅九歲，元后以太皇太后臨朝稱制，以王莽爲大司馬，委政於莽，號安漢公。平帝死，以孺子嬰爲帝，王莽自稱攝皇帝。三年後自稱皇帝，改國號爲新。公元 9 年至 23 年在位。傳見《漢書》卷九九。

［6］【今注】劉歆：字子駿，沛（今江蘇沛縣）人。劉向之子。西漢古文經學家、目録學家。曾受詔與其父劉向領校群書。劉向死後，劉歆繼續領校書籍，成《七略》，爲中國歷史上第一部圖書分類目録。王莽時爲國師。傳見《漢書》卷三六。案，王先謙《後漢書集解》引劉攽曰："案文劉歆上少一'與'字。"

［7］【今注】代郡：治代縣（今河北蔚縣東北）。　中尉：秦置，掌京城治安，屬官有丞、候、司馬、千人等。西漢初，置爲將兵武職。後遂常置，主京師治安事務，又稱備盜賊中尉，爲列卿之一，秩中二千石。案，王先謙《後漢書集解》引劉攽曰："案郡無中尉，當作'都'。"又引惠棟曰："案中尉謂中部都尉也，治且如縣。代郡又有東西二都尉，故云中尉。"惠棟所言甚是。

［8］【今注】光武：東漢光武帝劉秀，公元 25 年至 57 年在位。紀見本書卷一。

［9］【今注】建武：東漢光武帝劉秀年號（25—56）。

［10］【今注】盧芳：字君期，安定三水（今寧夏同心縣東）人。王莽時，詐稱漢武帝曾孫，起兵西北。更始敗，爲西平王。與

胡通兵，侵苦北邊。傳見本書卷一二。　北邊諸郡：惠棟《後漢書補注》曰："五原、朔方、雲中、定襄、雁門五郡也。"

［11］【李賢注】隨，姓；弟，名也。弟音悌。【今注】偏將軍：西漢置，爲主將之下的副將。東漢時爲雜號將軍中地位較低者，僅高於裨將軍。　隨弟：惠棟《後漢書補注》曰："《風俗通》云隨姓隨侯之後，漢有博士隨何，後漢有扶風隨蕃。"

［12］【今注】侍中：秦朝始置，西漢爲加官。侍從皇帝左右。王莽秉政，復令與宦官同止禁中。東漢置爲正式職官，秩比二千石。

初，延岑護軍鄧仲況擁兵據南陽陰縣爲寇，[1]而劉歆兄子龔爲其謀主。[2]竟時在南陽，與龔書曉之曰：

［1］【李賢注】陰，縣名，屬南陽郡，故城在今襄州穀城縣界北。【今注】延岑：字叔牙，南陽（今河南南陽市）人。始起據漢中，後降於公孫述。事見本書卷一三《公孫述傳》。　護軍：軍中監督官。　南陽：郡名。治宛縣（今河南南陽市卧龍區）。　陰縣：治所在今湖北老河口市西北。

［2］【李賢注】臣賢案：《前書》及《三輔決録》並云向曾孫，今言歆兄子，則不同也。【今注】案，惠棟《後漢書補注》曰："《東觀記》云劉歆子恭，恭與龔古文通。"王先謙《後漢書集解》引洪頤煊曰："龔又見下文。《意林》引《新論》劉子政子子駿，子駿兄子伯玉，俱是通人，未知是其人否。《前書·王莽傳》又有明德侯劉龔。"

君執事無恙。[1]走昔以摩研編削之才，[2]與國師公從事出入，校定秘書，[3]竊自依依，未由自遠。[4]蓋聞君子愍同類而傷不遇。人無愚智，[5]莫不先避害然後求利，先定志然後求名。昔智果見智伯窮兵必亡，故變名遠逝，[6]陳平知項王爲天所棄，故歸心高祖，皆智之至也。[7]聞君前權時屈節，北面延牙，[8]乃後覺悟，棲遲養德。[9]先世數子，又何以加。[10]君處陰中，土多賢士，若以須臾之間，研考異同，揆之圖書，測之人事，則得失利害，可陳於目，何自負畔亂之困，不移守惡之名乎？[11]與君子之道，何其反也？

［1］【李賢注】執事猶言左右也。敬前人，故呼其執事者。《爾雅》曰："恙，憂也"。【今注】執事：對人的尊稱。

［2］【李賢注】走謂馳走之人，謙稱也，猶司馬遷與任少卿書云"牛馬走"之類也。《説文》曰："編，次也。"削謂簡也，一曰削書刀也。研音午見反。【今注】走：奔走服役之人。這裏指自己，是一種謙稱。　摩研：切磋、研究。　編削：編輯修改。編，指編次序。削，指削去竹簡上的舊字後再寫新字。案，惠棟《後漢書補注》曰："顔之推云：'古者書誤則削之，故《左傳》云削而投之是也。'或即謂札爲削。王褒、童約曰'書削代牘'。"王先謙《後漢書集解》曰："削謂簡是也。《東觀記》正作'簡'。"

［3］【李賢注】劉歆爲王莽國師公也。【今注】國師公：指劉歆。　從事：辦事。　秘書：宫禁中的藏書。

［4］【今注】案，未由，殿本作"末由"。末由，猶言無法。故作"末由"爲是。

［5］【今注】案，愚智，大德本、殿本作"智愚"。

［6］【李賢注】智果，智伯臣也。逝，去也。《戰國策》曰，智伯與韓、魏共圍趙，智伯之臣智果説智伯曰："韓魏二主色動而

喜，必背君矣。不如殺之。”智伯曰：“晉陽旦暮將拔之，而饗其利，乃有它心（它，殿本作‘他’），不可，子勿復言。”智果見言之不聽，出，更其姓爲輔氏，遂去不見。其後韓、魏乃反殺智伯，三分其地。“果”或作“過”。

[7]【李賢注】陳平初事項羽，後知羽必敗，乃杖劍度河歸漢（杖，殿本作“仗”；度，殿本作“渡”），見《前書》也。【今注】陳平：陽武（今河南原武縣東南）人。西漢大臣。世家見《史記》卷五六，傳見《漢書》卷四〇。　項王：項羽，名籍，字羽，下相（今江蘇宿遷市西南）人。紀見《史記》卷七，傳見《漢書》卷三一。　高祖：西漢高祖劉邦，公元前206年至前195年在位。紀見《史記》卷八、《漢書》卷一。

[8]【李賢注】延岑字牙。屈節謂臣事也。【今注】北面：古時君王南面而坐，臣子向北跪拜。故以北面指稱臣。案，惠棟《後漢書補注》曰：“《公孫述傳》岑字叔牙。”

[9]【李賢注】《爾雅》曰“棲遲，息偃也”，言後息偃養德，不復事延牙也。《詩·小雅》曰：“或棲遲偃仰。”【今注】棲遲：隱遁。

[10]【李賢注】謂智果、陳平也。

[11]【今注】案，守惡，惠棟《後漢書補注》曰：“當作‘首惡’。”王先謙《後漢書集解》曰：“今案‘守惡’誠誤，但‘首惡’之名，見《史記》，惟爲人君父者當之。囂但爲仲，況謀主亦不應，即斥爲‘首惡’？或爲‘同惡’之爲。”

世之俗儒末學，醒醉不分，而稽論當世，[1]疑誤視聽。或謂天下迭興，未知誰是，稱兵據土，[2]可圖非冀。或曰聖王未啓，宜觀時變，倚彊附大，顧望自守。二者之論，豈其然乎？夫孔丘秘經，爲漢赤制，[3]玄包幽室，文隱事明。[4]且火德承堯，雖昧必亮，[5]承積世之祚，握無窮之符，王氏雖乘間偷簒，而終嬰大戮，支分體解，宗氏屠滅，非其効歟？[6]皇天所以眷顧踟躕，憂漢子孫者也。[7]論者若不本之於天，參之於聖，猥以《師曠雜事》輕自眩惑，説士作書，亂夫大道，焉可信哉？[8]

[1]【今注】案，世，王先謙《後漢書集解》曰："官本'世'作'時'。"

[2]【今注】稱兵：舉兵，興兵。

[3]【李賢注】秘經，幽秘之經，即緯書也。赤制，解見《郅惲傳》。【今注】孔丘秘經爲漢赤制：秘經，指緯書，即附會經義的術數占驗之書。赤制，指火德。這是説，孔子作緯書，推算歷運之期。漢爲火德尚赤，所以説爲漢赤制。案，惠棟《後漢書補注》曰："《春秋緯演孔圖》云：烏化爲書，孔子奉以告天，赤爵銜書，上化爲黄玉，刻曰'孔提命作應法爲赤制'。"王先謙《後漢書集解》曰："今案'爲赤制'一作'爲制赤雀集'，但《衍孔圖》又云：丘水精，治法，爲赤制功。並見《公羊經傳解詁》隱公第一，疏所引亦爲漢赤制之證也。"

[4]【李賢注】包，臧也（臧，大德本、殿本作"藏"，本注下同）。言緯書玄秘，臧於幽室，文雖微隱，事甚明驗。【今注】案，此兩句言玄秘的緯書藏在幽深的房室，雖然文字深奥，但所説之事還是有效應的。

[5]【李賢注】昧，暗也。亮，明也。言漢承唐堯、劉累之後，以火德王，雖遭王莽簒奪，一時闇昧，今光武中興，必盛明也。【今注】案，《漢書》卷一《高帝紀》贊曰："漢承堯運，德祚已盛，斷蛇著符，旗幟上赤，協于火德，自然之應，得天統矣。"班彪《王命論》有較詳盡的論述，見《漢書》卷一〇〇上《叙傳》。關於漢五德終始説，參見楊權《新五德終始理論與兩漢政

治——“堯後火德”説考論》(中華書局2006年版)。

[6]【李賢注】《王莽傳》曰:“校尉公賓就斬莽首,軍人分裂莽身,支節肌肉臠分。”《三輔舊事》曰:“臠切千段。”

[7]【李賢注】踟蹰猶裴回也。

[8]【李賢注】《師曠雜事》,雜占之書也。《前書》曰陰陽書十六家,有《師曠》八篇也。

諸儒或曰:今五星失晷,天時謬錯,[1]辰星久而不効,[2]太白出入過度,熒惑進退見態,鎮星繞帶天街,歲星不舍氐、房。[3]以爲諸如此占,歸之國家。蓋災不徒設,皆應之分野,[4]各有所主。[5]夫房、心即宋之分,東海是也。[6]尾爲燕分,漁陽是也。[7]東海董憲迷惑未降,[8]漁陽彭寵逆亂擁兵,[9]王赫斯怒,[10]命將並征,故熒惑應此,憲、寵受殃。太白、辰星自亡新之末,[11]失行筭度,以至于今,或守東井,或没羽林,[12]或裴回藩屏,或躑躅帝宫,[13]或經天反明,或潛臧久沈,[14]或衰微闇昧,或煌煌北南,或盈縮成鉤,或偃蹇不禁,[15]皆大運蕩除之祥,聖帝應符之兆也。賊臣亂子,往往錯互,指麾妄説,傳相壞誤。[16]由此論之,天文安得遵度哉!

[1]【李賢注】五星謂東方歲星,南方熒惑星,西方太白(大德本、殿本“白”後有“星”字,是),北方辰星,中央鎮星。失晷,失於常度。【今注】五星:即金、木、水、火、土。古代以歲星(木星)、熒惑(火星)、太白(金星)、辰星(水星)、

鎮星（土星）爲五星。

［2］【李賢注】不效謂出入失度也。

［3］【李賢注】《前書》曰："昴、畢閒爲天街。"氐、房，東方之宿。歲星，歲舍一次，當次舍於氐、房，今不舍之，是變常也。【今注】天街：星名。在畢、昴二星之間。

［4］【今注】分野：古代天文學家把天上十二辰和地上州、國的位置相對應。就天文説，稱分星。就地上而言，叫分野。

［5］【今注】案，主，紹興本、大德本誤作"王"。

［6］【李賢注】《前書·天文志》曰："卯爲房、心，宋之分也。"【今注】東海：郡名。治郯縣（今山東郯城縣西北）。案，王先謙《後漢書集解》引錢大昕曰："東海與魯相近似，不當宋分。"

［7］【李賢注】《前書·天文志》曰："寅爲尾、箕，燕之分也。"【今注】漁陽：郡名。治漁陽縣（今北京市懷柔區梨園莊東）。

［8］【今注】董憲：東海（今山東郯城縣）人。更始長安政亂，董憲起兵東海。光武建武三年（27），梁王劉永擅立其爲海西王。建武六年，兵敗被斬殺。事見本書卷一《光武帝紀》、卷一二《劉永傳》。

［9］【今注】彭寵：字伯通，南陽宛（今河南南陽市卧龍區）人。曾爲漁陽太守。後擁兵反叛。終爲蒼頭所殺。傳見本書卷一二。關於彭寵叛亂研究，參見孫家洲《東漢光武帝平定"彭寵之亂"史實考論》（《河北學刊》2009年第4期）。

［10］【今注】王赫斯怒：王勃然大怒。語出《詩·大雅·皇矣》。

［11］【今注】新：指王莽所建新朝。

［12］【李賢注】東井，南方之宿。《天宫書》曰（宫，紹興本、大德本、殿本作"官"，是）："北宫虚、危，南方有衆星曰羽林天軍。""箅"或作"紒"（紒，大德本作"殃"）。【今注】東井：即井宿，南方星宿。　羽林：南方衆星名，共有四十五星，三

三相聚，故又稱羽林天軍。

［13］【李賢注】帝宮，北辰也。藩屏，兩傍之星也（傍，大德本、殿本作“旁”）。裴回謂縈繞淹留。躑躅謂上下不去也。【今注】案，宋文民《後漢書考釋》曰：“王念孫曰：‘北辰在紫宮之中與左右兩藩，皆非黄道所經，太白、辰星無緣到此。’今案，帝宮謂太微宮，藩屏謂太微之兩藩，皆五星所經也。《史記·天官書》曰：‘太微，三光之廷，匡衞十二星，藩臣。’《淮南子·天文訓》曰：‘太微者，太一之廷也。’故云‘裴回藩屏，躑躅帝宮’。”（上海古籍出版社 1995 年版，第 119 頁）

［14］【今注】案，臧，殿本作“藏”。

［15］【李賢注】盈縮猶進退，曲如鉤形也。偃蹇，高而明大無禁制。

［16］【今注】傳相壞誤：王先謙《後漢書集解》引劉攽曰：“案文壞當作詿。詿音卦，壞音怪。聲相近，故誤之。”

乃者，五月甲申，天有白虹，自子加午，廣可十丈，長可萬丈，正臨倚彌。倚彌即黎丘，秦豐之都也。[1]是時月入于畢。畢爲天網，[2]主網羅無道之君，故武王將伐紂，上祭于畢，求助天也。[3]夫仲夏甲申爲八魁。[4]八魁，上帝開塞之將也，主退惡攘逆。流星狀似蚩尤旗，[5]或曰營頭，或曰天槍，出奎而西北行，至延牙營上，散爲數百而滅。奎爲毒螫，主庫兵。[6]此二變，郡中及延牙士衆所共見也。是故延牙遂之武當，[7]託言發兵，實避其殃。今年比卦部歲，坤主立冬，坎主冬至，水性滅火，南方之兵受歲禍也。[8]德在中宮，刑在木，木勝土，刑制德，今年兵事畢已，中國安寧之效也。五七之家三十五姓，彭、秦、延氏不得豫焉。[9]如何怪惑，依而恃之？《葛藟》之詩，“求福不回”，其若是乎！[10]

［1］【李賢注】蓋秦豐黎丘一名倚彌也。【今注】黎丘：地名。在今湖北宜城市西北。　秦豐：人名。西漢末，長安政亂，四方背叛。秦豐自號楚黎王。李賢注引習鑿齒《襄陽記》曰：“秦豐，黎丘鄉人。黎丘楚地，故稱楚黎王。”見本書卷一《光武帝紀》。

［2］【李賢注】畢，西方宿也。

［3］【李賢注】《史記》曰，周武王即位九年，上祭于畢，東觀兵子孟津也（子，紹興本作“于”，大德本、殿本作“於”）。【今注】案，參見《史記》卷四《周本紀》。王先謙《後漢書集解》引王鳴盛曰：“助天當作天助。”又引洪頤煊曰：“《史記集解》馬融曰：‘畢，文王墓地名也。’以爲星名，當是《太誓》今文家説。”宋文民《後漢書考釋》曰：“求助天謂求助於天，與上句互對。王説泥。”（第120頁）

［4］【李賢注】歷法，春三月己巳、丁丑，夏三月甲申、壬辰，秋三月己亥、丁未，冬三月甲寅、壬戌，爲八魁。【今注】仲夏甲申爲八魁：王先謙《後漢書集解》引王會汾曰：“監本壬戌作壬寅。案上文言春三月己巳、丁丑，夏三月甲申、壬辰，秋三月己亥、丁未，則十二支中皆越四位取之，獨除去子午、卯酉不用也。冬甲寅當配以壬戌，作壬寅者，非是，定從宋本。”惠棟《後漢書補注》曰：“案《元珠密語》八魁云：春己巳、丁巳，夏甲子、壬戌，秋己亥、丁未，冬甲午、壬辰，與此異也。”

［5］【今注】蚩尤旗：慧星名。古人認爲此星出象徵有征伐之事。

［6］【李賢注】《春秋合誠圖》曰“奎主武庫之兵”也（誠，大德本作“成”）。

[7]【李賢注】今均州縣也。【今注】武當：縣名。西漢置。治所在今湖北丹江口市西北。

[8]【李賢注】《比卦》，《坤》下《坎》上，《坎》爲水也。【今注】比卦部歲：惠棟《後漢書補注》曰："師、比二卦，主歲也。主歲之法，始於乾坤，歲終則從其次，屯、蒙、需、訟、師、比等是也。二卦十二爻，而期一歲，陽右行，陰左行，間時而治。六辰，其説詳《乾鑿度》。" 坎主冬至：惠棟《後漢書補注》曰："坤，十月卦，主立冬；坎，四正卦，主冬至也。"

[9]【李賢注】《春秋運斗樞》曰："五七三十五，人皆共一德。"【今注】案，惠棟《後漢書補注》曰："此亦據緯書。"

[10]【李賢注】《詩·大雅》曰："莫莫葛藟（藟，大德本、殿本作'纍'），施于條枚，愷悌君子，求福不回。"注云："葛延曼於木之枝而茂盛，喻子孫依緣先人之功而起也。回，違也。言不違先祖之道。"

圖讖之占，[1]衆變之驗，皆君所明。善惡之分，去就之決，不可不察。無忽鄙言！

[1]【今注】圖讖：漢代宣揚符命占驗的書。

夫周公之善康叔，以不從管、蔡之亂也；[1]景帝之悦濟北，以不從吴濞之畔也。[2]自更始以來，[3]孤恩背逆，歸義向善，臧否粲然，可不察歟！良醫不能救無命，彊梁不能與天争，[4]故天之所壞，人不得支。[5]宜密與太守劉君共謀降議。[6]仲尼棲棲，墨子遑遑，憂人之甚也。[7]屠羊救楚，非要爵禄；[8]茅焦干秦，豈求報利？[9]盡忠博愛之誠，憤滿不能已耳。

［1］【李賢注】《史記》曰，周公以成王命伐殷，殺管叔，放蔡叔，以殷餘人封康叔爲衞君。【今注】案，事見《史記》卷四《周本紀》、卷三七《衞康叔世家》。

［2］【李賢注】濟北王志，高帝孫，齊王肥之子也。吴楚反時，堅守不從，景帝賢之，徙封爲淄川王也。【今注】景帝：西漢景帝劉啓，公元前157年至前141年在位。紀見《史記》卷一一、《漢書》卷五。　濟北：西漢濟北王劉志。齊悼惠王劉肥之子，漢高祖劉邦之孫。吴楚反時初亦與通謀，後堅守不發兵，故得不誅，徙王菑川。事見《史記》卷五二《齊悼惠王世家》、《漢書》卷三八《高五王傳》。　吴濞：西漢高祖劉邦兄劉仲之子。景帝采用晁錯建議，削減諸侯王封地。吴王劉濞遂聯合諸王以“清君側”的名義發動叛亂，史稱吴楚七國之亂。事見《漢書》卷三五《吴王劉濞傳》。

［3］【今注】更始：兩漢之際更始政權建立者劉玄年號（23—25）。劉玄號更始將軍，被擁立爲天子，建元曰更始，傳見本書卷一一。

［4］【李賢注】扁鵲之見桓侯，項王之敵漢祖也。【今注】良醫：指扁鵲。傳見《史記》卷一〇五。　彊梁：指項羽。

［5］【李賢注】支，持也。《左傳》曰，晉汝叔寬曰（汝，殿本作“女”，是）：“天之所壞，不可支也；衆之所爲，不可干也。”【今注】案，惠棟《後漢書補注》曰：“外傳文。”王先謙《後漢書集解》曰：“官本‘汝’作‘女’。”

［6］【今注】劉君：即南陽太守劉驎。事見本書卷二二《堅鐔傳》。

［7］【李賢注】班固曰“棲棲遑遑，孔席不煖，墨突不黔”也。【今注】棲棲：忙碌奔走的樣子。　遑遑：義同“棲棲”。

[8]【李賢注】《莊子》曰“楚昭王失國，屠羊説走而從於王。昭王反國，將賞從亡者，及屠羊説。屠羊説曰：‘大王失國，説失屠羊；大王反國，説亦反屠羊。臣之爵禄已復矣，又何賞之有?’遂不受”也。【今注】案，屠羊救楚，事見《莊子·雜篇·讓王》。

[9]【李賢注】秦始皇遷太后於咸陽宫，又撲殺兩弟。齊人茅焦解衣伏質入諫，始皇乃迎太后歸於咸陽，爵茅焦爲上卿，焦辭不受。事見《説苑》也。【今注】案，茅焦干秦，事見《説苑·正諫》。

又與仲況書諫之，文多不載，於是仲況與龔遂降。

龔字孟公，長安人，善論議，扶風馬援、班彪並器重之。[1]竟終不伐其功，[2]潛樂道術，作《記誨篇》及文章傳於世。年七十，卒于家。

[1]【李賢注】《三輔決録注》曰：“唯有孟公論可觀者。”班叔皮與京兆丞郭季通書曰：“劉孟公臧器於身（臧，大德本、殿本作‘藏’），用心篤固，實瑚璉之器，宗廟之寶也。”【今注】馬援：字文淵，扶風茂陵（今陝西興平市東北）人。東漢名儒。傳見本書卷二四。　班彪：字叔皮，扶風安陵（今陝西咸陽市東北）人。東漢史學家。傳見本書卷四〇。案，惠棟《後漢書補注》曰：“《三輔決録》云：‘長安劉氏惟有孟公談者取。’則班固亦言孟公篤論士也。”

[2]【今注】伐：夸耀。

楊厚字仲桓，[1]廣漢新都人也。[2]祖父春卿，善圖讖學，爲公孫述將。[3]漢兵平蜀，春卿自殺，[4]臨命戒子統曰："吾綈袠中[5]有先祖所傳秘記，爲漢家用，爾其修之。"統感父遺言，服闋，[6]辭家從犍爲周循學習先法，[7]又就同郡鄭伯山受《河洛書》及天文推步之術。[8]建初中爲彭城令，[9]一州大旱，統推陰陽消伏，[10]縣界蒙澤。太守宗湛使統爲郡求雨，亦即降澍。[11]自是朝廷災異，多以訪之。統作《家法章句》及《内讖》二卷解説，[12]位至光禄大夫，[13]爲國三老。[14]年九十卒。

[1]【今注】案，紹興本無"桓"字。

[2]【今注】廣漢：郡名。西漢高祖六年（前201）置，初治乘鄉縣（今四川金堂縣東），後徙治梓潼縣（今四川梓潼縣）。公孫述改名子同郡。東漢復爲廣漢郡。安帝永初二年（108）移治涪縣（今四川綿陽市東），後又徙治雒縣（今四川廣漢市）。　新都：縣名。治所在今四川成都市新都區新都鎮東。

[3]【今注】公孫述：字子陽，扶風茂陵（今陝西興平市東北）人。曾自立爲蜀王，進稱天子。傳見本書卷一三。

[4]【今注】案，王先謙《後漢書集解》引王補曰："隴蜀各有楊春卿，一見《馬援傳》'援與書首曰：春卿無恙'，注：春卿，楊廣字。一見《楊厚傳》'祖父春卿，善圖讖學'。嚴可均疑爲一人，而范史誤分。然補案：《隗囂傳》'建武八年囂將妻子奔西城，從楊廣，月餘，楊廣死。'《厚傳》春卿爲公孫述將，蜀平，自殺。其死，先後異。一，爲囂將者春卿其字，爲速將者春卿其名，名與字異。二，廣，上邽人；春卿，廣漢新都人，其里居又異。三史有明文，畔然不侔，不得因廣字春卿，疑爲一人也。"

[5]【李賢注】《説文》曰："綈，厚繒也。"綈音提。【今注】

綈袠：絲綢書套。綈，一種粗厚光滑的絲織品。袠，書、畫外面包着的布套。

［6］【今注】服闋：服喪期滿。古喪禮規定，父母死後，服喪三年，期滿除服，稱服闋。

［7］【今注】犍爲：西漢武帝建元六年（前135）分廣漢郡南部及夜郎國地置，屬益州。治鱉縣（今貴州遵義市西）。元光五年（前130）移治南廣縣（今四川筠連縣），昭帝始元元年（前86）移治僰道（今四川宜賓市西南）。東漢安帝永初元年又移治武陽縣（今四川彭山縣東）。

［8］【李賢注】《益部耆舊傳》曰（部，大德本作“都”）：“統字仲通。曾祖父仲續舉河東方正，拜祁令，甚有德惠，人爲立祠。樂益部風俗，因留家新都，代修儒學，以《夏侯尚書》相傳。”【今注】河洛書：《河圖》《洛書》的簡稱。 推步：推算天文曆法的學説。案，惠棟《後漢書補注》曰：“《河洛書》共八十一篇。仲續，《華陽國志》作‘仲績’。”

［9］【今注】建初：東漢章帝劉炟年號（76—84）。 彭城：縣名。治所在今江蘇徐州市。

［10］【今注】案，惠棟《後漢書補注》曰：“統傳《夏侯尚書》。《洪範》中有陰陽消伏之法，今不傳。而略見於伏生《五行傳》。”

［11］【李賢注】《袁山松書》曰“統在縣，休徵時序，風雨得節，嘉禾生於寺舍，人庶稱神”也。【今注】澍：及時雨。

［12］【今注】案，惠棟《後漢書補注》曰：“《華陽國志》云統事華里先生炎高，高戒統曰：‘漢九世，王出圖書，與卿適應之。’建武初，天下求通《内讖》二卷者，不得。永平中，刺史張志舉統方正，司徒魯恭辟掾，與恭共定《音律上》《家法章句》及二卷《解説》。案《巴漢志》，《内讖》者，孔子《内讖》。桓譚書所云矯稱孔丘爲讖記是也。”

［13］【今注】光禄大夫：西漢武帝時改中大夫置，掌論議。屬光禄勳，秩比二千石。西漢晚期，多作爲貴戚重臣的加官。無員限。東漢時，因權臣不復冠此號，漸成閑散之職，雖仍掌顧問應對，但多用以拜假賵贈之使，及監護諸國嗣喪事。

［14］【今注】國三老：戰國魏時已有此。秦置鄉三老，掌管教化，幫助地方官推行政令。西漢又增縣三老。更始時，置國三老。三老掌教化，也參議政事。關於三老問題研究，參見萬義廣《近八十年以來漢代三老問題研究綜述》（《秦漢研究》2014 年）。案，惠棟《後漢書補注》曰："《華陽國志》云統遷侍中、光禄大夫，以年老道深，養於辟雍，授几杖，爲三老。"

統生厚。厚母初與前妻子博不相安，[1]厚年九歲，思令和親，乃託疾不言不食。母知其旨，懼然改意，[2]恩養加篤。博後至光禄大夫。

［1］【今注】博：惠棟《後漢書補注》曰："《華陽國志》云'博，字仲達。統長子。'"

［2］【李賢注】懼音九具反。【今注】懼：惠棟《後漢書補注》曰："司馬貞音劬。"

厚少學統業，精力思述。初，安帝永初二年，[1]太白入北斗，洛陽大水。[2]時統爲侍中，厚隨在京師。朝廷以問統，統對年老耳目不明，子厚曉讀圖書，粗識其意。鄧太后使中常侍承制問之，[3]厚對以爲"諸王子多在京師，容有非常，[4]宜亟發遣各還本國"。[5]太后從之，星尋滅不見。又剋水退期日，[6]皆如所言。除爲中郎。[7]太后特引見，問以圖讖，厚對不合，免歸。[8]復習業犍爲，不應州郡、三公之命，[9]方正、有道、公車特徵皆不就。[10]

[1]【今注】安帝：東漢安帝劉祜，公元106年至125年在位。紀見本書卷五。　永初：東漢安帝劉祜年號（107—113）。

[2]【李賢注】《續漢志》曰，時正月己亥，太白入北斗中，以爲貴相凶也。又京師及郡國四十一雨水（大德本無“一”字），鄧太后專政也。【今注】案，王先謙《後漢書集解》引錢大昕曰：“五星行道，皆在黄道左右，無緣得入北斗。史言入斗，皆南斗也。《續志》太白入斗中，凡再見。俱無‘北’字。知爲後人妄增，且太白入斗在永初三年，此云二年，亦誤。”

[3]【今注】鄧太后：和熹鄧皇后。東漢和帝去世，即位的殤帝幼小，鄧太后臨朝稱制。紀見本書卷一〇上。　中常侍：加官。初稱常侍，漢元帝以後稱中常侍。凡列侯、將軍、卿大夫、將、都尉、尚書以至郎中，加此得出入禁中，常侍皇帝左右。武帝以後參與朝議，成爲中朝官。無定員。《資治通鑑》卷二八《漢紀》孝元皇帝初元元年胡三省注根據《百官公卿表》指出，侍中、中常侍皆加官，西漢時參用士人，東漢時乃以宦者爲中常侍。

[4]【今注】非常：突如其來的變故。

[5]【李賢注】亟音紀力反。

[6]【今注】剋：嚴格限定。

[7]【今注】中郎：高級郎官之一，位高於侍郎、郎中。給事禁中，宿衞宮禁，出充車騎，常侍皇帝左右，拾遺補缺，參議政事，在郎官中與皇帝最親近。秩比六百石。

[8]【李賢注】《袁山松書》曰：“鄧太后問厚曰（殿本無‘太’字，是）：‘大將軍鄧騭應輔臣以不?’對曰：‘不應。’以此不合其旨。”

[9]【今注】三公：東漢時指太尉、司徒、司空，爲中央最高

行政長官，亦稱“三司”。爵高禄厚，掌參議朝政、監察百官。

［10］【今注】方正：漢代選舉科目之一。朝廷按時招選品德端正的賢良文學之士。　有道：漢代選舉科目之一。意爲選拔有道德、有才能的人。　公車特徵：特地用公家的車馬徵召。案，惠棟《後漢書補注》曰：“《謝承書》云：厚潛身藪澤，耦耕誦經。司徒楊震表薦其高操，公車特徵，不就。益州刺史焦參行部致謁。厚惡其苛暴，時耕於大澤，委鉏疾逝。參恚之，收其妻子録繫，欲致厚還，不知所在，乃出其妻子。”本書卷五四《楊震傳》李賢注：“倫字仲桓。《謝承書》云：‘薦楊仲桓等五人，各從家拜博士。’”曹金華《後漢書稽疑》據惠棟所引認爲當是章懷誤以仲桓注楊倫也（第691頁）。

永建二年，[1]順帝特徵，[2]詔告郡縣督促發遣。厚不得已，行到長安，以病自上，因陳漢三百五十年之戹，[3]宜蠲法改憲之道，[4]及消伏災異，凡五事。制書褒述，有詔太醫致藥，太官賜羊酒。[5]及至，拜議郎，[6]三遷爲侍中，特蒙引見，訪以時政。四年，厚上言“今夏必盛寒，當有疾疫蝗蟲之害”。是歲，果六州大蝗，疫氣流行。後又連上“西北二方有兵氣，宜備邊寇”。車駕臨當西巡，[7]感厚言而止。至陽嘉三年，[8]西羌寇隴右，[9]明年，烏桓圍度遼將軍耿曄。[10]永和元年，[11]復上“京師應有水患，又當火災，三公有免者，蠻夷當反畔”。是夏，洛陽暴水，殺千餘人；至冬，承福殿災，太尉龐參免；[12]荆、交二州蠻夷賊殺長吏，[13]寇城郭。又言“陰臣、近戚、妃黨當受禍”。[14]明年，宋阿母與宦者褒信侯李元等搆姦廢退；[15]後二年，中常侍張逵等復坐誣罔大將軍梁商專恣，[16]悉伏誅。每有災異，厚輒上消救之法，而閹宦專政，言不得信。

[1]【今注】永建：東漢順帝劉保年號（126—132）。

[2]【今注】順帝：東漢順帝劉保，公元125年至144年在位。紀見本書卷六。

[3]【李賢注】《春秋命歷序》曰："四百年之間，閉四門，聽外難，群異並賊，官有孽臣，州有兵亂，五七弱，暴漸之効也。"宋均注云："五七三百五十歲，當順帝漸微（順，大德本誤作'願'），四方多逆賊也。"

[4]【李賢注】蠲，明也。【今注】蠲法：顯明法度。

[5]【今注】太官：職掌皇帝飲食筵會的官。

[6]【今注】議郎：西漢置，隸光禄勳。爲高級郎官，不入直宿衞，職掌顧問應對，參與議政，指陳得失，爲皇帝近臣。秩比六百石。東漢更爲顯要，常選任耆儒名士、高級官吏，除議政外，亦或給事宫中近署。

[7]【今注】車駕：馬駕的車。這裏代指皇帝。

[8]【今注】陽嘉：東漢順帝劉保年號（132—135）。

[9]【今注】西羌：中國古代西部的少數民族。傳見本書卷八七。　隴右：地區名。泛指隴山以西地區，相當今甘肅隴山、六盤山以西，黄河以東一帶。

[10]【今注】烏桓：中國古代東北部少數民族，屬東胡的一支。傳見本書卷九〇。　度遼將軍：西漢置。昭帝元鳳三年（前78），遼東烏桓起事，以中郎將范明友爲此，率騎擊之，因須度遼水，故以爲官號。宣帝時罷。東漢明帝永平八年（65），爲防止南、北匈奴交通，乃置度遼營兵，以中郎將吴棠行度遼將軍事領之，駐屯五原曼柏，與使匈奴中郎將、護羌校尉、護烏桓校尉等同掌西北邊防及匈奴、鮮卑、烏桓、西羌諸部事。安帝元初元年（114）後

遂爲常守。秩二千石。下設有長史、司馬等僚屬。東漢末，曾分置左、右度遼將軍。　耿曄：字季遇。耿恭孫。順帝初，爲烏桓校尉。鮮卑寇邊，殺代郡太守。曄率兵擊破之，鮮卑數萬人降，威震北方。遷度遼將軍。事見本書卷一九《耿恭傳》。

[11]【今注】永和：東漢順帝劉保年號（136—141）。

[12]【今注】龐参：字仲達，河南緱氏（今河南偃師市東南）人。傳見本書卷五一。

[13]【今注】荆交：荆州和交州。

[14]【李賢注】陰，私也。【今注】陰臣：王先謙《後漢書集解》引顧炎武曰："陰臣謂婦人。下文宋阿母是也。"又惠棟《後漢書補注》曰："《公羊春秋》云定十四年城莒父。何休云：'或説無冬者，坐受女樂。今聖人去冬，陰臣之象。則陰臣爲婦人。'審矣。注訓私，非也。"

[15]【李賢注】阿母，順帝乳母，山陽君宋娥也。【今注】案，搆，大德本、殿本作"遘"。

[16]【今注】梁商：字伯夏，安定烏氏（今寧夏固原市東南）人。東漢外戚、大臣，女爲順帝皇后。傳見本書卷三四。

時大將軍梁冀威權傾朝，[1]遣弟侍中不疑以車馬、珍玩致遺於厚，[2]欲與相見。厚不答，固稱病求退。帝許之，賜車馬錢帛歸家。修黄老，[3]教授門生，上名録者三千餘人。[4]太尉李固數薦言之。[5]太初元年，[6]梁太后詔備古禮以聘厚，[7]遂辭疾不就。建和三年，[8]太后復詔徵之，經四年不至。年八十二，卒於家。策書弔祭。[9]鄉人謚曰文父。[10]門人爲立廟，郡文學掾史春秋饗射常祠之。[11]

[1]【今注】梁冀：字伯卓，安定烏氏（今寧夏固原市東南）人。傳見本書卷三四。

[2]【今注】不疑：梁不疑，順帝時官至河南尹。事見本書卷三四《梁冀傳》。　致遺（wèi）：猶言贈送。

[3]【今注】黄老：指以黄帝、老子爲代表的道家學説。

[4]【今注】案，惠棟《後漢書補注》曰："《華陽國志》厚弟子雒昭約節宰，緜竹寇爟文儀，蜀郡何萇幼正。侯祈伯升，巴郡周舒叔布及任安、董枝等，皆徵聘辟舉，馳名當世。"

[5]【今注】李固：字子堅，漢中南鄭（今陝西漢中市）人。傳見本書卷六三。

[6]【今注】太初：惠棟《後漢書補注》曰："依《華陽國志》當作'本初'。"本初，東漢質帝劉纘年號（146）。

[7]【李賢注】古禮謂以束帛加璧（璧，大德本、殿本作"壁"，是），安車蒲輪等。【今注】梁太后：順烈梁皇后。紀見本書卷一〇下。

[8]【今注】建和：東漢桓帝劉志年號（147—149）。

[9]【今注】策書：一種皇帝文書。多用於封土、授爵、任免等。

[10]【今注】文父：惠棟《後漢書補注》曰："《華陽國志》云厚年八十三卒，天子痛悼，詔謚曰文父，與此異也。"

[11]【今注】郡文學掾史：學官名。爲郡的佐吏，掌郡置學校、教授諸生等，俸百石。